POETAS DA AMÉRICA DE CANTO CASTELHANO

THIAGO
DE MELLO
SELEÇÃO, TRADUÇÃO
E NOTAS

POETAS DA AMÉRICA DE CANTO CASTELHANO

São Paulo
2011

global
EDITORA

1ª edição, Global Editora, São Paulo 2011

Diretor-Editorial
Jefferson L. Alves

Editor-Associado
A. P. Quartim de Moraes

Gerente de Produção
Flávio Samuel

Coordenadora-Editorial
Dida Bessana

Assistentes de Produção
Emerson Charles
Jefferson Campos

Assistente-Editorial
Tatiana F. Souza

Revisão
Tatiana Y. Tanaka

Capa
Victor Burton

Projeto Gráfico
Reverson R. Diniz

Editoração Eletrônica
Tathiana A. Inocêncio

Dados Internacionais de Catalogação na Publicação (CIP)
(Câmara Brasileira do Livro, SP, Brasil)

Poetas da América de canto castelhano / Thiago de Mello, seleção, tradução e notas. – São Paulo : Global, 2011.

ISBN 978-85-260-1561-6

1. Poesia – Coletâneas I. Mello, Thiago de.

11-03552 CDD-808.81

Índices para catálogo sistemático:

1. Coletanêas : Poesia 808.81
2. Poesia : Coletâneas 808.81

Global Editora e Distribuidora Ltda.
Rua Pirapitingui, 111 – Liberdade
CEP 01508-020 – São Paulo – SP
Tel.: (11) 3277-7999 – Fax: (11) 3277-8141
e-mail: global@globaleditora.com.br
www.globaleditora.com.br

Nº de Catálogo: **3082**

Dedico esta antologia à Casa de las Américas, de Cuba. Por tudo que ela faz, perseverante, desde que a querida Haydee Santamaría a fundou, faz mais de meio século, pelo abraço cultural dos povos do mundo, distinguindo, é natural, os latino-americanos.

E porque trabalha, com a sua editora, a sua revista Casa e o Premio Literario Casa de las Américas, para que os escritores e poetas brasileiros sejam lidos pelos seus irmãos de língua castelhana e de esperança.

T.M.

Agradecimentos

Não é agradecimento formal,
é gratidão orvalhada
que guardo pelos companheiros
de tantos cantos da nossa América,
que trouxeram solícitos tijolo,
esquadro e até mão de obra
para me ajudar na doce e demorada
construção deste edifício sonoro.

Da Argentina: Horacio Salas, sua voz lá de Buenos Aires varava o vento da floresta;

Da Bolívia: Marijna Cerruto, Nicomedes Suáres-Araúz;

Do Chile: Adán Méndez, César Soto, Isabel Parra, Fundación Vicente Huidobro, Agencia Carmen Balcells, lá de Barcelona, embaixador Casanueva, Jacqueline Pertuiset;

Da Colômbia: Fernando Rendón, revista *Prometeo*, Pedro Alejo Gomez, Casa Poesía Silva;

Da Costa Rica: Luis Chaves, Ana Istaru;

De Cuba: Casa de las Américas, Dúbia Valdéz, Agencia Literaria Latinoamericana;

Do Equador: Nicole Adoum, Margarita Laso, Casa de la Cultura Ecuatoriana Benjamín Carrión;

Do México: Graciela Iturbide, Julieta Sabines, Pedro Dueñas, Mireya Opazo;

Da Nicarágua: Ernesto Cardenal, Luz Marina Acosta;

Do Panamá: Miriam e Homero Icaza Sanchez;

Do Peru: Arturo Corcuera;

De Porto Rico: María de Lourdes Santiago, María Consuelo Sáez Burgos, María Soledad Sáez Matos e Ana Mercedes Palés da Editorial de la Universidad de Puerto Rico;

Do Uruguai: Jorge Arbeleche, Andres Echeverría, Antonio Grompone;

Da Venezuela: María Antonieta Flores, María Ramirez Delgado.

PELA MÃO NA RODA DA MINHA REINVENÇÃO:

– Pablo Neruda, que mais de uma vez não me deixou despencar das "Alturas de Macchu Picchu" e me pedia por favor para manter o seu *olvido* em lugar do meu *esquecimento* no "Poema 20";

– Ernesto Cardenal, me enfronhando nos poderes de prótons e neutrinos, nos segredos da segunda lei da termodinâmica, ao sabor dos arenques de Dortmund, para que eu desse boa conta de uma cantiga do seu *Cântico cósmico*;

– Tenório Telles: largava os afazeres editoriais e tomava, na sua balança infalível, o peso poético de sintaxes atrevidas;

– María Antonieta Flores, abrindo por escrito as madrepérolas das conchas da "Morada antiga";

– Sergio Bath, o poeta de suave rigor, me desvelando a lucidez que mofa da poesia no "*Canto da loucura*" do Matos Paoli.

– O poeta Everardo Norões, o dom do coração pernambucano.

– Nicole Adoum, a bondade com que me indicou o poema do seu Jorge Enrique, "Velório de uma excepção", já traduzido por ela ao francês, para entrar no lugar do imenso "O amor desenterrado";

– E Jorge Luis Borges, pela delicadeza: concordou com o verso que inventei para que o seu *del arte que entreteje naderías*, do famoso "El remordimiento", falasse em português – *de uma arte vaga e vã de serventias.*

Pediu que eu lesse outra vez. Li pausado. Borges indaga o monossílabo:

– Vã...Vã...

– *Vana*, traduzi.

– *Vana serventia*, repetiu vagaroso e logo ponderou, os olhos cegos de perfil: *Y cree Usted que de algo sirve la poesia?*

Respondi de imediato:

– Para atender.

– *Atender?...*

– *Sí. Como atienden la ternura y el cariño. Aprendí con Eliseo.*

– Eliseo?

– Eliseo Diego, poeta cubano.

– *Diego, no conozco.* E murmurou, só para ele: *Vaga, Vana serventia...*

(Borges também me revelou, singelo, naquela tarde antiga de sua vida, que não conhecia Drummond nem Bandeira.)

Pelos sempre infindáveis trabalhos de acabamento:

– Sibele Lytz, Dida Bessana e Guilherme Loureiro.

E pelos que abriram janelas encantadas:

– Maria Aparecida Gori Maia, que traduziu poemas de Pablo de Rokha, Jaime Sabines, Guillermo Samperio, Jorge Enrique Adoum e Violeta Parra;

– David Arrigucci Jr., Josely Vianna Baptista e Heloisa Jahn, tradutores para a Companhia das Letras dos poemas de Borges que escolhi.

Deram ainda importante contribuição para esta antologia, no Brasil, Antonio Miranda, Tenório Telles, Ciro Figueiredo, Rosemary Alves, Pollyanna Furtado e meu filho Thiago; na França, Gérard Bessière e Régine Mellac; e, ainda, na Alemanha, Hermann Schultz e Catharina Wendt.

T.M.

Sumário

Nota do Editor 11

Para inaugurar um livro necessário 13

Dou por feita a minha parte 15

ARGENTINA
Leopoldo Lugones 22
Alfonsina Storni 25
Jorge Luis Borges 28
Raúl González Tuñón 33
Francisco Urondo 37
Juan Gelman 40
Horacio Salas 42
Cristina Castello 46

BOLÍVIA
Franz Tamayo 50
Gregorio Reynolds 53
Oscar Cerruto 55
Nicomedes Suáres-Araúz 58
Blanca Wiethüchter 61

CHILE
Gabriela Mistral 64
Vicente Huidobro 69
Pablo de Rokha 75
Pablo Neruda 79
Humberto Díaz Casanueva 86
Nicanor Parra 91
Gonzalo Rojas 97
Violeta Parra 101
Enrique Lihn 105
Armando Uribe 109
Jorge Teillier 112
Óscar Hahn 115
César Soto Gómez 117
Raúl Zurita 120
Adán Méndez Rozas 123
Juan Cristóbal Romero 126

COLÔMBIA
José Asunción Silva 130
León de Greiff 133
Aurelio Arturo 138
Eduardo Carranza 142
Alvaro Mutis 145
Belisario Betancur 149
Jaime Jaramillo Escobar 152
María Mercedes Carranza 156
Juan Manuel Roca 158
Fernando Rendón 161
Jairo Guzmán 163
Andrea Cote Botero 166

COSTA RICA
María Montero 170
Luis Chaves 173
Alfonso Chase 176
Jorge Debravo 180
Ana Istarú 182

CUBA
José Martí 186
José Lezama Lima 191
Eliseo Diego 193
Nicolás Guillén 198
Cintio Vitier 204
Fina García Marruz 207
Pablo Armando Fernández 210
Roberto Fernández Retamar 215
César López 225
Miguel Barnet 229
Nancy Morejón 232

EL SALVADOR
Aída Párraga 238
Roque Dalton 240
Alfonso Quijada Urias 244

EQUADOR
Gonzalo Escudero 248
Jorge Carrera Andrade 252

Jorge Enrique Adoum 256
Efraín Jara Idrovo 259
Margarita Laso 262
María Fernanda Espinosa 265
Carmen Váscones 269

GUATEMALA

Luis Cardoza y Aragón 274
Otto Raúl González 280
Otto René Castillo 283

HONDURAS

Roberto Sosa 288
Oscar Acosta 292
Rigoberto Paredes 294
José Adán Castelar 297

MÉXICO

Carlos Pellicer 300
Jaime Sabines 303
José Emilio Pacheco 309
Guillermo Samperio 312
Norma Wanless 317
Margarito Cuéllar 320

NICARÁGUA

Rubén Darío 324
Alfonso Cortés 327
José Coronel Urtecho 330
Pablo Antonio Cuadra 333
Carlos Martínez Rivas 336
Claribel Alegría 340
Ernesto Cardenal 343
Fernando Silva 353
Gioconda Belli 355
Bosco Centeno 357
Luz Marina Acosta 359

PANAMÁ

Demetrio Herrera Sevillano 364
Homero Icaza Sanchez 367
Aristides Martínez Ortega 370
Hector Collado 373
Diana Morán 376

PARAGUAI

Elvio Romero 382

PERU

Cesar Vallejo 388
Carlos Germán Belli 396
Washington Delgado 399
Arturo Corcuera 403
Cesar Calvo 409
Antonio Cisneros 415

PORTO RICO

Evaristo Ribera Chevremont 420
Luis Palés Matos 424
Julia de Burgos 429
Francisco Matos Paoli 432

REPÚBLICA DOMINICANA

Manuel del Cabral 438

URUGUAI

Julio Herrera y Reissig 444
Juana de Ibarbourou 450
Fernando Pereda 454
Idea Vilariño 459
Mario Benedetti 464
Jorge Arbeleche 471

VENEZUELA

Ida Gramcko 478
Rafael Cadenas 480
Eugenio Montejo 485
Luis Alberto Crespo 488
María Antonieta Flores 491

Nota do Editor

Thiago de Mello trabalhou por mais de vinte anos nesta antologia poética que preenche uma enorme lacuna no acervo bibliográfico brasileiro e cumpre importante papel na integração cultural da América Latina. O projeto original apresentado à Global Editora contemplava quase duzentos poetas de dezoito países mais Porto Rico. Mas a publicação de uma obra deste porte, como é fácil imaginar, implica enormes dificuldades. Não apenas por sua amplitude, do ponto de vista da produção editorial propriamente dita, mas, sobretudo, pelas questões relacionadas à cessão de direitos autorais em condições excepcionais, indispensável à concretização do projeto. As negociações finais com autores, herdeiros e agentes literários — na maior parte das quais Thiago de Mello se empenhou pessoalmente com paixão — tomaram cerca de dois anos. Ao longo dessa longa jornada houve baixas.

Algumas dessas baixas se devem a surpreendentes dificuldades de comunicação e a reivindicações impossíveis de ser atendidas; outras, talvez, à incompreensão do significado da obra. Para tristeza de nosso poeta da floresta, acabaram ficando de fora alguns autores cujos poemas já estavam selecionados e traduzidos. Nomes que, nada obstante, merecem registro, pela beleza de sua arte. São eles: da **Argentina**, Alejandra Pizarnik e Hugo Diz; da **Bolívia**, Julio Ameller Ramalho, Julio de La Vega, Jaime Sáenz Guzmán e Pedro Shimose; do **Chile**, Braulio Arenas, Floridor Pérez, Jorge Enrique Torres Ulloa, Leonel Lienlaf e Rosabetty Muñoz Séron; da **Colômbia**, Porfirio Barba Jacob, Maruja Vieira, Gonzalo Arango, Jotamario Arbeláez, Dario Jaramillo Escobar, Julián Malatesta, Juan Carlos Galeano, Ana Mercedes Vivas e Luz Estrela Agudelo; de **Cuba**, Jorge Luis Arcos, Luis Rogelio Nogueras, Raúl Hernández Novás, Jorge Timossi, Pablo Milanés; de **El Salvador**, Roberto Armijo e Mario Noel Rodriguez; do **Equador**, Fernando Cazón Vera e Iván Oñante; da **Guatemala**, Enrique Noriega, Mario Martinez e Francisco Morales Santos; de **Honduras**, Antonio José Rivas; do **México**, Octavio Paz e Homero Aridjis; da **Nicarágua**, Gloria Gabuardi e Rosario Murillo; do **Paraguai**, Mario Casartelli e Hérib Campos Cervera; de **Porto Rico**, Juan Antonio Corretjer; da **República Dominicana**, Pedro Mir, Norberto James Rawllings e Wilfredo Lozano Lopes; do **Uruguai**, Saúl Ibargoyen: e, da **Venezuela**, Francisco Pérez Perdomo.

Esta inédita antologia esplendidamente representativa do canto castelhano nas Américas reúne cerca de quatrocentos poemas de 120 poetas latino-americanos, entre os quais despontam as figuras luminares de Pablo Neruda, Jorge Luis Borges, César Vallejo, Rubén Darío, Gabriela Mistral, Nicolás Guillén, José Asunción Silva, Jaime Sabines, Ernesto Cardenal e Mario Benedetti, entre outros.

Em sua Introdução a esta monumental obra, Thiago de Mello afirma considerar cumprida sua missão. Nós também. A Global Editora orgulha-se de ter-se associado à figura iluminada do vate da floresta para oferecer ao leitor brasileiro de poesia este admirável *Poetas da América de canto castelhano.*

Para inaugurar um livro necessário

Roberto Fernández Retamar

Thiago meu irmão,

muito me honraste ao pedir estas linhas para inaugurar tua antologia de poetas da América de canto castelhano [que me adiantei a chamar um livro necessário; um livro, além do mais, que ninguém podia fazer como tu (e com o auxílio da misteriosa e profunda Aparecida).

Contribuir para inter-relacionar o vasto continente (com suas ilhas), que Martí chamou para sempre Nossa América, é um dever que estamos obrigados a cumprir. Tu o cumpres em vários campos, admiravelmente. Um desses campos é o das línguas. Em nossa América, se falam vários idiomas. Os mais numerosos, como se sabe, são o espanhol e o português. São idiomas tão próximos, a tal ponto que podemos nos entender nessa espécie de risonha *língua franca* que é o *portunhol.*

Mas a poesia, essa linguagem dentro da linguagem, Valéry dizia, se resiste a valer-se de tal recurso. É capaz, no entanto, de assumir outro corpo, sempre que quem se atreva a tanto seja, por sua vez, um poeta verdadeiro. Tu estás amplamente capacitado a tal empresa, como este livro prova.

Poeta brasileiro que és até a medula, conheces também, e alguns profundamente, não poucos dos países americanos onde se fala espanhol. E estás familiarizado com suas respectivas poesias que, na realidade, são uma única, do México ao Chile e a Argentina.

Essa familiaridade se põe de manifesto nesta antologia, como também manifesta (não podia ser de outro modo) o teu gosto pessoal.

O leitor brasileiro tem diante dele, vertido com felicidade em sua língua, um panorama (inevitavelmente parcial, é certo) da poesia que produziu a outra parte grande da América chamada Latina, a que se expressa em espanhol, desde nossa entrada na modernidade, com o *modernismo* (que não se equivale ao *modernismo* brasileiro, parente entretanto de nossa vanguarda) até quase os nossos dias.

A obra é o resultado de um trabalho ao mesmo tempo titânico e delicado. E lança um desafio aos hispanofalantes da América: corresponder com um volume equivalente, que ponha em espanhol ampla representação da poesia brasileira. Algo já se fez nesse sentido. Mas está faltando uma antologia mais vasta. Será que vai realizá-la a Casa de las Américas, que durante cinquenta anos se esforça em aproximar as produções culturais de nossa América?

Seria uma bela maneira de corresponder, Thiago tão querido, a teu gesto magnífico, que te agradecemos de coração.

Dou por feita a minha parte

(com a minha arte imperfeita)

Thiago de Mello

Manuel Bandeira, eu ia nos meus vinte anos, foi quem me mostrou o caminho encantado. Ao poeta de todos nós, devo muito do que sei. Do que sou. Contei a ele (era um fim de tarde lá no seu apartamento do Rio de Janeiro, na avenida Beira-Mar. O telefone – faço questão de escrever recordando – não parava de tocar. Ele já atendia com voz enamorada. Quem sabe eram as três mulheres do sabonete Araxá.) que estava traduzindo um poema do Hölderlin, a "Ode do pão e do vinho".

– Hölderlin? Diretamente do alemão?

– Com ajuda dos dicionários, de uma tradução francesa e do Ângelo de Sá, um amigo que é seu fã, acaba de se graduar em Filosofia com uma tese sobre "Os bens e o sangue", do Drummond.

Guardo vivo, pão quentinho saindo do forno, o comentário do Bandeira:

– Esta sua geração parece que já nasceu agarrada com os europeus. E desconhece a obra dos grandes poetas do nosso continente. Por que você não traduz o Rubén Darío, a Gabriela Mistral, que acaba de ganhar o Prêmio Nobel?

Aqui apago a minha memória e acendo a *Oração de paraninfo*, proferida pelo inventor de *Pasárgada*, em 1945, na colação de grau dos bacharéis da Faculdade de Filosofia da Universidade do Brasil, no Rio de Janeiro, onde ele lecionava a cadeira de Literaturas da América Hispânica.

Dou trechos dessas páginas memoráveis, que não me canso de ler e recomendar com fervor aos *pardais novos* que já sabem cantar:

> ... essa pobre e linda gata borralheira que é a literatura da América. Como temos sido injustos para com ela! E desconhecê-la é, indiferentes ao conselho socrático, desconhecermo-nos a nós mesmos.
>
> Somos assim: conhecemos e celebramos autores europeus de terceira e quarta ordem, relegamos ao esquecimento os gênios do nosso continente. Bem sei que os nossos gênios são raros. Bem sei que cada uma das literaturas hispano-americanas,tomada isoladamente, não pode apontar senão uns poucos valores universais. Mas em conjunto esses valores já formam um bloco impressionante de originalidade e força.
>
> Digamos com Renan: Que nos importa a grandeza de Sirius, se é o nosso Sol que amadurece as nossas searas? Não desprezemos a tradição europeia em que nos formamos. Convenhamos no entanto que é nos pensadores americanos que podemos encontrar resposta aos nossos problemas sociais e políticos, nos poetas a emoção específica da nossa paisagem e da nossa alma, nos romancistas a expressão profunda da nossa vida.

Na saída o poeta da "Estrela da manhã" me deu um exemplar do seu *Poemas traduzidos*, 1945. Só em 52 ganhei o *Literaturas hispano-americanas*. Dois livros que foram, sem me largar, companheiros de tanto caminho percorrido e estão aqui, me olham da estante na minha sala de trabalho, no coração da floresta amazônica, quando começo a escrever este prólogo. (Neruda é que era bom de prólogo, embora gostasse mesmo era de fazer cólofon.)

Por que dou esse pormenor? Porque é o meu jeito de contar. O poeta me advertiu, lá na Isla Negra: — *Compañerito, haces demasiadas ramas en el árbol de tu conversación*. Com toda a razão. Pois então, o meu prefácio vai ser assim mesmo, conversando. Diz o meu Friedrich, em algum lugar, que bom mesmo é uma conversa de coração.

A Pátria Grande

Comecei lá na minha primavera da avenida Beira-Mar e continuei a plantar e ceifar — lendo e traduzindo os autores que me davam essa felicidade inefável que só a Poesia sabe dar — varando o chão do mundo. Acabei foi conhecendo todos os países, gosto de dizer os povos, da *nuestra patria grande* (Julio Cortázar).

Perdão, ainda me falta pedir a bênção de Puerto Rico. Mas os seus poetas, reunidos aqui neste livro pioneiro, elevam a pátria de Albizu Campos à altura que lhe cabe, de sociedade humana com fisionomia própria.

Doeu aprender com *las venas abiertas de Latino-América* (Eduardo Galeano, lindo hermano) que a injustiça social é a mesma desgraçada e iguais são as suas causas, ia dizendo eternas causas, *helás*, que ferem a grandeza humana d'O *Reino deste mundo* (Alejo Carpentier). "Patria es humanidad" (Mario Benedetti, em resumo feliz.)

Sei que não cometo o pecado da omissão: entre todas as minhas pátrias, e todas me deram o pão e a água destes cantos, distingo Bolívia, Chile, Uruguai e Colômbia. E Cuba?, alguém pergunta. Cuba é um caso à parte. O leitor é distraído. Passou por cima da página da dedicatória, lá dei as razões. Pois aproveito para dar mais uma, em nome das crianças das minhas águas: Cuba nem é país amazônico, mas realizou em 2005 importante Colóquio Internacional sobre as culturas da nossa floresta, ameaçada pelas consequências do aquecimento da Terra. (Que fale o poeta João de Jesus Paes Loureiro.)

> Bolívia: foi o primeiro país da América ao qual cheguei para viver. Já na primeira manhã me nasceu o gosto de participar da vida do seu povo. Ali nasceu e fincou raízes o meu amor pela gente desta América e a comovedora beleza de sua arte.
>
> Do Chile, tudo que eu diga é pouco. Do que a pátria da Mistral fez de mim, do que ficou até no meu jeito de amar e também do que fiz junto com o seu povo, não cabe em prefácio que vai ganhando corpo de crônica. Pois foram uns dez anos de *porotos granados* com *ají verde* e o tinto *Santa Elena* (sem H), cantando o "Azulão" com Silvia e Gabriel Valdés. Primeiro como adido cultural, depois refugiado político da ditadura brasileira, depois (92) de novo como adido.

Acho que Chile foi quem mais me deu para perseverar no sonho da antologia necessária. De uma coisa, porém, não vou perder a oportunidade que esta página me dá de contar.

As ondas do Pacífico na *Punta de Tralca*, as bicicletas do Nemesio Antunez, os *duraznos* da primavera, a moça de Vitacura, os *volantines* de Guillermo Prado e certo lago escondido no alto da cordilheira, todos sabem que estou dizendo a verdade: tanto o meu Mercedes-Benz de diplomata quanto o ônibus Gran Avenida de refugiado político mereceram o mesmo afeto orvalhado do *largo pétalo* (Paulinho) do coração chileno.

Uruguai. Que me deu Mario Benedetti, homem como um homem deve ser e a beleza duradoura de sua poesia. Mas também me deu, pela mão de Antonio Grompone, Fernando Pereda ("*La hora que no sabemos puede venir a deshoras*") talvez o mais desconhecido dos nossos grandes poetas.

Colômbia, sim. Pelo bem que faz a multidões, cada ano mais, com o Festival Internacional de Poesia de Medellín, Fernando Rendón na proa do barco iluminado. Pela vida da Casa de Poesia Silva, em Bogotá, única na sociedade mundial de consumo, aberta manhã, tarde e noite, a semana inteira, com biblioteca, discos, filmes, recitais, concertos, palestras, lançamentos de livros, tudo que tem e sobra de poesia latino-americana. Na casa onde nasceu e morreu José Asunción Silva ("*una noche toda llena de murmulos, de sollozos y de música de alas*").

Nas asas do condor

Eu já frequentava as intimidades do espanhol quando, 58, Negrão de Lima, chanceler, me quis adido cultural na Bolívia. Cheguei a La Paz com uma carta de Bandeira (sempre a estrela-guia) para Oscar Cerruto, o poeta da *Patria de sal cautiva.* De quem eu nada sabia. Nem dele nem de Augusto Céspedes, o romancista do *Metal del diablo*, que narra a saga escura dos mineiros de estanho de Oruro. Dois que me foram amigos inesquecíveis. Do Cerruto logo traduzi o poema "Altiplano", que José Condé publicou (59) no suplemento literário do *Correio da Manhã.* Anos depois o romance de Céspedes era publicado pela Civilização Brasileira, tempos do Ênio Silveira, na coleção Nossa América, que dirigi. Tradução de Ana Arruda.

Mas o meu pior *soroche*, o mal da altura, foi a pena de chegar sem saber da esplêndida obra de Franz Tamayo e de Gregorio Reynolds.

Pois então partimos para a safra: dádiva e aprendizagem. Campo ninguém lavra sozinho.

Com Sergio Bath, diplomata, poeta e tradutor, de cuja mão não me desprendo até hoje: em mais de um lugar desta viagem ele comigo vem. Varávamos os ventos do altiplano e as nuvens da cordilheira (Marisa nos dava alento), para estender a mão que dá e recebe.

Enquanto os retirantes de Portinari dialogavam no salão do Centro de Estudos com os arcanjos de Gaspar de Bejia, nós repartíamos com os universitários pedras do Drummond no meio do caminho, a "Estrela da manhã" de Manuel, o epílogo do "Y-Juca-Pirama" do Gonçalves Dias, todos desconhecidos. Os músicos de Potosí pela primeira vez ouviram choros de Pixinguinha e um deles nos brindou com a *quena* as primeiras frases do "Proezas do Solón". Os alunos de português estudavam gramática nos versos de Joaquim Cardozo, Ferreira Gullar, nas *Memórias do Boi Serapião* de Carlos Pena Filho, com o Lêdo Ivo da "paisagem" que "era azul em excesso", além do "céu refletido nas pupilas de um cão", do José Paulo Paes.

Deixei Bolívia, abençoado pela luz rosada do Ilimani, decidido a trabalhar, com as mãos mágicas da Poesia, para esgarçar as grades frias do desconhecimento que afasta povos irmãos. Traduzir os seus poetas. Abrir brechas de luz sonora no muro espesso da incomunicação entre os países desunidos desta América.

Na pátria de Allende

Cheguei a Santiago do Chile (Neruda me esperava) com os versos de Geir Campos na fronte: "os olhos abertos e a intenção de madrugar".

Cinco linhas de Pablo resumem cinco anos de trabalho:

> *Ya se sabrá en La Historia de La Amistad que este serio y extravagante poeta ha tenido en mi patria muchas tareas cumplidas. Ha enseñado arquitectura, escultura, pintura, trayendo del Brasil lo más insigne, ha publicado poetas y dado sitio de honor a los volantines populares y primaverales: ha dado atención, realización y recuerdo a las purísimas creaciones de los dos países que se desconocian. En suma, ha puesto en el mapa verdadero, el del amor, lo que antes se presumía.* (1964, no prefácio de seus poemas traduzidos).

Cabe aqui uma palavra de reconhecimento e respeito aos chefes da Divisão Cultural do Itamaraty, os embaixadores Meira Pena, Mario Dias Costa, Lauro Escorel, Vladimir Murtinho, e aos chefes da missão diplomática brasileira na Bolívia e no Chile que sustentaram solidários a minha atividade (e até certas audácias) como adido cultural: em La Paz, o embaixador Pimentel Brandão; em Santiago do Chile, Fernando de Alencar (que colaborou na versão para o espanhol de um poema de Drummond nos *Cadernos Brasileiros*), Guilherme Leite Ribeiro e Gilberto Veloso. Recordo contente a participação do embaixador Jorge Nei Fernandes no seminário sobre Manuel Bandeira no Centro de Estudos Brasileiros em Santiago.

O meu prólogo dá um presente delicado. Não concedo que recordo comovido. O abraço de Allende já diplomado presidente do Chile. Pousou as mãos nos meus ombros e disse com ênfase:

— *La flor rompió el asfalto*!

O meu amigo comemorava o triunfo com um verso de Drummond, que ele guardara de tradução castelhana num *Caderno Brasileiro* que anos antes eu lhe dera de presente.

É preciso louvar

Cresce o número de boas antologias da poesia hispano-americana ou latino-americana, preparadas por importantes editoras do continente. Contribuem para que os poetas de um país sejam conhecidos pelos leitores de todos os países de fala castelhana, que também têm acesso a livros e fortunas críticas de muitos autores. Esperanças: o desconhecimento pouco a pouco vai cedendo. Pois muito bem. Sucede que as coletâneas de Poesia Latino-americana não incluem os poetas do Brasil, país que faz boa parte desta América. Não quero questionar. O que eu quero é louvar uma iniciativa feliz do embaixador Guilherme Leite Ribeiro diante da estranha omissão. Melhor é transcrever um fragmento da bonita *Presentación* que ele escreveu: "*... le pregunté a Thiago si podríamos lanzar un libro sobre la poesía brasileña desde Gregorio de Matos hasta nuestros días. Sus ojos brillaron. Salió en busca del joven poeta chileno Adán Méndez para traducir y juntos comenzaron a trabajar*".

Selecionei os poemas, o trabalho do Adán deu flores. Correu praças e universidades a *Visión de La Poesia Brasileña*, edição da Embaixada do Brasil, a cargo da Red Internacional Del Libro, Santiago, 1993.

A arte de tradução de Poesia

Tradutor de poetas de outros idiomas, poeta traduzido a várias línguas, faz tempo me convenci de que tradução de poesia é tarefa tão fascinante porque de perfeição inalcançável. O mais que se alcança, quando se alcança, é uma aproximação do universo poético original. Consegue-se assim uma tradução feliz do poema. Mas nunca a da poesia, essa dimensão enfeitiçada e misteriosa da palavra. Poema traduzido muda de roupa, que pode até ser bonita, mas não é a dele. Canta outra música. O seu decassílabo é perfeito, mas tem outro timbre. O verso livre caminha bem, mas é diferente a sua cadência, virtude que Borges distinguia.

O que ganhei de novo, durante o trabalho, que já dura mais de dez anos, de tradução dos meus poetas, foi uma certeza que dou como advertência: seja rigoroso, mas humilde, e não se acanhe com a tradução literal do verso espanhol metrificado. A não ser que o verso original se arme de pronomes ou conjunções, com duas sílabas em espanhol (*en la, de la*), uma só (*na, da*) em português. Dou um exemplo com Vallejo:

> *Me moriré en Paris con aguacero* dá um português sem pecado: *Morrerei em Paris com aguaceiro.* Iguais em música e pungência.
>
> Já este solene verso de Borges:
>
> *Los mismos pasos en los mismos dias* resulta prosa dura se literal em português: *os mesmos passos nos mesmos dias.* Aprendi. Os passos perderam a cadência.

Traduzi "The Hollow Men" e "The Waste Land", de T. S. Eliot (Chile: Editorial Universitaria, 1963); *Antología poética, Poemas de Temuco, Prólogos e Los versos del Capitán,* de Pablo Neruda; *Oración por Marylin Monroe*, "La Vida" em *El amor, Salmos y cántico cósmico,* de Ernesto Cardenal; *Cosongo* e outros poemas, de Nicolás Guillén; *Poesia completa,* de Cesar Vallejo; *Debaixo dos astros,* de Eliseo Diego, todos publicados no Rio de Janeiro e em São Paulo. *Poemas escolhidos de Jaime Sabines,* originais com editora.

A poesia brasileira já está reunida e vertida para o espanhol. Faltava dar ao leitor brasileiro a poesia latino-americana.

Pois aqui estão doze anos de trabalho incessante na língua que a gente fala, os poetas da Nossa América. Não estão todos os que foram selecionados e traduzidos. Deixo para o cólofon a relação dos que não viajam neste barco, com os motivos e uma esperança.

Todavia, todavia, tanta perseverança teria sido em vão se, depois de um grande dissabor que sofri no meu ofício de escritor, a Vida, manancial perene da Poesia, não tivesse colocado no meu caminho a luz da *Global* do Luís Alves, que abraçou contente e deu asas e ventos ao meu sonho malferido: confiou à delicada sabedoria do editor Quartim de Moraes o destino dos meus *Poetas da América de Canto Castelhano.* Livro pioneiro: reúne poetas de todos os países "deste lindo e padecido pedaço de mundo", como cantava Manduka, o meu pássaro-cantor que se calou.

E dou por finda a parte que a sorte me reservou na construção da aurora que conduz às esplêndidas cidades. Escrevo esta página derradeira com o sentimento de quem sabe que combateu o bom combate pelo triunfo da beleza, da verdade e da ternura humana.

Freguesia do Andirá,
no silêncio da floresta,
começo da cheia de 2011.

LEOPOLDO LUGONES

ALFONSINA STORNI

JORGE LUIS BORGES

RAÚL GONZÁLES TUÑÓN

FRANCISCO URONDO

JUAN GELMAN

HORACIO SALAS

CRISTINA CASTELLO

ARGENTINA

Leopoldo Lugones

Tentação

Calou-se o mar enfim, eis aqui tudo:
Num prolongado suspiro violeta.
De amor se extenuava a tarde quieta
Com a decrepitude do veludo.

Deus calava também; uma secreta
Inquietação surgia do teu passo;
A palidez esplêndida do Ocaso
Te recolhia a lânguida silhueta.

O campo em cujo trevo já maduro
A semente vibrou como uma esposa,
Contemplava com um êxtase impuro

Tua meia negra; e uma silenciosa
Andorinha cruzava o espaço rosa,
Como um pequeno pensamento escuro.

(De *El libro fiel*, 1912)

História da minha morte

Sonhei com a morte e era muito simples:
Um cordão de seda me envolvia,
A cada beijo teu,
Com uma volta a menos me apertava,
E a cada beijo teu
Era um dia;
E o tempo que levava entre dois beijos,
Uma noite. A morte é muito simples.

E pouco a pouco se foi desenrolando
O fio fatal. Eu já não o retinha
Senão por uma ponta entre os dedos...
Quando de repente te puseste fria.
E já não me beijaste...
E soltei a ponta, e foi-se a minha vida.

(De *El libro fiel*, 1912)

A BRANCA SOLIDÃO

Dentro da calma do sono,
Calma lunar de luminosa seda,
A noite
Como se fora
O corpo branco do silêncio,
Docemente na imensidão se deita...
E desata
Sua cabeleira,

Em prodigiosa folhagem
De alamedas.

Nada vive, apenas o olho
Do relógio na torre tétrica,
Aprofundando inutilmente o infinito
Como um buraco aberto na areia.
O infinito,
Rodado pelas rodas
Dos relógios,
Como um carro que nunca chega.

A lua cava um branco abismo
De quietude, em cujo fundo
As coisas são cadáveres.
E as sombras vivem como ideias,
E a gente se pasma de quão próxima
Está a morte naquela brancura.
Do belo que é o mundo
Possuído pela antiguidade da lua cheia.
E a ânsia tristíssima de ser amado
No coração doloroso estremece.

Há uma cidade no ar.
Uma cidade quase invisível suspensa.
Cujos vagos perfis
Sobre a clara noite transparecem
Como as marcas-d'água num papel,
Sua cristalização poliédrica
Uma cidade tão distante,
Que angustia com sua absurda presença.

É uma cidade ou um navio
No qual fôssemos abandonando a terra,
Calados e felizes,

E com tanta pureza
Que somente nossas almas
Na brancura plenilunar vivessem?

E de pronto cruza um vago
Estremecimento pela luz serena.
As linhas se desvanecem,
A imensidade se muda em branca pedra,
Só permanece na noite agourenta
A certeza de tua ausência.

(De *El libro fiel*, 1912)

Nota biográfica

Buenos Aires, 1874-1938

De Leopoldo Lugones transcrevo parágrafos do texto com que ele abre o seu *Lunario sentimental* (1909): "A linguagem é um conjunto de imagens, e cada vocábulo, para quem sabe ver, encerra uma metáfora; de maneira que achar imagens novas e formosas, expressadas com clareza e concisão, é enriquecer o idioma, e ao mesmo tempo renová-lo. Os encarregados dessa obra, tão honrosa, pelo menos como a de cuidar bem dos gados ou administrar a renda pública, já que se trata de uma função social – são os poetas. O idioma é um bem social, e até mesmo o elemento mais sólido das nacionalidades".

Durante todo o trabalho de tradução dos versos do notável argentino, a memória me trazia, comovida, fragmentos nítidos do texto que Jorge Luis Borges escreveu para lhe dedicar *El hacedor*, quando Lugones já atravessara o rio havia mais de vinte anos. Dou o parágrafo final:

"Neste ponto se desfaz meu sonho, como a água na água. A vasta Biblioteca que me rodeia está na rua México, não na rua Rodriguez Peña, e você, Lugones, se matou a princípios do 38. Minha vaidade e minha nostalgia armaram uma cena impossível. Assim será, me digo, mas amanhã eu também estarei morto e se confundirão nossos tempos e a cronologia se perderá num orbe de símbolos e de algum modo será justo afirmar que eu lhe trouxe este livro e que você o aceitou", (agosto de 1960).

Obra essencial: *Las montañas del oro* (1897), *Los crepúsculos del jardín* (1905), *Lunario sentimental* (1909), *Odas seculares* (1910), *El libro fiel* (1912), *El libro de los paisajes* (1917), *Las horas doradas* (1922), *Romancero* (1924), *Poemas solariegos* (1927) e *Romances del Río Seco,* (1938), póstumo. Todos os poemas selecionados são de *El libro fiel* (1912).

ALFONSINA STORNI

LUA

Hoje me espia a lua
branca e desmesurada.

É a mesma lua de ontem
a mesma de amanhã.

Mas é outra, que nunca
foi tão grande e tão pálida.

Tremo assim como as luzes
estremecem nas águas.

Tremo como nos olhos
sabem tremer as lágrimas.

Tremo como nas carnes
sabe tremer uma alma.

Oh! a lua moveu
seus dois lábios de prata.

Oh! a lua me disse
as três velhas palavras:

"Morte, amor e mistério"...
Minhas carnes se acabam!

E sobre as carnes mortas
a minha alma se arqueia.
Alma, gata noturna,
salta por sobre a lua.

Vai pelos céus compridos,
triste, toda encolhida.

Vai pelos longos céus,
vai sobre a lua branca.

(De *La inquietud del rosal*, 1916)

Tu me queres branca

Tu me queres alva,
me queres de espumas,
me queres de nácar.
Que seja açucena,
Mais que todas, casta.
De perfume tênue.
Corola cerrada.

Nem um raio de lua
filtrado me toque.
Nem uma margarida
minha irmã se diga.
Tu me queres nívea,
tu me queres branca,
tu me queres alva.

Tu, que as minhas taças
tiveste nas mãos,
de frutos e méis
os lábios morados.
Tu, que no banquete
coberto de pâmpanos,
as carnes deixaste
festejando a Baco.
Tu que nos jardins
escuros do Engano
vestindo vermelho
correste ao Estrago.
Tu que no esqueleto
conservas intato
não sei bem por quê,
nem por qual milagre
me pretendes branca
(Deus que te perdoe),
me pretendes casta
(Deus que te perdoe),
me pretendes alva!

Foge para os bosques;
vai para a montanha;
limpa a tua boca;
vive nas cabanas;
toca com as mãos
a terra molhada;

alimenta o corpo
com raiz amarga;
bebe então das pedras;
dorme sobre escarcha;
renova tecidos
com salitre e água;
fala com os pássaros
e alcança a alvorada.
Quando as tuas carnes
te estejam de volta,
e quando nelas tenhas
limpa e profunda a alma
que pelas alcovas
deixaste enredada,
aí então, bom homem,
pretende-me branca,
pretende-me nívea,
pretende-me casta.

(De *El dulce daño*, 1918)

Nota biográfica

Suíça, 1892-1938

Nasceu em Sala Capriasca, cantão suíço de Ticino. Chegou à Argentina com os pais aos quatro anos de idade. Viveu em Santa Fé, em Rosário e finalmente em Buenos Aires, onde pôs fim à sua vida, numa fervorosa entrega ao mar, como deu aviso em mais de um de seus derradeiros poemas. Solitária, feminista, mãe solteira, rebelde. A palavra foi sua grande companheira. Seus livros de poemas, reunidos em antologias de edições sucessivas: *La inquietud del rosal* (1916); *El dulce daño* (1918); *Irremediablemente* (1919); *Languidez* (1920); *Ocre* (1925); *Mundo de siete pozos* (1934); *Mascarilla y trébol* (1938); e um livro de poemas em prosa, *Poemas de amor* (1926).

JORGE LUIS BORGES

POEMA DOS DONS[1]

Ninguém rebaixe a lágrima ou rejeite
esta declaração da maestria
de Deus, que com magnífica ironia
deu-me a um só tempo os livros e a noite.

Da cidade de livros tornou donos
estes olhos sem luz, que só concedem
em ler entre as bibliotecas dos sonhos
insensatos parágrafos que cedem

as alvas a esse afã. Em vão o dia
oferece-lhes seus livros infinitos,
árduos como os árduos manuscritos
que pereceram em Alexandria.

De fome e sede (narra a história grega)
morre um rei entre fontes e jardins;
eu fatigo sem rumo os confins
dessa alta e funda biblioteca cega.

Enciclopédias, atlas, o Oriente
e o Ocidente, centúrias, dinastias,
símbolos, cosmos e cosmogonias
cobrem paredes, mas inutilmente.

O oco breu em minha sombra com desvelo
investigo, o báculo indeciso,
eu, que imaginava o Paraíso
tendo uma biblioteca por modelo.

---

1 Este poema foi extraído de BORGES, Jorge Luis. *Antologia pessoal*. Trad. Davi Arrigucci Jr., Heloisa Jahn, Josely Vianna Baptista. São Paulo: Companhia das Letras, 2008. p. 222-223, (detentora dos direitos do escritor argentino no Brasil).

Algo, que por certo não se vislumbra
no termo *acaso*, governa essas coisas;
outro já recebeu em outras nebulosas
tardes os muitos livros e a penumbra.

Ao errar pelas lentas galerias
sinto às vezes com vago horror sagrado
que sou o outro, o morto, habituado
aos mesmos passos e nos mesmos dias.

Qual de nós dois escreve este poema
de uma só sombra e de um eu plural?
O nome que me assina é essencial,
se é indiviso e uno esse anátema?

Groussac ou Borges, olho este querido
mundo que se deforma e que se apaga
numa empalidecida cinza vaga
que se parece ao sonho e ao olvido.

O OUTRO TIGRE[2]

And the craft that createth a semblance
MORRIS: *Sigurd the Volsung*, 1876

Penso num tigre. A penumbra exalta
a vasta Biblioteca laboriosa
e parece afastar suas estantes;
forte, inocente, ensanguentado e novo,
ele irá por sua selva e sua manhã
e deixará seu rastro na lodosa
margem de um rio cujo nome ignora
(seu mundo não tem nomes nem passado,
nem há futuro, só um instante certo).
E vencerá as bárbaras distâncias,
farejará no enleado labirinto
dos aromas o aroma da alvorada
e o aroma deleitável do veado.

[2] Este poema foi extraído de BORGES, op. cit., p. 97-98.

Entre as riscas do bambu decifro
suas riscas e pressinto a ossatura
sob essa pele esplêndida que vibra.
Inúteis interpõem-se os convexos
mares e os desertos do planeta;
desta morada de um remoto porto
da América do Sul, te sigo e sonho,
oh, tigre das ribeiras do rio Ganges.
Corre a tarde em minha alma e eu pondero
que o tigre vocativo de meu verso
é um tigre de símbolos e sombras,
uma série de tropos literários
e de memórias da enciclopédia,
não o tigre fatal, joia nefasta
que, sob o sol ou a diversa lua,
vai cumprindo em Sumatra ou em Bengala
sua rotina de amor, de ócio e de morte.
A esse tigre dos símbolos opus
o verdadeiro, o que tem sangue quente,
o que dizima a tribo dos búfalos
e hoje, 3 de agosto de 59,
estende sobre o prado uma pausada
sombra, mas só o fato de nomeá-lo
e de conjecturar sua circunstância
torna-o ficção da arte e não criatura
animada das que andam pela terra.

Procuraremos um terceiro tigre.
Como os outros, também será uma forma
de meu sonho, um sistema de palavras
humanas, não o tigre vertebrado
que, para além dessas mitologias,
pisa a terra. Bem o sei, mas algo
me impõe essa aventura indefinida,
insensata e antiga, e persevero
em procurar pelo tempo da tarde
o outro tigre, o que não está no verso.

ARTE POÉTICA[3]

Fitar o rio feito de tempo e água
e recordar que o tempo é outro rio,
saber que nos perdemos como o rio
e que os rostos passam como a água.

Sentir que a vigília é outro sonho
que sonha não sonhar e que a morte
que teme nossa carne é essa morte
de cada noite, que se chama sonho.

No dia ou no ano perceber um símbolo
dos dias de um homem e ainda de seus anos,
transformar o ultraje desses anos
em música, em rumor e em símbolo,

na morte ver o sonho, ver no ocaso
um triste ouro, tal é a poesia,
que é imortal e pobre. A poesia
retorna como a aurora e o ocaso.

Às vezes pelas tardes certo rosto
contempla-nos do fundo de um espelho;
a arte deve ser como esse espelho
que nos revela nosso próprio rosto.

Contam que Ulisses, farto de prodígios,
chorou de amor ao divisar sua Ítaca
verde e humilde. A arte é essa Ítaca
de verde eternidade, sem prodígios.

Também é como o rio interminável
que passa e fica e é cristal de um mesmo
Heráclito inconstante, que é o mesmo
e é outro, como o rio interminável.

---

[3] Este poema foi extraído de BORGES, op. cit., p. 229-230.

O REMORSO[4]

Eu cometi o pior dos pecados
Possíveis a um homem. Não ter sido
Feliz. Que os glaciares do olvido
Me arrastem e me percam, despiedados.
Meus pais me engendraram para o jogo
Arriscado e esplêndido da vida,
Para a terra, a água, o ar, o fogo.
Frustrei-os. Não fui feliz. Cumprida
Não foi sua jovem vontade. Minha mente
Aplicou-se às simétricas jornadas
Da arte, que entretece nonadas.
Legaram-me valor. Não fui valente.
Não me abandona. Sempre está a meu lado
A sombra de ter sido um desditado.

Nota biográfica

Buenos Aires, 1899-1986

Poderosa voz latino-americana. Poeta, contista, ensaísta de reconhecimento mundial.

Na sua pátria, sua "*insodable y misteriosa patria*", virou mito antes de morrer. Numa tarde da década de 1980, um motorista de caminhão avistou Borges caminhando (ia pelo braço de Maria Kodama, me contam) numa avenida de Buenos Aires, não se conteve e gritou feliz: "Que sempre tenhamos Maradona e Borges!". O poeta alcançava a consagração popular.

Sua criação literária, principalmente a de prosa de ficção, cada dia mais se difunde pelo mundo. Viveu cego os últimos quarenta anos de sua vida, contudo os mais fecundos de sua atividade criadora. No livro que escrevi, reunindo nossas conversas e divagações, acabei por concluir que "Borges não existe: é uma invenção dele próprio".

"Descreio das estéticas" – ele escreveu. "Em geral não passam de abstrações inúteis; variam para cada escritor e mesmo para cada texto e não podem ser mais que estímulos ou instrumentos ocasionais."

---

4 Este poema foi extraído de BORGES. *Poesia*. Trad. Josely Vianna Baptista. São Paulo: Companhia das Letras, 2009. p. 226 (detentora dos direitos do escritor argentino no Brasil).

Raúl González Tuñón

A libertária

À memória de Aida Lafuente
(Morta na gruta mineira de Astúrias, 1935)

Estava toda manchada de sangue
Estava toda matando os guardas
Estava toda manchada de barro
Estava toda manchada de céu
Estava toda manchada de Espanha.

Vem, catalão obreiro a seu enterro,
camponês andaluz a seu enterro,
boiadeiro estremenho a seu enterro,
a seu enterro, pescador galego,
vem lenhador vizcaiano, a seu enterro,
lavrador castelhano, a seu enterro, não,
não deixeis só ao mineiro asturiano.

Vem, porque estava manchada de Espanha,
vem, porque ela era noiva de outubro,
vem, porque ela era rosa de outubro,
vem, porque ela era noiva de Espanha.

Não deixeis só sua tumba no campo
onde o carvão e o sangue se misturam,
que do seu sangue a flor sempre floresce
sobre a veste vermelha do seu corpo
sozinha não deixeis sua tumba de ar.

Quando desfilam os guardas de assalto,
quando passa em revista o bispo as tropas,
quando o verdugo tortura o mineiro,
ela agitando a túnica vermelha
do sepulcro de vento quer sair
quer sair para vos chamar de irmãos,
de esperança e valor vos renovar
e vos lembrar essa data de outubro,

quando se despencavam frutas de aço
e estava toda manchada de Espanha
e estava toda a noiva desse outubro

e estava toda a rosa desse outubro
e estava toda a mãe da sua Espanha.

(De *La Rosa Blindada*, 1936)

A MORTE DERRAMADA

Ay, venga la luz del dia
ay, venga la luz del alba
(Romance de origem galega)

Ai, que venha a luz do dia,
Ai, venha a luz da alvorada!
Ai, que se vejam os mortos
Das montanhas asturianas.
Ai, que se vejam as crianças
Ai, manejando os fuzis,
Ai, dos pais, os que tombaram,
Ai, nos vales asturianos.
Pelo vale florescido
De sangue montanha vasta
Por cujos rios sonoros
A esperança se despenha
Por cujos poços profundos
O sangue, fervente lava,
Arrasa escuras cidades
De solidão enterrada.

Ai, do socavão mineiro,
Ai, a paloma lilás,
Ai, as camisas dos mortos
As blusas esburacadas.
Ai, dos filhos dos caídos
E da morte derramada
Entre os pinheiros abertos
Onde se calou a cigarra,
Por entre as águas espessas
Que ouro e carvão arrastavam
E agora entre sangue e cinza
Arrastam ouro e carvão.

Já vem a aurora do porto,
Ai, já desce da montanha.
E lá na boca das minas
Milhares aguardam, mortos,

Milhares mortos do mundo,
Milhares mortos de Espanha.

Ai, que venha a luz do dia,
Ai, venha a luz da alvorada.

(De *La Rosa Blindada*, 1936)

A lenda negra enterrada Sob o viaduto morto
(fragmento)

A Federico García Lorca

Funeral de madeiras carcomidas
Lua, municipal luz solitária,
E vasos de esquecidos não-me-esqueças,
E estátua florescida e palavrão.
Molesta, anão, criança e caveira
Santería, final, violento céu,
Dores de pedras, pranto de bonecas
E degolado sexo e podridão,
Gárgulas e tracoma e lodaçais
E intrusa luz tendida, luz madrasta.

Tudo que ver e que viver e tudo
Morto e vivo, já sangraram os espelhos
E rugem as colunas malferidas
Já uivam marquesinas e veludos
E chegam as Infantas enterradas
E abandonam seus óleos os senhores
Vagarosos mordomos sem cabeça
Iluminam relevos, corredores.

Um pó que arde de aranhas e ratões,
E despertos os círios e apagados,
E rios de silêncio, dos que rompem
Diques de solidão e tão calados.
E dentro uma merenda de fantasmas
Lá fora uma mulher levando um peixe
E um menino empinando um papagaio.
E a aurora de açucena, e fuzilado.

(De *La Rosa Blindada*, 1936)

Nota biográfica

Buenos Aires, 1905-1974

Nasceu e morreu em Buenos Aires, mas escreveu por tudo que foi canto deste mundo por onde andou, sempre fiel à poesia, seu dom natural, a serviço da dignidade do homem. Serviu, durante a Guerra Civil Espanhola, à causa republicana. Passou, na década de 1930, uma boa temporada no Brasil.

Seus livros mais conhecidos: *El violín del diabo* (1926); *Miércoles de ceniza* (1928); *La calle del Agujero en la media* (1930), *El otro lado de la estrella* (1934), *La rosa blindada* (1936), seguramente seu livro mais querido; *La muerte en Madrid* (1939) e *El rumbo de las islas perdidas* (1969).

Elvio Romero, em lindo texto que fecha a antologia (organizada pelo próprio Tuñón) publicada por Losada em 1974, considera que "(...) nenhum poeta exerceu tanta influência na poesia de seu país como ele. Desde muitos anos, os jovens e os que já não são tão jovens tomaram posse de sua herança. Formidável lição a deste Mestre. De toda a América recebeu resplendores que iluminam o seu coração".

E não posso deixar de transcrever pelo menos o primeiro quarteto do soneto que lhe dedicou em 1935 o genial espanhol Miguel Hernández:

Raul, si el cielo azul se constelara
sobre sus cinco cielos de raúles
a la revolución sus cinco azules
como cinco banderas entregara.

Francisco Urondo

Sônia

Até quando vais ficar ali, guardada,
intocável, muda, aborrecida, sem crescer ou morrer
  de uma boa vez,
como todo mundo. Até quando vou mastigar
este amor aparecido tão cedo e tão intenso: uma
  realidade triste o apanha
e também toda a memória; sou um homem que
  recusa o esquecimento
e ainda te quer, ainda que não possa saber.

É verdade. Tua imagem,
o pátio, os brinquedos. Maldita seja tua mãe
que de noite te deixava só e assustada; maldita seja
  a sujeira
que te protege e te impede de desaparecer.

  Não posso prescindir do pátio. Teu cabelo. Sou um submetido
à sujeira de teus joelhos; fiel apesar de mim. Devoto
desta história que ninguém conhece, salvo nós dois.

Querida minha, tenho medo de sofrer. Melhor
  dizendo: não quero
que se deem conta. Primeiro amor: sou
  Tarzan, como posso então falar
dignamente do ar de meu coração; calor
trêmulo que simplesmente aparecia contigo? Primeiro
amor aos três ou quatro anos de haver nascido.
  Amor quase
nascendo com a vida, confundido
com sua primeira respiração, com seu alcance.

Amor meu, ainda que tenha começado faz tanto tempo, ainda que
  faça perder a serenidade, é uma linda
  porcaria que nos acaricia e nos brinda.

(De *Larga distancia*, 1971)

Prefiro seguir vivendo

Se vocês permitem,
prefiro seguir vivendo.
 Apesar de tudo e pensando bem, não tenho
 motivos para me queixar ou protestar.
Sempre vivi na glória; nada
de importante me faltou.
 É certo que nunca almejei impossíveis: enamorado
 das coisas desse mundo com inconsciência e dor
 e medo e urgência.
Conheci bem de perto a imperdoável alegria: tive
sonhos espantosos e bons amores, ligeiros e culpáveis.
 Sinto vergonha de me ver coberto de pretensões:
 uma galinha desajeitada,
 melancólica, débil, pouco interessante.
Um abano de plumas que o vento despreza,
caminho que o tempo apagou.
 Os impulsos morderam a minha juventude e agora
 sem me dar conta, vou iniciando
 uma madurez equilibrada, capaz de enlouquecer
 qualquer um
 ou aborrecer de golpe.
Meus erros foram esquecidos definitivamente; minha
memória morreu e se queixa
com outros deuses varados no sonho e nos maus
sentimentos.
 O perecedeiro, o sujo, o futuro, soube me acovardar,
 mas eu o derrotei
 para sempre; sei que futuro e memória se vingarão
 algum dia.
 passarei desapercebido, com falsa humildade,
 como a Cinderela, ainda que alguns
 se lembrem de mim com carinho e achem meu
 sapatinho
 e também acabem morrendo.
Não descarto a possibilidade
da fama e do dinheiro; das baixas paixões e da
inclemância.
 A crueldade não me assusta e sempre vivi deslumbrado
 pelo puro trago, o livro bem escrito, a carne perfeita.
Costumo confiar em minhas forças e na minha saúde,
no meu destino e na boa sorte:
 sei que chegarei a ver revoluções, o salto temido
 e acariciado, golpeando a porta de nossa inteligência.

Estou seguro que chegar a viver no coração de uma
palavra;
compartir este calor, esta fatalidade que quieta
não serve e se corrompe.
  Posso falar e escutar a luz
  e a cor da pele amada e inimiga e próxima.
Tocar o sonho e a impureza,
nascer como cada tremor gasto na fuga.
  Tropeços feridos de morte:
  Esperança e dor e cansaço e ganas.
Estar falando, sustentar
esta vitória, este punho; saudar e me despedir.
  Sem jactâncias posso dizer
  que a vida é a melhor coisa que eu conheço.

(De *Del otro lado*, 1968)

Nota biográfica

Buenos Aires, 1930-1976

Morreu tão moço o querido *Paco*, poeta de mesmo, fuzilado pela ditadura que se abateu sobre a vida do seu povo. Além de poeta, seu talento múltiplo se desdobrou no teatro, no cinema, no conto e no ensaio. Foi titiriteiro. Estreou com *Historia antigua* (1963), depois vieram *Breves* (1959), *Lugares* (1961), *Nombres* (1963), *Larga distancia* (1971). Em 1984 Cuba editou uma antologia de seus poemas. Dele escreveu Miguel Brascó, em 1964: "Tem uma força comunicativa diferente. Usa a linguagem para se referir aos acontecimentos comuns e começamos a entendê-lo e cada vez considerá-lo um dos nossos, outro dos biógrafos da espécie".

Juan Gelman

Fui feito pelos homens que andam debaixo do céu do mundo
procuram o brilho da madrugada
cuidam da vida como um fogo.

Ensinaram-me a defender a luz que canta comovida
trouxeram-me uma esperança de que não basta sonhar,
e por essa esperança conheço a meus irmãos.

Então acho graça contemplando meu sobrenome, meu rosto no espelho
sei que não me pertencem
neles vocês atam um lenço
estendem a mão graças à qual não estou só.

Em vocês minha morte termina de morrer.
Anos futuros que temos preparado
conservando minha doce crença na ternura
a assembleia do mundo será uma criança reunida.

(De *Golpear el agua*, 1962)

Arte poética

Entre tantos ofícios exerço este que nem é meu,
como um amo implacável
me obriga a trabalhar de dia, de noite
com dor, com amor,
debaixo de chuva, na catástrofe,
quando se abrem os braços da ternura ou da alma,
quando a enfermidade afunda as mãos.

A este ofício me obrigam as dores alheias,
as lágrimas, os lenços que saúdam
as promessas no meio do outono ou do fogo,
os beijos do encontro, os beijos do adeus,
tudo me obriga a trabalhar com as palavras, com o sangue.

Nunca fui o dono de minhas cinzas, dos meus versos,
rostos escuros os escrevem como se atirassem contra a morte.

(De *Velorio del solo*, 1961)

Gotán

Esta mulher se parecia à palavra nunca,
da nuca lhe subia um encanto particular,
uma espécie de esquecimento onde guardar os olhos,
esta mulher se instala no meu costado esquerdo.

Atenção, atenção, eu gritava atenção,
mas ela invadia como o amor, como a noite,
os últimos sinais que fiz para o outono
deitaram-se tranquilos com as ondas de suas mãos.

Dentro de mim estalaram ruídos secos,
caíam em pedaços a fúria, a tristeza,
a senhora chovia docemente
sobre meus ossos de pé na solidão.

Quando se foi eu tiritava como um condenado
com um punhal brusco me matei,
vou passar toda a morte deitado com seu nome
ele moverá minha boca pela última vez.

(De *Gotán*, 1962)

Nota biográfica

Buenos Aires, 1930-

Dos principais nomes da poesia argentina. Jornalista, trabalhou na revista *Crisis*, fundada por Eduardo Galeano, depois no histórico jornal *La Opinión*. Perseguido pela didatura militar, exilou-se em 1975. Vive no México. Lê e canta seus poemas, musicados por Carlos Cedrón. Muitos livros: o primeiro *Violín y otras cuestiones* (1956), *Velorio del solo* (1961) e *Gotán* (1962). Depois, mais de uma dezena. É autor de duas cantatas: *El gallo cantor* e *Suertes*, levadas em Buenos Aires. Redijo esta nota no momento feliz, resultado de campanha mundial, em que ele reencontra sua neta desaparecida, filha de seu filho que a ditadura militar assassinou.

Horacio Salas

Certas mulheres parecem ignorar Sherazade

A poesia lhes parece
um presente minguado.
Ovídio

Certas mulheres não suportam muito tempo os poetas.
Os amam a relâmpagos
acendem-se escolares quase diria românticas
em termos de caça pode-se afirmar
que são presa fácil de balas
porque as hipnotiza o refletor sobre os olhos
    e assim por uns dias ficam íntimas de Neruda ouvem Vallejo
pronunciam Paul Éluard dizem Solentiname.
    De repente porém (sem dar explicações) a realidade quebra o feitiço
e preferem a lógica concreta em vez das palavras
desse feroz amor que pinta sóis holandeses
talha em jade o deus dos tequendanas
e das frases escritas em guardanapos de papel
ramos de salgueiros nas dedicatórias
passam rapidamente às recordações.

Naturalmente estas mulheres práticas
por motivos diversos
desconhecem a história real de Scherazade
a quem só as palavras salvaram da morte.

(De *Antología poética*, 1996)

Last tango em Tegucigalpa

Os urubus sobrevoavam os telhados coloniais
como abutres sobre a carniça do deserto
e do Monumento à Paz que os refletores recortam na noite
pode-se ver Tegucigalpa sua catedral seu estádio
a igreja de terracota erguida num monte entre
anúncios de Coca-cola
desfrute Coca-Cola ou Pepsi Kente Malboro ou

Lucky Strike
Jucelino mestiço como 92% de seus compatriotas
explica que os urubus são benéficos
porque só comem animais mortos
ou enfermiços — precisa — quando vem o verão
os nazis matam crianças em Treblinka
e no Chile estão metralhando adolescentes
rapazes que tiritam contra a madrugada
e no pequeno cinema menor que o Odeon da minha infância
as gotas caem compassadamente na poltrona
e Marlon Brando pode amá-la com fúria contra o chão
nesta cidade onde a Virgem de Suyapa apareceu
em 1747
e alguém pediu há duzentos anos a São Miguel Arcanjo
vem em auxílio do povo que Deus te confiou
First National City Bank Travellers Checks e câmbio
o sangue tinge as paredes as toalhas os brancos
azulejos
como o avental do parteiro quando anunciou
o nascimento de meus filhos
mas esqueçamos tudo o que fizemos que tudo fique de fora
o subterrâneo que sobe por Paris como os trens sobre as pontes de Palermo
o coronel que soube ensinar a seu cachorro o
perfume de um árabe
pelo cheiro do deserto será seguramente
o cheiro das barracas de Auschwitz
o cheiro do Estádio Nacional de Santiago do Chile
o cheiro da morgue um 22 de agosto
o cheiro de queimado sobre José León Suarez
aquela noite exata tu te lembras
enquanto eu te repetia meu amor contra o ouvido
e a luta ficava a centos de quilômetros
ou só a alguns quarteirões
e os corpos não tinham nome nem sobrenome
estavam jogados no meio de latas de cascas de pneus furados
de ossos mordidos pelos cachorros
e eu pensava em tua cintura
as provas da infâmia melhor não tocar em nada
não violar as consignas atravessar a rua com luz verde
ainda que a estátua de Francisco Morazán prócer de Honduras
apareça sob a chuva idêntica a San Martin a Sucre a Urquiza ou Bolívar
e nesta tarde quatorze índios morreram por comer peixe estragado
e desnuda começas a te mover debaixo do chuveiro
como naquela outra tarde entre os livros a poeira as revistas
quando podíamos pensar nos dias em que eu

caminhava sem me dar conta a teu lado
e aquele rapaz caía fuzilado entre as mesas de um bar dos subúrbios
mas Paris está longe
em teu apartamento vazio de móveis
e na fúria com que te penetro te cravo como uma borboleta
ainda que afinal seja inútil porque os urubus
esperam
sobrevoam meus passos e depois se lançam em
picada
até os velhos retratos familiares
e retorno a teu corpo para olhar teus olhos e a curva de tuas pernas
e escrevo ou simplesmente assobio
quando todas as portas estão fechadas
e ladram os fantasmas da canção
esta canção que cai entre os pinheiros de um país
que acaso se converta num deserto
conforme deduzem expertos da Unesco
        Jucelino feliz porque soube manejar os botões de uma Mercedes 380
mostra o rio que separa a cidade
um rio pequenino como o Mapocho
    onde flutuam cadáveres entre livros de Freud e Thomas Mann
de Tolstói e Alejo Carpentier
com os poemas de Pablo porque também está
morrendo em Bergen-Belsen
Me gusta cuando callas y estás como lejana
    mas os SS jogam na fogueira meus poemas, os versos de Ernesto Cardenal
te metralham te perfuram o fígado
e deixam que morras te esvaindo em sangue
enquanto Violeta Parra
agradece à vida que lhe deu tanto
tanto como para terminar com uma bala incrustada no crânio
    e caminho por Merced à meia-noite sem pensar em meus filhos
    poderiam talvez levar uma estrela amarela sobre o peito
e eles roubem meus livros os arrancam
rasgam a primeira edição de *Espantapájaros*
incendeiam os jardins de Ferrara levam Ray Bradbury
as mulheres de Eluard um Martin Fierro
um disco de Raul a voz de León Felipe
e acendem uma fogueira no castelo onde dançam as sombras
e ali contra a porta te atravesso
porque o amor é a única maneira de me vingar
de mostrar a eles que não podem comigo
ainda que os urubus sobrevoem
planando sobre América.

(*Tegucigalpa*, setembro 1973)

As outras

Há mulheres para as quais se inventaram as carícias
  para as quais se estiram as pontas dos dedos e se umedece a boca
para as quais a voz se agrava se esconde se atenua.

  Mulheres como a de Breton cintura de castor entre os dentes de tigre
  mulheres como esta que pede que eu lhe escreva meu nome em seu umbigo.
  Algumas — curiosamente — estão feitas à medida de minhas mãos
  para me fazer cócegas entre a linha da vida e a do coração.

  Para elas se fabricou a chuva as folhas amarelas do outono
  o fundo do café as últimas páginas de um livro de ternura
para elas existe o café da manhã a piedade da noite
as curvas da orelha a claridão do dia
e especialmente as gemas de meus dedos.

As outras não existem.
São as feias.

Nota biográfica

Buenos Aires, 1938-

Portenho dos principais, que ama o tango e Borges, temas de dois notáveis livros que o consagram como estudioso, pesquisador, biógrafo e crítico que sabe mergulhar nas águas profundas de um poeta. Publicou *El tiempo insuficiente* (1962), *La soledad en pedazos* (1964), *El caudillo* (1966), *Memoria del tiempo* (1966), *Gajes del oficio* (1979), *Que veinte años no es nada* (1982), *Cuestiones personales* (1985), todos de poesia. Sua biografia de Borges é por muitos considerada a mais feliz. Horacio é diretor do Conselho Nacional de Cultura. Em 2004 dirigiu a Biblioteca Nacional da Argentina. Todos os poemas selecionados pertencem a *Antología poética* (1996).

Cristina Castello

Resistência

Os pássaros agonizam
Amordaçam-me os anjos.
Rapinaram meu tempo.
De morosidade e beleza.
Abrumada.
Estou abrumada de cotidianidade e urgência.
Já basta.
Renego da mera condição de pedestre.
Vou me erguer.
Estou erguida.
Solto amarras
Vibro Música Pintura Poesia.
Resistência.
Estou em resistência.
Porque minhas asas me espreitam.
Porque os anjos se me rebelam.
Vamos Vamos.
Vamos.
Que não nos façam noite da alvorada.
Vamos a Resistir.
Este modelo de Poder
Que nos cerca
A alma.

Sede garganta arena

Sede de órfãos uivantes
Sede de chuva no horizonte
Sede de desterro de infinito
Alarido no deserto sede
Sede exílio de orvalho
Asma de cristais
Sede.
Sede garganta areia
Morro desaguada
Sangro em sede
Me afogo em sede
Vibro em sede

Nasço sede
Poesia
Sede.

Libertação de pássaros

És meu recreio.
Sopro de infinito.
Jogo do poema.
Sede.
Libertação de pássaros és.
Te quero inextinguível.
Me queres inacabável.
Folguedo de asas.

Orvalho

Música
De torradas que estalam
com dentes de leite
Ventura de cristal ao sol
A imaginação insone
Dorme com os pássaros
Alinhavos de voo.

(Do livro bilíngue *Soif/Sede*, Editions L'Harmanttan, 2004)

Nota biográfica

Buenos Aires, 1949-

Poeta e jornalista, comprometida com a defesa da vida ("os direitos humanos incluem a alegria"). Escreve para os *Cuadernos Hispano-Americanos*, de Madri. Foi docente da *La entrevista periodística* da Universidad de Buenos Aires. Publicou *Soif*/Sede (2004). Participa de várias antologias. Seus poemas acompanham exposições de fotógrafos e pintores. *Tormenta/Orage* (2009), lançado em Paris, consagra a poeta querida.

Nota biográfica

FRANZ TAMAYO

GREGORIO REYNOLDS

OSCAR CERRUTO

NICOMEDES SUÁREZ-ARAÚZ

BLANCA WIETHÜCHTER

BOLÍVIA

Franz Tamayo

Fala Olympio

Eu fui o orgulho como se é o cume
e minha juventude o mar que canta.

E não surge o astro já por sobre o cume?
Por que sou como um mar que já não canta?

Não rias, Mevio, de olhar para o cume,
nem cuspas sobre o mar que já não canta.

Se o raio foi, não fui em vão o cume,
e meu silêncio é mais que o mar que canta.

Balada de Claribel

Pela desolada tarde,
Claribel,
na luz de um sol que não arde,
Claribel,
me comove o amante alarde,
tudo embora diga "é tarde,
Claribel".

Leva nas asas o vento,
Claribel,
teu nome como um lamento,
Claribel,
Cheio de ânsias em vão tento
voar até aquele convento
Claribel.

Voz com que canta a ausência,
Claribel!
saudade, canora essência,
Claribel!
só lembrança e transparência
que a ausência torna presença,
Claribel!

Ah, mar profundo e alto monte,
Claribel!
é possível que transmonte
Claribel,
além do úmido horizonte,
e que essas neves remonte,
Claribel?

O tempo já é por sempre ido,
Claribel,
e já és talvez toda olvido,
Claribel!
Mas eu, descrente iludido,
penso que te fui querido,
Claribel!

O pão amargo que mordo,
Claribel,
é feito do que recordo,
Claribel!
E o passado já desfeito,
sonho de sombra em meu peito.

Claribel!

Oh manhã azul e rosa,
Claribel,
em que te vi, mariposa,
Claribel!
Rainha, mulher, deusa, flor.
Ouro, nácar, resplendor.
Claribel!

Cantava pelo ar uma ave,
Claribel!
Tão suave quanto a suave
Claribel.
E unia a pluma à clave
doce riso e pranto grave:
Claribel!

Uma música escondida,
Claribel,
serás sempre em minha vida,
Claribel.

De minha eterna ferida,
leite rosa e luz florida:
Claribel!

Verte meu lábio um perfume:
Claribel!,
musgo e cravo que resume,
Claribel.
Mirra, perfumado lume,
óleo que nada consome,
Claribel!

Teu nome doce e cruel,
Claribel,
sabe a fresa e o hidromel,
Claribel.
Som de encantado rabel,
nele vibra um sortilégio,
Claribel!

De um nigromante o compasso,
Claribel,
traçou na alma "nunca mais,
Claribel!".
E assim a meus olhos jamais
como a aurora voltarás,
Claribel!

Nota biográfica

La Paz,1879-1956

Deste poeta cada dia mais lembrado e querido em seu país, não é preciso dizer mais de duas coisas. Uma, a opinião de Antonio Mariaca, pintor que sabia as cores da alma boliviana: "É o maior poeta que já deu a Bolívia". Não sei se é o maior, mas seus versos me comovem já faz tempo. A outra é que esse homem foi eleito presidente de seu país, mas jamais exerceu o cargo.

Seus livros: *Ondas* (1898), *La prometheida* (1917), *Nuevos Rubayat* (1927), *Scopas* (1939) e *Epigramas griegos* (1945).

Gregorio Reynolds

A lhama

Inalterável, pela terra avara
do altiplano, ostenta a formosura
de seu passo indolente e sua postura,
a sóbria companheira do aimará.
    Parece, quando lânguida ela para
    e contempla a aridez dessa planura
    que em suas grandes pupilas a amargura
    da desolada terra se estancara.
Ou erguida a cerviz ao sol que desce
e de joelhos, ouvindo o miserere
pavoroso do vento pela puna,
    ela espera que do altar da neve
    o sacerdote imaterial eleve
    o esplendor eucarístico da lua.

Máscara
(fragmento)

Canta a fonte conventual
como a alma do santo zagal
que guiou sua grei ao aprisco
onde mora o Cordeiro Pascual.
Igual
ao humilde e glorioso Francisco,
reza a fonte sororal.
A fonte difunde a sua profunda
canção de eternidade.
Como numa laguna
brilha o vago reflexo
da lua na lua
do espelho.
    Nas brasas se acelera
    a dança das chispas.
    A canção das borbulhas cresce,
    reclama a caçarola.
Brinca de esconder o arroio
e soletra seus murmúrios.
Contente e alvoroçada
ri a menina no balanço.

Primeiras chuvas... Com sua carga
de folharal em pedaços e migalhas,
em procissão interminável
mudam de casa as formigas.

Musmés

Boquinhas de framboesa, olhos de anis,
finas sobrancelhas reviradas.
　　Morfina: fúlgido nirvana;
　　deleite de sentir
　　que não se sente nada.
Fortuna, mulher sem rumo,
mulher que se oferece a todos,
mas a nenhum se entrega.
　　A pegajosa gelidez dos mortos.
　　Concentrada gruda nas mãos.
　　Não adianta esfregá-las.
　　Dá vontade de raspá-las.
Cérebros:
Relogiozinhos descompostos
sem remédio.
Descompassam sempre
ou de súbito param.
Cada relógio, hora diferente.
　　Duas da tarde no relógio da aldeia.
　　Duas da tarde, hora insípida.
　　Zumbe a mosca invisível do tédio.

Nota biográfica

Sucre, 1882-1948

O poeta é de Sucre, a capital histórica da Bolívia. Fez-se famoso em La Paz, onde morreu. Com Tamayo, seu companheiro também nesta reunião brasileira de poetas da nossa América, Reynolds é um dos fundadores do modernismo boliviano, que alcança altura luminosa, com elegância formal e riqueza metafórica, na geração de Oscar Cerruto. Seu soneto para o lhama é um primor de refinado trabalho de construção da poesia... De seus tantos livros, distinguem-se: *Quimeras* (1915), *El cofre de psiquis* (1918), *Redención* (1925) e *Prisma* (1938).

Oscar Cerruto

Cantar

Minha pátria tem montanhas,
Não mar.

Ondas de trigo e trigais,
Não mar.

Espuma azul os pinhais,
Não mar.

O céu de esmalte fundido,
Não mar.

Poética

Não és só o resplendor que sem mesura
Estala, nem o estrépito previsto.
Nem todas as apelações da esfinge
Ou a avidez ou a outra idolatria.
Lúcida, sim, flagrante afirmação,
Região de transparência na que imerso
Está o tempo, zunindo, o que nós somos,
A boca imemorial de um augúrio.
Em um trono de ferro e santidades,
Abertas as feridas, com a flecha
Das perpétuas causas nos zigomas
És a palavra que jamais se gasta:
Amor; uma metade como a aurora
Dentro da sombra. A outra, deslumbramentos.

Pátria de sal cativa

Bosque de espumas talado,
Mar encontrado e cedido,
Teu caracol resgatado
Zumbe ainda em meu ouvido.
De novo, titã ferido,
Peito de varão, és dado
A meu fervor, no ruído

De teu bronze encadeado
Ouço tua voz que canta.
Tua onda se encrespa, o vento
Colérico se levanta
Do teu seio violento.

ALTIPLANO

O altiplano é incomensurável como uma recordação,
Pele de tatu, toca com seus extremos as quatro pontas
do céu,
Sopra sua armada brisa de besta.
O altiplano é resplandecente como o aço.
Sua solidão de lua, tambor de sublevações,
Metal ardente das lendas.
Pastoras de turbilhões e pesares,
As virgens da terra alimentam a fogueira da música.
Os homens, no metal de seus cabelos,
Asilam o ardente perfume dos combates;
Altiplano rajado de caminhos e de tristeza
Como palma de mineiro.

2
O Altiplano é frequente como o ódio
Cega de repente, como uma onda de sangue.

O Altiplano duro de gelos
Onde o frio é azul como a pele dos mortos.
Sobre o seu lombo tatuado pelas agulhas ásperas do
tempo
Os lavradores aimarás, sua própria tumba às costas,
Com os fuzis e a funda afugentam da noite pássaros
de luz.
A vida lhes fica tisnada de silêncio nos fogões
Enquanto as chuvas inundam seus ossos e o canto do
pintassilgo.

Altiplano sem fronteiras,
Desfraldado e violento como o fogo.
Seus charangos acentuam a cor do infortúnio.
Sua solidão perfura, gota a gota, a pedra.

Nota biográfica

La Paz, 1912-1981

Cerruto é de La Paz, onde nasceu e morreu. Poeta, romancista e jornalista, pessoa de cativante delicadeza. Tenho sua obra poética entre as principais da literatura da nossa América, à qual serviu com um romance admirável: *Cerco de penumbras* (1958). Foi editorialista e diretor do jornal *El Diario* de La Paz.

Seus livros de poemas: *Cifra de las rosas y siete cantares* (1957), *Estrella segregada* (1973), *Reverso de la transparencia* (1975), *Cántico traspasado* (1976); e deixo para o fim o esplêndido *Patria de sal cautiva* (1958), que revela e entresconde todos os segredos da alma boliviana. Um cântico que tem o poder majestoso do silêncio do altiplano e da pungente saudade que a pátria sente do mar que perdeu.

Seu romance *Cerco de penumbras*, como *Aluvión de fuego*, inspirado na Guerra do Chaco, foram traduzidos para o francês. O último trabalho do poeta, muito da predileção de Manuel Bandeira, foi um relato sobre a dramática vida do notável pintor boliviano Gusmán de Rojas: *La muerte trágica* (1988). Cerruto foi embaixador da Bolívia no Uruguai, em 1965.

NICOMEDES SUÁRES-ARAÚZ

PÃO DE MENTIRA

Amorna-se o leite
e põe mais açúcar,
em vez de passas, se deitam
algumas lendas de riquezas.

Deixa-se esfriar a levedura
em água morna,
e se põe mais leite
e metade da farinha
do sonho interminável
dos camponeses,
até que a massa fique macia.

Aumenta-se a manteiga derretida
para que a massa fique consistente.
depois se tampa
e se deixa descansar por quatro séculos.

Coloca-se no forno ardente
do trópico
deixando que se asse até que seque.

Come-se um pouquinho cada dia
com o espesso chocolate da noite.

ORQUÍDEAS AMAZÔNICAS

Agarra-se um pedaço de luz da aurora
dobra-se a sua ponta
dando-lhe a forma de uma bastãozinho.
Acrescenta-se goma
para que grude a bolinha de massa
preparada de antemão.
Com esta se fará o pistilo.

Se ti a um pouquinho mais de massa
e se pinta com tinta verde bem clara.
Deste pedaço se forma o receptáculo

que se coloca na parte inferior
da orquídea.

Uma vez cortadas as pétalas
se adelgaçam os extremos da massa
com os dedos e se grudam ao redor
do pistilo. Pintam-se com cores tênues,
branco, rosado, celeste, violeta, e lhe pondo
como graça uns lunarezinhos e bordos escuros.

As flores e os moradores do rio
sempre ficam secando imóveis
seja como um pedaço de céu ou de massa verde.

Podem ser feitas do tamanho
que se deseje, basta variar
o molde cortador da massa.

A forma normal destas flores
é de três cépalos e três pétalas
sem contar o primeiro
que caiu em 1542
quando Francisco Orellana e suas hostes
irromperam pelo meu rio.

Da nova aurora amazônica

*Para Thiago e os outros meus
irmãos amazônicos.*

Quando te desnudas, luz na selva,
tombas tua sombra no rio
e teu primeiro filho brota da floresta
como se fosse um veadozinho.

Amazonas, de cabeleira aquática,
mesmo de pele lacerada
todos os teus recantos vivem
na carne invértebra
de nossos sonhos.

A chuva de Manaus, no Brasil,
e a chuva de Riberalta na Bolívia,
e a chuva de Santa Ana, minha cidade,

e a chuva de Iquitos no Peru,
e a chuva de Letícia na Colômbia.

Fios de água, filhos da água
que caem sobre o pó,
argila viva somos
para jamais nos separar.

Ainda que não exista distância entre nós
e as árvores que morrem na noite.

(Poemas selecionados por Nicomedes)

Nota biográfica

Beni, 1946-

Filho do grande rio Amazonas. Poeta, narrador, artista plástico, crítico de letras, tradutor. Doutor em Literatura Comparada, pela Universidade de Ohio, Estados Unidos. Fundador do *Center for Amazonian Literature and Culture*, da Universidade Smith College de Massachusetts. Vários livros, o mais recente deles, *Receituário amazônico*, bilíngue.

Blanca Wiethüchter

La Paz

Te chamas
Lâmpada e lágrima
Linguagem lastimada
Pomba e pão
Copla
Pedaços de queda
Silenciosamente
Acabas o alfabeto

Um instante

No ato
dizer a imensa rocha porosa
de golpe
sua pesada gravidade de ar
sua espada.

A chama cresce da água
para a água
solitária linha de tempo
nos transporta
em um troço
ao centro da escuridão
abraço indizível
do vazio.

Sobre a eternidade
jubilosa e redonda
brilha
em triunfante silêncio
a coisa
imutável
movimento imóvel
olhar morrer
este instante
que chamamos
nosso único dia.

Miskinawi
(Olhos doces)

(Em memória de Safo)

Eu o vi de longe sob as sombras de um arvoredo,
ou era um campo de jacintos?
Me aproximei para olhar de perto seus grandes olhos
claros
que mudam de cor segundo o estremecer da brisa
entre folhas.

Reluzente o cabelo negro
seu rosto sorria ao canto dos pássaros.
Suas mãos formosas prometiam bálsamo e mel
e me animavam a lhe falar com doçura e rir com amor.
Adivinhei-o desnudo atrás da camisa de algodão
de pele suave e beijo ardoroso.
Um desejo de abrir-se acendeu minha entranha.

Lástima não lhe poder dizer
para não lastimar seu receio
com meu impetuoso desejo:
oh Miskinawi, vem
que a erva também é aqui
entre a palha e a pedra do altiplano,
um leito suave e perfumado.

(Os dois poemas foram retirados da *Antología de la poesía boliviana*, preparada pelo poeta Adolfo Romero, edição bilíngue, Paris, 1986)

Nota biográfica

La Paz, 1947-2004

A poeta é de La Paz. A contestação social, a fugacidade das coisas são temas que percorrem os seus versos, construídos com um jeito muito singular de tratar as palavras. Seus livros: *Assistir al tiempo* (1975), *Travesía* (1978), *Noviembre* (1979), *Madera viva y árbol difunto* (1982).

Teve significativa e comovente participação no encontro de escritores que celebrou, em Santiago do Chile (1993), o centenário de Vicente Huidobro.

GABRIELA MISTRAL

VICENTE HUIDOBRO

PABLO DE ROKHA

PABLO NERUDA

HUMBERTO DÍAZ CASANUEVA

NICANOR PARRA

GONZALO ROJAS

VIOLETA PARRA

ENRIQUE LIHN

ARMANDO URIBE

JORGE TEILLIER

ÓSCAR HAHN

CESAR SOTO GÓMEZ

RAÚL ZURITA

ADÁN MÉNDEZ ROZAS

JUAN CRISTÓBAL ROMERO

CHILE

Gabriela Mistral

Íntima

Não me apertes as mãos.
Chegará o duradouro
Tempo do repouso e muito pó
E sombra nos entristecidos dedos.
E dirias: "Não posso
Te dar amor, porque se desgranaram
Como ceifas meus dedos.".

Não me beijes a boca.
Virá o momento cheio
De luz minguada e já estarei sem lábios
Sobre um chão molhado.

E dirias: "Eu te amei, não posso
Querer-te mais quando já não aspiras
O cheiro de retamas do meu beijo.".

Me angustia te ouvir
Falavas louco e cego
Que minha mão não será na tua fronte
Quando rompam meus dedos
E descerá sobre tua casa cheia
De ânsia o meu respeito.

Não me toques, portanto. Mentiria
Ao dizer que te entrego
O meu amor nos braços estendidos,
Na boca, no pescoço,
E tu, crendo que me bebeste toda,
Te enganarias, um menino cego.

Que meu amor não é só feixe
Terço e fatigado de meu corpo,
Que treme inteiro ao roçar do cilício

E vai amando outra
Pela terra em flor.
Já se abriu o *espino*;[1]

---

[1] Árvore nativa do Chile. (NT)

Passa uma canção.
E vai amando outra
Pela terra em flor.

Ele beijou outra
Na beira do mar;
Resvalou nas ondas
O jasmim do luar.
Não se untou meu sangue
Na extensão do mar.

Ele irá com outra
Pela eternidade.
Haverá céus doces
(E desquer calar).
Ele irá com outra
Pela eternidade.

(De *Desolación*, 1922)

A chuva lenta

Esta água medrosa e triste
como criança que padece,
antes de tocar a terra
desfalece.

Quieta a árvore, quieto o vento
e no silêncio estupendo
este fino pranto amargo
caindo.

O céu parece um imenso
Coração, que se abre amargo.
Não chove: é um sangue lento
E longo.

E dentro do lar os homens
Não sentem esta amargura,
Este envio de água triste
Da altura.

Este longo e fatigante
Descender de águas vencidas,
Para esta terra tendida
E transida.

Chove... e como chacal trágico
A noite espreita na serra.
O que vai surgir na sombra,
Desta Terra?

Dormireis, quando lá fora
Cai, sofrendo, esta água inerte.
Esta água letal, irmã
Da morte.

(De *Desolación*, 1922)

Todas íamos ser rainhas

Todas íamos ser rainhas
De quatro reinos sobre o mar.
Rosália com Efigênia
E Lucila com Soledad.

No Vale do Elqui, aconchegado
Por cem montanhas ou por mais,
Que como prendas ou tributos
Ardem em rubro e em açafrão.

Isso dizíamos embriagadas
E nos dávamos por verdade,
Que seríamos todas rainhas
E chegaríamos ao mar.

Com nossas tranças de sete anos
E batas claras de percal,
Perseguindo tordos fugidos
Pela sombra do figueiral.

Desses quatro reinos, dizíamos,
Tão seguras como o Alcorão,
Que por grandes e por cabais
Alcançariam até o mar.

Quatro esposos desposariam
Pelo tempo de desposar,
E eram reis e cantadores
Como Davi, rei de Judá.

E de ser grandes nossos reinos,
Eles teriam, sem faltar,

Mares verdes, mares de algas,
E a ave louca do faisão.

E já de ter todos os frutos,
A árvore do leite e do pão,
O *guayacán* não cortaríamos
Nem morderíamos metal.

Todas íamos ser rainhas
E de verídico reinar;
Nenhuma, porém, foi rainha
Nem em Arauco nem Copán.

Rosália beijou marinheiro
Já desposado com o mar
E o beijador, lá nas Guaitecas,
Engoliu uma tempestade.

Soledad criou sete irmãos
E sangue deixou no seu pão
E seus olhos ficaram negros
De nunca haver visto o mar.

Pelas vinhas de Montegrande
Com seu puro seio de trigal,
Embala filhos de outras rainhas
Além dos seus nunca-jamais.

Efigênia achou estrangeiro
Pelas rotas e sem falar
O seguiu, sem lhe saber nome,
Porque homem parece mar.

Lucila, que falava a rio,
A montanha e canavial`
Pelas alvas da loucura
Recebeu reino de verdade.

Entre as nuvens contou dez filhos
E nas salinas sem reinar,
Nos rios divisou esposos
E seu manto na tesmpestade.

Porém no Vale de Elqui, onde
São cem montanhas ou mais,

Cantam as outras que chegaram
E as que ainda vêm cantarão:

"Na terra seremos rainhas
e de verídico reinar
e sendo grandes nossos reinos
chegaremos todas ao mar."

De *Desolación*, 1922)

Nota biográfica

Vicuña, 1889-1957

Lucila de Maria Del Perpetuo Socorro Godoy Alcayaga é do Vale de Elqui, onde foi professora primária. Lugar que perdurou impregnado em sua memória, durante o largo tempo em que viveu longe do Chile. Não foi apenas a primeira mulher, mas a primeira figura das letras latino-americanas a receber o Prêmio Nobel, de 1945. De sua linguagem poética, inconfundível, escreveu Gabriela, com o rigor melodioso de sua prosa: "Na literatura de língua espanhola: represento a reação contra a forma purista do idioma metropolitano espanhol. Tratei de criar com modificações nativas. Não deve haver obstáculos a que os países latino-americanos, onde as palavras nativas servem para designar objetos desconhecidos na Europa, misturem os seus respectivos vocabulários".

Livros de poemas: *Sonetos de la muerte* (1914), *Desolación* (1922), *Lectura para mujeres* (1923), *Ternura* (1925), *Tala* (1938), *Lagar* (1954), *Poema de Chile* (1967). Nomeada consulesa do Chile (depois do Nobel), serviu em vários países, inclusive no Brasil, em Petrópolis, onde escreveu muito e ganhou a amizade de Manuel Bandeira, Austregésilo de Athayde, Cecília Meireles , Ana Amélia Carneiro de Mendonça, entre outros escriores brasileiros.

Vicente Huidobro

Altazor

Abri a boca para receber a hóstia da palavra ferida
A hóstia angustiada e ardente que me nasce e não se
sabe onde
Quem vem de mais longe que meu peito
A catarata delicada de ouro em liberdade
Correr de rio sem destino como aerólitos ao azar
Uma coluna se levanta na ponta da voz
E a noite se senta na coluna

Eu povoarei por mil anos os sonhos dos homens
E vos darei um poema cheio de coração
No qual me despedaçarei por todos os lados

Uma lágrima cairá de uns olhos
Como algo enviado sobre a terra
Quando vejas como uma ferida profética
E reconheças a carne desgraçada
O pássaro preso na catástrofe celeste
Encontrado em meu peito solitário e sedento

Entretanto eu me afasto atrás dos barcos magnéticos
Vagabundo como eles
É mais um triste cortejo onde cavalos sonâmbulos

Há palavras que têm sombra de árvores
Outras que têm atmosfera de astros
Há vocábulos que têm fogos de raios

É que incendeiam onde caem
Outros que se congelam na língua e que rompem ao sair
Como esses cristais alados e fatídicos
Há palavras com ímãs que atraem os tesouros do
Abismo
Outras que se descarrregam como vagões sobre a alma
Altazor desconfia das palavras
Desconfia do ardil cerimonioso
E da poesia
Trampas
Trampas de luz e cascatas luxuosas

Trampas de pérolas e de lâmpada aquática
Anda como os cegos com seus olhos de pedra
Pressetindo o abismo a cada passo.

Mas não temas a mim que minha linguagem é outra
Não trato de fazer feliz nem desgraçado a ninguém
Nem dependurar bandeira dos peitos
Nem fazer satélites de mármores em torno a um talismã
[alheio
Quero te dar uma música do espírito
Música minha desta cítara plantada no meu corpo
Música que faz pensar no crescimento das árvores
Esplende em luminárias dentro do sonho.

Falo em nome de um astro por ninguém conhecido
Falo numa língua molhada em mares não nascidos
Com uma voz cheia de eclipses e distâncias

Solene como um combate de estrelas ou galeras
[distantes
Uma voz que se levanta na noite das rochas
Uma voz que dá vista aos cegos atentos
Os cegos escondidos no fundo das casas
Como nas suas próprias funduras.

Os veleiros que partem a distribuir minha alma pelo mundo
Voltarão convertidos em pássaros
Uma formosa manhã alta de muitos metros
Alta como árvore cujo fruto é o sol
Uma manhã frágil e rompível
Na hora em que as flores lavam a cara
E os últimos sonhos fogem pelas janelas

Tanta exaltação para arrastar os céus à língua
O infinito se instala no ninho do peito
Tudo se torna presságio,
anjo então
O cérebro se torna revelador
E a hora foge apavorada pelos olhos

Os pássaros gravados no cenit não cantam
O dia se suicida lançando-se ao mar
Um barco vestido de luzes se afasta tristemente
E no fundo das ondas um peixe escuta o passo dos homens

Silêncio a terra vai dar à luz uma árvore
A morte dormiu no pescoço de um cisne
E cada pluma tem um tremor diferente
Agora que Deus se senta sobre a tempestade
Que pedaços de céu caem e se enredam na floresta
E que o tufão assanha as barbas do pirata
Agora tirai a morta ao vento
Para que o vento abra os seus olhos

Silêncio, a terra vai dar à luz uma árvore
Tenho cartas secretas na caixa do crânio
Tenho um carvão dolente no fundo do peito
E levo o meu peito à boca
E a boca à porta do sonho.

O mundo me penetra pelos olhos
Entra-me pelas mãos me entra pelos pés
Entra-me pela boca e me sai
Em insetos celestes ou nuvens de palavras pelos poros
Silêncio, a terra vai dar à luz uma árvore
Meus olhos na gruta da hipnose
Mastigam o universo que me atravessa como um túnel
Um calafrio de pássaro me sacode os ombros
Calafrio de ondas interiores
Escalas de ondas e asas no sangue
Rompem-se as amarras das veias
E saltam fora da carne
Saem das portas da terra
Entre palomas espantadas

Mulher o mundo está mobiliado por teus olhos
Se faz mais alto o céu em tua presença
A terra se prolonga de rosa em rosa
O ar se prolonga de paloma em paloma

Quando te vais deixas uma estrela em teu lugar
Deixas cair tuas luzes como o barco que passa
Enquanto te segue meu canto enfeitiçado
Como uma serpente fiel e melancólica
E tu voltas a cabeça atrás de algum astro
Que combate se trava no espaço?
Essa lança de luz entre planetas
Reflexo de armaduras impiedosas
Que estrelas sanguinárias não querem ceder passagem?
Onde estás triste noctâmbula

Doadora de infinito
Que passeia no bosque dos sonhos

Aqui estou perdido entre mares desertos
Sozinho como a pluma que cai de um pássaro noturno
Aqui estou numa torre de frio
Abrigado da lembrança de teus lábios marítimos
Da recordação de tuas complascências e de tua cabeleira
Luminosa e desatada como os rios da montanha
Irias ser cega que Deus te deu essas mãos?
Te pergunto outra vez

O arco de tuas sombrancelhas
Inclinado para as armas dos olhos
Na ofensiva alada vencedora segura com segredos de flor
Que falem por mim as pedras
Que falem por mim a cor dos pássaros sem vento
Que falem por mim o rebanho de ovelhas taciturnas
Dormido em tua memória
Te fala por mim o arroio descoberto
A erva sobrevivente atada à aventura
Aventura de luz e sangue e horizonte
Sem mais abrigo do que uma flor que se apaga

(Os dois primeiros segmentos
de seu mais famoso poema)

Monumento ao mar

Paz sobre a constelação cantante das águas
Entrechocadas como os ombros da multidão
Paz no mar às ondas de boa vontade
Paz sobre a lápide dos naufrágios
Paz sobre os tambores do orgulho e as pupilas
tenebrosas
E como eu sou o tradutor das ondas
Paz também sobre mim

Este é o mar
O mar com as suas próprias ondas
Com os seus próprios sentidos
O mar tratando de romper suas cadeias
E querendo imitar a eternidade
Querendo ser pulmão ou neblina de pássaros penando
Ou o jardim dos astros que afastamos
Ou que acaso nos arrastam

Quando voam de repente todas as pombas da lua
E se faz mais escuro que as encruzilhadas da morte
O mar entra na carroça da noite
E se afasta até o mistério das paragens profundas
E apenas se escutam o ruído das rodas
E a asa dos astros que penam no céu

Este é o mar
Saudando de longe a eternidade
Saudando os astros esquecidos
E as estrelas conhecidas
Este é o mar que desperta como o pranto de outra criança
O mar abrindo os olhos querendo o sol com suas pequenas mãos trêmulas
O mar empurrando as ondas
Suas ondas que embaralham os destinos
Levanta-te e saúda o mar dos homens

Porém sou vagabundo e tenho medo de que me escutes
Tenho medo das tuas vinganças
Esquece minhas maldições e cantemos juntos essa noite
Te faz homem, te digo, como eu às vezes me faço mar
Esquece os presságios funestos
Esquece a explosão dos meus prados
As mãos aqui te estendo como flores
Façamos as pazes, te digo,
Tu és o mais poderoso
Que eu aperte as tuas mãos nas minhas
E seja feita paz entre nós dois.

Que o verso seja como chave
Que abra mil portas.
Uma folha cai; algo passa voando;
Quanto os olhos vejam seja criado,
E fique estremecida a alma do ouvinte

Inventa mundos novos e cuida de tua palavra;
O adjetivo quando não dá vida, mata.
Estamos no céu dos nervos.
O músculo se pendura
Como lembrança nos museus.
Mas nem por isso menos força temos:
O vigor verdadeiro
Reside na cabeça

(De *El espejo de agua*, 1916)

Nota biográfica

Santiago, 1893-1948

"Nada anedótico nem descritivo. A emoção deve nascer da virtude criadora. Fazer um poema como a Natureza faz uma árvore. Há que criar. Eis o signo do nosso tempo." Assim o poeta chileno, por muitos considerado o mais fecundo e original da América hispânica, resume sua teoria poética, o Creacionismo.

Pela segunda década do século, participou e influenciou a atividade literária em Madri e também em Paris, onde viveu várias temporadas e publicou, escritos em francês: *Altazor* e *Monumento ao mar,* consideradas suas obras fundamentais. A força criadora de Huidobro marca ainda hoje o trabalho de poetas chilenos.

Numerosos livros: *Ecos del alma* (1911), *Canciones de la noche* (1913), *El espejo de agua* (1916), *Horizon carré* (1917), *Tour Eiffel* (1918), *Altazor o el viaje a paracaídas* (1931), *Ver y palpar* (1939), *El ciudadano del olvido* (1941) e *Antología* (seleção e prólogo de Eduardo Anguita). Dois romances: *Mio Cid campeador* e *Sátiro o el poder de las palabras.*

Pablo de Rokha

Canto do macho ancião
(fragmento)

Sentado à sombra imortal de um sepulcro,
ou desfraldando o grande anel matrimonial ferido à maneira
de pombas que se desfolham em desânimo,
escarvo os últimos entardeceres.

Como quem lança um livro de garrafas tristes ao Mar-Oceano ou uma
enorme pedra de fumaça deitando no entanto espanto
às escarpas da história
ou acaso um pássaro morto que goteja pranto,
vou lançando os penhascos inexoráveis do pretérito
contra a muralha negra.

E como já tudo é inútil,
como os cadeados do infinito rangem em bisagras mofadas,
sua atitude enche a terra de lamentos.

Escuto o regimento de esqueletos do grande crepúsculo,
do grande crepúsculo cardíaco ou demoníaco, maníaco dos
enfurecidos anciãos,
a trombeta acusadora da desgraça acumulada,
o arrriamento descomunal de todas as bandeiras, o âmbito terrivelmente
pálido
dos fusilamentos, a angústia
do soldado que agoniza entre espadas e colchas, a quinhentas léguas abertas
do campo de batalha, e soluço como um pavilhão antigo.

Há lágrimas de ferro amontoadas, porém
por dentro do inverno se levanta o cogumelo infernal
do cataclisma pessoal, e catástrofes de cidades
que morreram e são pó, uivam.
Chegou a hora vestida de pânico
na qual todas as vidas carecem de sentido, carecem
de destino, carecem de estilo e espada,
carecem de direção, de voz, carecem
de todo o rubro e terrível das empresas ou das
epopeias ou das vivências ecumênicas,
que justificarão a existência como perigo e como
suicídio; um mito enorme,

equivocado, rupestre, ruminante
foi o o existir; e restam as jaquetas solitárias do
ágape inexorável, os risos caídos e o
arrependimento invernal dos excessos,
naquele então antiquíssimo com rasgos de santo e
de demônio,
quando eu era belo como um touro negro e tinha as
mulheres que desejava
e um revólver de homem na cintura.

Falham as glândulas e o carvão genital intimidado
pelo eu raivoso, se recolhe à medida do
abatimento ou entardecendo
arranha a perdida felicidade nos escombros;
o amor nos agarrou e nos espremeu como a limões
desesperados
eu ando lambendo sua ternura,
mas ela se dilui na eternidade, se confunde
na eternidade,
se destrói na eternidade e embora existo
porque pelejo e "minha poesia é minha militância",
toda a eternidade me rodeia ameaçadora e gritando lá da outra margem.

Procuro os musgos, as coisas usadas e estupefatas,
O pós-pretérito e difícil, arado de passado e
infinitamente de olvido
  poeirento e mofado como as panóplias
de antanho, como as moedas de antanho,
com o esplendor dos ataúdes enfurecidos,
o gigante relincho dos chapéus mortos, ou aquilo
                    unicamente aquilo
que está caindo nas formas,
o eu público, a figura estrondosa
que se afoga se contradizendo.

Agora a fêmea domina, envenenada,
e o vinho se burla de nós como um cúmplice nosso,
   embriagando-nos
quando nos levamos a taça à boca dolorosa,
acurralando-nos e acuando-nos contra nós próprios
            como mitos.

Estamos muito cansados de escrever universos sobre
universos
e a imortalidade que outrora tanto amava o coração
adolescente se arrasta

como uma pobre puta envelhecendo;
sabemos que podemos escalar todas as montanhas
da literatura
como na juventude heroica que nos aguenta o ânimo
a coragem suicida dos temerários, e no entanto eu,
definitivamente viúvo, definitivamente só,
definitivamente velho
e apunhalado de padecimentos,
cumprindo a façanha desesperada de me superar,
o autorretrato de todo o heroico da sociedade e da natureza me abruma;
o que acontece com os anciãos com a sua própria ex-combatente sombra?
se confundem com ela ardendo e são fogo rugindo
sonho de sombra feito de sombra,
o sombrio definitivo e um ataúde que anda chorando
sombra sobre sombra.

O Díaz e o Loyola dos arcaicos genes
    ibero-vascos estão morrendo em
    mim como morreram quando agonizava teu
    perfil colossal, marinho, greco-latino, viking,
as antigas deusas mediterrâneas dos Anabalones do
    Egeu e as valquírias de Winétt-hidromel,

adeus!... cai a noite ferida em todo o eterno pelos
    balaços do
    sol decapitado que se derrama gritando céu
    abaixo...

(De *Mis Grandes Poemas*, fragmentos, 1970)

Nota biográfica

Lincantén, 1894-1968

Poeta numeroso, extenso e intenso. Seu primeiro livro, *Los gemidos*, assustou a crítica e os leitores. Pablo De Rokha, com todos os seus rompantes, desafetos e dissabores, é hoje um dos monstros sagrados da poesia chilena. Os poetas jovens o celebram. E até os menos moços, como o admirável Gonzalo Rojas, autor de *Testimonio sobre Pablo De Rokha*. O próprio Neruda, digo porque dele ouvi mais de uma vez, reconhecia seu poderoso talento, conquanto magoado pela língua inimiga de De Rokha. Vale lembrar que Neruda esteve entre os que louvaram os poemas de *Los gemidos*: "Chega uma palavra nova, um olhar que escarva e perfura no esqueleto da vida uma linguagem humana".

É extensa a obra do vate valente: *Los Gemidos* (1922); *Cosmogonía* (1927); *Suramérica* (1927); *U* (1927); *Ecuación* (1929); *Escritura de Raimundo Contreras* (1929); *Jesuscristo* (1933); *Gran Temperatura* (1937); *Morfología del espanto* (1942); *Los poemas continentales* (1945); *Epopeya de las comidas y las bebidas de Chile* (1949); *Idioma del mundo* (1958); *Genio del pueblo* (1960); *Acero de invierno* (1961); *Canto del macho anciano* (1961); *Estilo de masas* (1965) e *Mis grandes poemas*, póstumo (1969).

POEMA 20

Posso escrever os versos mais tristes esta noite.

Escrever, por exemplo: "A noite está estrelada
e tiritam, azuis, os astros na distância.".

O vento da noite gira pelo céu e canta.

Posso escrever os versos mais tristes esta noite.
Eu a quis, e às vezes ela também me quis.

Em noites como esta eu a tive entre meus braços.
Beijei-a tantas vezes sob o céu infinito.

Ela me quis e às vezes eu também a queria.
Como não ter amado seus grandes olhos fixos?

Posso escrever os versos mais tristes esta noite.
Pensar que já não a tenho. Sentir que já a perdi.

Ouvir a noite imensa, mais imensa sem ela.
E cai o verso na alma, como na relva o orvalho.

Que importa que meu amor não pudesse guardá-la?
A noite está estrelada e ela não está comigo.

Isso é tudo. À distância alguém canta, à distância.
Minha alma não se conforma com havê-la perdido.

Como para atraí-la, o meu olhar a procura,
meu coração a procura, e ela não está comigo.

A mesma noite faz branquear as mesmas árvores.
Nós, os de outrora, já não somos os mesmos.

Já não a quero, é certo, quanto, porém, a quis.
Minha voz ia no vento para alcançar-lhe o ouvido.

De outro. Será de outro. Como antes dos meus beijos.
Sua voz, seu corpo claro. Seus olhos infinitos.

Já não a quero, é certo, mas talvez ainda a queira.
É tão curto o amor, tão longo o esquecimento.

Porque em noites como esta eu a tive entre meus
braços,
minha alma não se conforma com havê-la perdido.

Ainda que esta seja a última dor que ela me causa,
e estes sejam os últimos versos que lhe escrevo.

(De *Veinte poemas de amor y una canción desesperada*, 1924)

Unidade

Existe algo denso, sentado no fundo,
repetindo seu número, seu sinal idêntico.
Quanto se nota que as pedras tocaram o tempo,
em sua fina matéria há o cheiro de idade,
e a água que traz o mar, de sal e sonho.

Me rodeia uma mesma coisa, um só movimento:
o peso do mineral, a luz da pele,
se colam ao som da palavra noite:
a tinta do trigo, do marfim, do pranto,
as coisas de couro, de madeira, de lã,
envelhecidas, desbotadas, uniformes,
se unem a meu redor como paredes.

Trabalho surdamente, girando sobre mim mesmo,
como o corvo sobre a morte, o corvo de luto.
Penso, asilado no extenso das estações,
central, rodeado de geografía silenciosa:
uma temperatura parcial cai do céu,
um extremo império de confusas unidades
se reúne me rodeando.

(De *Residencia en la tierra*, 1933)

Alturas de Macchu Picchu
(fragmentos)

I.

Do ar ao ar, como uma rede vazia,
ia eu entre as ruas e a atmosfera, chegando

e despedindo,
no advento do outono a moeda estendida
das folhas, e entre a primavera e as espigas,
o que o mais fundo amor, como dentro de uma luva
que cai, nos entrega como uma longa lua.

(Dias de fulgor vivo na intempérie
dos corpos: aços convertidos
ao silêncio do ácido:
noites desfiadas até o último pó:
estames agredidos da pátria nupcial.)

Alguém que me esperou entre os violinos
encontrou um mundo como uma torre encantada
enfiando sua espiral mais abaixo de todas
as folhas cor de enxofre enrouquecido:
mais abaixo, no ouro da geologia,
como uma espada envolta em meteoros,
afundei a mão turbulenta e doce
no que há de mais genital em toda a terra.

Pus a fronte entre as ondas profundas,
escorri como gota entre a paz sulfúrica
e, como um cego, regressei ao jasmim
da usada e gasta primavera humana.

VI.

Então pela escada da terra subi
varando o atroz espinhal das selvas perdidas,
até ti, Macchu Picchu.
Alta cidade, pedras escaleiras,
moradia afinal do que o terrestre
não escondeu no sono dos vestidos.
Em ti, quais duas linhas paralelas
o berço do relâmpago e o do homem
se balançavam num vento de espinhos.

Ó mãe de pedra, espuma dos condores.

Alto recife da alvorada humana.

Pá extraviada na primeira areia.

Esta foi a morada, este o lugar:
aqui subiram os grossos grãos dos milhos
e de novo desceram como granizo rubro.

Aqui, o pelo dourado saiu da vicunha
para vestir os amores, os túmulos, as mães,
o rei, as orações, os guerreiros.

Aqui os pés do homem descansaram de noite
junto aos pés da águia, nas altas guaridas
carniceiras, e na aurora
pisaram com os pés do trovão a névoa rarefeita
e tocaram as terras e as pedras
até reconhecê-las na noite ou na morte.

Olho as vestiduras e as mãos,
o vestido da água no vazio sonoro,
a parede suavizada pelo tato de um rosto
que olhou com meus olhos as lâmpadas terrestres,
que azeitou com minhas mãos as desaparecidas
madeiras: porque tudo, roupagem, pele, vasilhas,
palavras, vinho, pães,
se foi, caiu na terra.
E o ar entrou com dedos
de flor de laranjeira
sobre todos os dormidos:
mil anos de ar, meses, semanas de ar,
de vento azul, de cordilheira férrea
que foram como suaves furacões de passos
lustrando o solitário recinto da pedra.

IX.

Águia sideral, vinha de bruma:
bastião perdido, cimitarra cega.
Cinturão estrelado, pão solene.
Escala torrencial, pálpebra imensa.
Túnica triangular, pólen de pedra.
Lâmpada de granito, pão de pedra.
Serpente mineral, rosa de pedra.
Nave enterrada, manancial de pedra.
Cavalo alvo de lua, luz de pedra.
Esquadro equinocial, vapor de pedra.
Geometria final, livro de pedra.

Tambor elaborado entre rajadas.
Madrepérola do tempo submerso.
Telhado pelas plumas combatido.
Ramos de espelho, bases de tormenta.
Tronos tombados pela trepadeira.
Regime com a garra escarniçada.
Vendaval sustentado na vertente.
Imóvel catarata de turquesa.
Patriarcal campana dos dormidos.
Alta argola das neves dominadas.
Ferro deitado sobre suas estátuas.
Inacessível temporal cerrado.
Mãos de puma, rochedo sanguinário.
Torre sombreira, discussão de neve.
Noite elevada em dedos e raízes.
Janela em névoas, pomba endurecida.
Planta noturna, estátua dos trovões.
Cordilheira essencial, teto marinho.
Arquitetura de águias perdidas.
Corda celeste, abelha das alturas.
Nível sangrento, estrela construída.
Borbulha mineral, lua de quartzo.
Serpente andina, fronte de amaranto.
Cúpula do silêncio, pura pátria.
Noiva do mar, tronco de catedrais.
Ramo de sal, cereja de asas negras.
Dentadura nevada, trovão frio.
Lua arranhada, pedra ameaçadora.
Cabeleira do frio, ação do ar.
Vulcão de mãos, escura catarata.
Onda de prata, direção do tempo.

XII.

Sobe para nascer comigo, irmão.

E dá-me a tua mão, da mais profunda
zona de tua dor disseminada.
Não voltarás do fundo dos rochedos.
Não voltarás do tempo subterrâneo.
Não voltará teu grito endurecido.
Não voltarão teus olhos verrumados.
Olha-me tu das funduras da terra:
lavrador, tecedor, pastor calado:

domador de guanacos tutelares:
pedreiro dos andaimes desafiados,
aguadeiro das lágrimas andinas:
joalheiro dos dedos esmagados:
agricultor que treme na semente:
oleiro em tua argila derramado:
trazei a taça desta vida nova,
as nossas velhas dores enterradas.
Mostrai-me vosso sangue e vosso sulco,
e me dizei: – aqui fui castigado
porque a joia não rebrilhou e a terra
não entregou a tempo a pedra ou o grão:
assinalai-me a pedra em que caístes
e a madeira em que vos crucificaram:
acendei-me os antigos pedernais,
as lâmpadas antigas, os chicotes
presos às chagas através dos séculos
e os machados de brilho ensanguentado.
Venho falar por vossa boca morta.
Atravessai a terra e juntai todos
os silenciosos lábios derramados
e do íntimo falai toda esta longa noite
como se eu estivesse ancorado convosco.
E tudo me contai, vínculo a vínculo,
e cadeia a cadeia, passo a passo,
as facas que guardaste, amolai,
e ponde-as em meu peito, em minha mão,
como um rio de raios amarelos,
como um rio de tigres enterrados,
e me deixai chorar anos e dias,
idades cegas, séculos de estrelas.

Dai-me o silêncio, a água, a esperança.

Dai-me a luta, o ferro e os vulcões.

Prendei a mim os corpos como ímãs.

Atendei às minhas veias e à minha boca.

Falai por minhas palavras e meu sangue.

(De *Canto general*, 1950)

Nota biográfica

Parral, 1904-1973

É o poeta latino-americano mais conhecido e mais lido no mundo todo. E mais: é o poeta nacional de sua pátria. De seu povo, que se identifica com sua obra, simplesmente porque vive dentro dela. Começou a escrever aos quinze anos (traduzi para a Editora Bertrand os *Cuadernos de Temuco*, encontrados vinte anos depois de sua morte, que reúnem poemas escritos durante a sua adolescência, nos quais, no entanto, já demonstra um surpreendente domínio da construção do verso, inclusive de alexandrinos com a cesura mediana), e aos vinte anos já se faz famoso com os seus *20 poemas de amor e uma canção desesperada*. Desvinculado de qualquer escola ou estética, com um idioma poético estritamente pessoal, surge dez anos depois o livro até hoje por muitos considerado o ponto mais alto de sua obra: *Residencia en la Tierra*. Depois de servir como cônsul na Índia, foi transferido para Madri, em plena Guerra Civil Espanhola, que lhe ergueu do peito o sentimento solidário, o amoroso respeito à condição humana, que veio a impregnar fundamente sua criação poética, que atinge seu timbre mais poderoso em *Canto geral*. Ele diz tudo com as palavras mais simples: "Falar com simplicidade. América ou a claridão devem ser um só nome equivalente".

É longa a lista de livros de Neruda. Prefiro distinguir, cronologicamente: *La canción de la fiesta* (1921), *Crepusculario* (1923), *Veinte poemas de amor y una canción desesperada* (1924), *Residencia en la tierra* (1933), *España en el corazón* (1937), *Tercera Residencia* (1947), *Canto general* (1950), *Los versos del capitán* (1952), *Odas elementales* (1954), *Nuevas odas elementales* (1955), *Estravagario* (1958), *Cien sonetos de amor* (1959), *Canción de gesta* (1960) e *Memorial de isla negra* (1964), entre outros.

Em 1971 a Academia Sueca lhe concedeu o Prêmio Nobel. Embaixador do Chile na França. Do Chile de Allende. Não posso esquecer o seu nome na boca da multidão que o recebeu de regresso. Nem na dos corajosos que foram ao seu enterro e, quando alguém gritava "Neruda!", bradavam: "Presente!".

Humberto Díaz Casanueva

A visão

Jazia escuro, as pálpebras caídas para o terrível
acaso no fim do mundo, com estas duas mãos insones
entre o vento que me cruzava com seus restos de céu.
Então nenhuma ideia tive, numa brancura enorme
perderam-se minhas frontes como dessangradas coroas
e meus ossos resplandeceram como bronzes sagrados.
Tocava aquela altura de onde a aurora surge suavemente
com minhas mãos que transluziam em ordem mágica.
Era o caminho mais puro e era a luz já sólida
por águas dormidas, resvalava até minhas origens
quebrando minha pele branca, só o seu óleo brilhava.
Nascia meu ser matinal, acaso da terra ou do céu
que esperava desde outrora e cujo passo de sombra
apagou meu ouvido que zumbia como o ninho do vento.
Por primeira vez fui lúcido, mas sem minha língua nem seus ecos
sem lágrimas, revelando-me noções e douradas melodias;
soltei uma pomba e ela prendia o meu sangue no silêncio,
compreendi que a testa se formava sobre um vasto sonho
como lenta crosta sobre uma ferida que mana sem cessar.
Isso é tudo, a noite fazia de meus braços ramos secretos
e acaso o meu dorso já se aconchegava em sua própria sombra.
Tornei ao escuro, larva reprimida de novo em minha testa
e um erro fez que gozasse de meu coração em claros cantos.
Estou seguro de que sondei as cinzas de minha própria morte,
aquelas que dentro do sonho fazem meu mais profundo desvelo.

O sol cego

Na morte do poeta Rosamel Del Valle

1. Semelhante a mim, mas brotado da noite.

Está incompreensível,
está filtrando a noite
comum
dentro de um sol estéril

Insensata a língua de
pau

que pergunta
e fica mutilada

Ao despedir-me
te abracei com força
dolorido
pelos escuros presságios
A lei escrita
no pescoço do feiticeiro
queimado na praia

Te abracei como a um
mastro
rangente
havia baile
Passamos a noite
enfiando rouxinóis

Irmão meu
Tutor de minha vida inteira
Esta noite
golpearam meu coração
E só tu respondes
Tu fazes com que a primavera
me passe a esmeralda

Tu me enrolas
Os cabelos da jovem

E de repente
a dissolução das
palavras
e os gestos
O horizonte afundado
A carne rastejada
Mentira!
Desminto a evidência!
Nego esta instantânea
lua
na nulidade do céu!

Abro a noite e olho
desesperadamente olho
com minhas entranhas
como se distinguisse

o prolongamento de um ser
imenso

II. Dorme como esfregado por vinhedo

Rosamel
ali em teu leito
pareces
um albatroz esparramado
Thérèse te veste te
passa hortelã pela
testa
Te cansaste de consultar
o tarô

De contradizer a máscara
que te cospe flechas

Estás sonhando
sonhando não ser
e já evocando
a verdade da vida
mais além do silêncio demente
da morte

É um cruel fingimento
é um jejum
de ti mesmo
Amontoas os dedos
sobre uma gota de
luz
descendes
por dentro de ti
na impiedade da última
carne

É verdade que merecias
um repouso
Tempo sobre todo tempo
para afinar
o universo
Toda a vida te deram chicotadas
como a um potro
num campo cercado
cheio de papéis

Não sei como puderam
florescer tuas cicatrizes

Agora pediste uma licença
demasiado longa
foste ao sul
te distraíste
passeando pelo fundo
do mar

Tua alma encalhou
num sono sem fim
Os caracóis se enterram
no teu corpo

(De *El sol ciego*, 1966)

Os penitenciais

Dói a carne saída do
nada
e que ali retorna
mas cheia de candentes
escrituras
Me arranco a carne de minha
carne

Aos mortos cantei e
Pressentindo
que uma força terrível
lhes sobrava
como
aos
loucos
Eles porém se valeram
Da minha força

Dói a memória em que
duvido
O nada que me espera
já foi o mesmo?
Se morro volto ao fundo
onde posso seguir sendo
nenhum

como se nada houvesse
sucedido?

Minha memória está nevando
em outro mundo
Meus olhos se partem como
Fungos
A lágrima prolonga o
olhar

Tudo é já diferente e se
imaginara
acabar minha origem
jamais pudera
porque sobro no abismo
das causas

Deixar de ser não é igual
A não ter sido.

Nota biográfica

Santiago, 1908-1992

"Um indagador a quem convém as ideias de tal modo que lhes concede uma carga emocional que as transmuda em substância nutridora da poesia", disse de Humberto Díaz o crítico chileno Jorge Elliott.

Sua obra: *El aventurero de Saba* (1926), *Réquiem* (1944), *Vigilia por dentro* (1945), *La estatua de sal* (1947), *La hija vertiginosa* (1954) e *El sol ciego* (1966); "Médula", largo poema em seis cantos, publicado no centenário de seu nascimento, alcança alturas vastas na lírica de nosso tempo.

Nicanor Parra

Advertência

Já não é permitido que ninguém me diga
que não compreende os antipoemas.
Todos devem se rir às gargalhadas.

Por isso não me rompo a cabeça
Para chegar até a alma do leitor.
Deixem-se de perguntas.
No leito de morte
cada qual se coça com as unhas.

Além do mais, uma coisa:
não tenho qualquer inconveniente
em meter-me em camisas de onze varas.

(*Poemas y antipoemas*, 1954)

O esquecimento

Juro que nem me lembro do seu nome.
Mas vou morrer chamando-a de Maria,
Não por simples capricho de poeta:
Por seu jeito de praça de província.
Tempos aqueles, eu um espantalho,
Ela uma jovem pálida e sombria.
Ao voltar uma tarde do Liceu
Soube de sua morte imerecida,
Nova que me causou tal desengano
Que mal a ouvi não me contive a lágrima.
Uma lágrima, sim, quem me vai crer!
Eu que me sei pessoa de energia
Se crédito concedo ao que foi dito
por quem logo chegou dando a notícia
Devo então crer, sem sombra de vacilo,
que morreu com meu nome nas pupilas,
Fato que me surpreende, porque nunca
Nada me foi na vida além de amiga.
Nunca tive com ela mais que simples
Relações de correta cortesia,

Nada mais que palavras e palavras
E uma ou outra menção sobre andorinhas.
Um dia dei com ela em meu povoado
(do qual hoje mal resta alguma cinza),
Nela porém jamais vi outro destino
Que de uma jovem triste e pensativa.
Tanto assim foi que só pude tratá-la
pelo celeste nome de Maria,
circunstância que prova claramente
que era exata e central minha doutrina.
Pode ser que eu lhe tenha dado um beijo,
E quem é que não beija suas amigas!
Convém porém constar que se a beijei,
Sem me dar conta foi do que fazia.
Não negarei, isso sim, quanto eu gostava
De sua vaga, etérea companhia,
Que parecia o espírito sereno
Que vive suave nas flores domésticas
E não posso ocultar de modo algum
A importância que teve seu sorriso
Nem desvirtuar o favorável influxo
Que sobre as próprias pedras exercia.
Acrescentar preciso que da noite
Foram seus olhos fonte fidedigna
Mas apesar de tudo é necessário
deixar bem claro que eu, eu não a amava,
Salvo com esse vago sentimento
com que se fala de um parente morto
Todavia sucede, todavia
O que até hoje ainda me maravilha
É este inaudito e singular exemplo
De morrer com meu nome nas pupilas,
Ela, múltipla rosa imaculada,
Ela, que era uma lâmpada legítima.
E tem razão, toda a razão, quem vive
se queixando da vida noite e dia
De que o mundo traidor no qual vivemos
Vale bem menos que roda emperrada.
Muito mais honorável é uma tumba,
Vale mais uma folha embolorada.
Nada é verdade, aqui nada perdura,
Nem a cor do cristal com que se mira.
Hoje é um dia azul de primavera,
Creio que um dia morro de poesia,
Dessa famosa jovem melancólica
Não recordo sequer o nome dela.

Só sei que ela passou por este mundo
Como triste paloma fugitiva:
Foi sem querer que aos poucos a esqueci,
Como todas as coisas deste mundo.

Manifesto

Senhoras e senhores
Esta é a nossa última palavra
Nossa primeira e última palavra —
Os poetas desceram do Olimpo.

Para nossos maiores
A poesia foi um objeto de luxo
Mas para nós
É um artigo de primeira necessidade.
Não podemos viver sem poesia.

Discordamos dos antepassados
— Digo o que digo com todo o respeito —
Nós sustentamos
Que o poeta não é um alquimista
O poeta é um homem igual a todos
Um pedreiro que constrói seu muro:
Um construtor de portas e janelas.

Nós conversamos
Na linguagem de todos os dias
Não acreditamos em signos cabalísticos.

Além disso, uma coisa:
O poeta está aí
Para que a árvore não cresça torta.

Esta é a nossa mensagem.
Nós denunciamos o poeta demiurgo
o poeta Barata
o poeta rato de biblioteca.
Todos estes senhores
— digo o que digo com muito respeito —
por construir castelos em pleno ar
Por malgastar o espaço e o tempo
Redigindo sonetos para a lua
Por reunir palavras ao acaso
Pela última moda de Paris.

Para nós, não.
O pensamento não nasce da boca,
Nasce no coração do coração.
Nós repudiamos
A poesia de óculos escuros
A poesia de capa e espada
A poesia de chapéu de abas longas.
Propiciamos, ao contrário,
A poesia a olho nu
A poesia a peito descoberto
A poesia de cabeça nua.

Não acreditamos em ninfas nem tritões.
A poesia tem que ser isto:
Uma moça rodeada de espigas
Ou então sem absolutamente nada.

Ora pois bem, e no plano político,
Eles, nossos avós imediatos,
Os nossos bons avós imediatos
Se refrataram e se dispersaram
Ao passar pelo prisma de cristal.
Uns poucos se fizeram comunistas,
Não garanto se o foram de verdade.
Suponhamos que foram comunistas,
O que sei é uma coisa:
Que não foram poetas populares,
Foram uns reverendos poetas burgueses.

Há que dizer as coisas como são:
Somente um ou outro
Soube chegar ao coração do povo.
Cada vez que puderam
Se declararam de palavra e de fato
Contra a poesia dirigida
Contra a poesia do presente
Contra a poesia proletária.

Aceitemos que foram comunistas.
A poesia, porém, foi um desastre
Surrealismo de segunda mão
Decadentismo de terceira mão
Tábuas velhas, o mar as devolveu.
Poesia adjetiva
Poesia nasal e natural
Poesia arbitrária

Poesia baseada
Na revolução da palavra
Em circunstâncias de que deve fundar-se
Na revolução das ideias.
Poesia de círculo vicioso
Só para meia dúzia de escolhidos
"Liberdade absoluta de expressão".

Hoje nos benzemos perguntando
Para que escreverão essas coisas?
Para assustar o pequeno-burguês?
Tempo perdido miseravelmente!
O pequeno-burguês não reage
A não ser se a questão é a do estômago.

A poesia jamais vai assustá-los.

A situação é esta:
Enquanto eles estavam
Por uma poesia do crepúsculo
Por uma poesia da noite
Nós propugnamos
A poesia do amanhecer.
Esta é a nossa mensagem,
Os resplendores da poesia
Devem chegar a todos por igual
A poesia alcança para todos.

Nada mais, companheiros.
Nós condenamos. – E isto digo com todo o respeito –
A poesia do pequeno deus
A poesia da vaca sagrada
A poesia de touro furioso.

Contra a poesia das nuvens
nós devemos opor
A poesia de terra firme
– Cabeça fria mas coração quente
Somos terrafirmistas decididos –
Contra a poesia de café
A poesia da Natureza
Contra a poesia de salão
A poesia da praça pública
A poesia de protesto social.

Os poetas desceram do Olimpo.

Nota biográfica

Chillán, 1914-

Poeta e professor (durante muitos anos) de Matemática e Mecânica Teórica da Universidad de Chile. Astro de primeira grandeza no vasto campo da poesia latino-americana, poeta cada dia mais querido de seu povo. É o que se pode dizer, com simplicidade, um verdadeiro criador. Dono de um sortilégio verbal poderoso, inventou seu próprio caminho de criação: a *antipoesia*. Deu-lhe sustentação teórica, bem-humorada, irreverente, de alicerces fincados na vida cotidiana, onde não acham pouso os pássaros das abstrações herméticas. Diz Nicanor: "A função do artista consiste em expressar rigorosamente suas experiências: sem comentários de espécie alguma; a função do idioma para mim é a de um simples veículo." Dois versos de seu famoso Manifesto:

"O pensamento não nasce na boca / Nasce no coração do coração." E ainda: "A poesia tem que ser isto: uma moça rodeada de espigas, ou não ser absolutamente nada". É por isso que faz tempo digo que a antipoesia de Nicador é na verdade poesia da mais verdadeira, com pureza de diamante que canta.

Que canta como Violeta, sua irmã e irmã da alma chilena, para quem Nicanor compôs belo e comovedor cântico. Seus livros principais: *Cancionero sin nombre* (1937), *Poemas y antipoemas* (1954), *La cueca larga* (1958), *Versos de salón* (1962), *La cueca larga y otros poemas* (1964), *Obra gruesa* (1967) e *Canciones rusas* (1967). Nicanor é Prêmio Nacional de Literatura. Todos os poemas selecionados são de *Poemas y antipoemas.*

Gonzalo Rojas

Contra a morte

Me arranco as visões e me arranco os olhos cada dia
que passa
Não quero ver, não posso! ver os homens morrendo
cada dia
Prefiro ser de pedra, estar escuro,
a suportar o asco de abrandar-me por dentro e sorrir
à direita e à esquerda só para prosperar em meu
negócio.

Não tenho outro negócio a não ser estar aqui
dizendo a verdade
no meio da rua e para todos os ventos:
a verdade de estar vivo, unicamente vivo,
com os pés na terra e o esqueleto livre neste mundo.

O que ganhamos com isso de saltar até o sol com
nossas máquinas
à velocidade do pensamento, demônios: o que ganhamos
com voar mais além do infinito
se seguimos morrendo sem esperança alguma de viver
fora do tempo escuro?

Deus não me serve. Ninguém me serve para nada.
Mas respiro, e como, e até durmo
pensando que me faltam uns dez ou vinte anos para
ir-me
de bruços, como todos, a dormir em dois metros de
cimento lá embaixo.

Não choro, não me choro. Tudo há de ser assim
como há de ser.
Mas não posso ver caixões e caixões
passar, passar, passar, passar cada minuto
cheios de algo, recheados de algo, não posso ver
ainda quente o sangue nos caixões.

Toco esta rosa, beijo suas pétalas, adoro
a vida, não me canso de amar as mulheres: me
alimento

de abrir o mundo nelas. Mas tudo é inútil,
porque eu mesmo sou uma cabeça inútil
pronta para cortar, por não entender o que é isso
de esperar outro mundo deste mundo.

Me falam de Deus ou me falam de História. Acho
graça.
de ir buscar tão longe a explicação da fome
que me devora a fome de viver,
como o sol, na graça do ar, eternamente.

(De *Contra la muerte*, 1969)

Que bom ir longe no corpo das mulheres formosas

Que bom ir longe no corpo das mulheres formosas,
nadar de uma a outra na mesma fragrância sem atender à
ligeireza de sua nuca, unicamente
ir de fulgor a fulgor nas ondas
de seus joelhos cuja litúrgica armação guarda o princípio
da Espécie no umbral
de algo fresco, mais fresco do que qualquer cútis,
de qualquer desnudez, me distraio
nisso, que bom ir longe
nesses corpos que andam por aí, velozes.

(De *Desocupado lector*, 1990)

O que se ama quando se ama?

O que se ama quando se ama, meu Deus: a luz
terrível da vida
ou a luz da morte? O que se procura, o que se
encontra, o que
é isso: amor? Quem é? A mulher com sua fundura,
suas rosas, seus vulcões,
ou este sol avermelhado que é meu sangue furioso
quando entre nela até as últimas raízes?

Ou tudo é um grande jogo, Deus meu, e não há
mulher
nem há homem, senão um só corpo: o teu,
repartido em estrelas de formosura, em partículas
fugazes
de eternidade visível?

Morro nisto, oh Deus, nesta guerra
de ir e vir entre elas, pelas ruas, de não poder amar
trezentas de uma vez, porque estou condenado sempre
a só uma
a essa uma, a essa única que me deste no velho paraíso.

(De *Oscuro*, 1977)

POR VALLEJO

Já tudo estava escrito quando Vallejo disse: Ainda-não.
E arrancou esta pluma ao velho condor
da ênfase. O tempo é ainda-não,
a rosa é ainda-não e embora passe o verão, e as estrelas
de todos os verões, o homem é ainda-não.

Nada aconteceu. Mas alguém se chamava Cesar em
peruano
e em pedra mais que pedra, deu no cume
do oxigênio formoso. As raízes
o seguiram sangrentas cada dia mais lúcido. Foram
secando-o, e nem Paris pôde lhe salvar o osso nem o mistério.

Ninguém chegou tão fundo pelas medulas vivas da origem
nem nos falou na música que dizemos América,
porque unicamente este tirou o ser da pedra mais escura
quando nos viu a sorte debaixo das ondas
no vazio da mão.

Cada qual seu Vallejo doloroso e gozoso. Não em Paris,
onde chorei por sua alma, não na nuvem violenta
que me deu a dez mil metros a certeza terrestre de seu rosto

sobre a neve livre, porém nisto
de respirar a espinha mortal, estou seguro
do que desce e me diz: – Ainda não.

(De *Oscuro*, 1977)

Nota biográfica

Lebu, 1917-

Transcrevo feliz este fragmento da abertura de *Antología de aire* (1995), que reúne poemas selecionados de seus numerosos livros, editada pelo Fondo de Cultura Económica: "Entre a metáfora inventiva e a criação da imagem quase exnihi-lo, quase de nada radica a especificidade física desta poesia: uma linguagem de corpo aberto de onde escapa uma alma com a velocidade da luz". A poesia do querido Gonzalo está destinada a durar na vida.

E a propósito do verbo, ainda há de perdurar na emocionada lembrança de muitos e nos anais que espero bem conservados *El encuentro del hombre*, promovido e cuidado pelo poeta na Universidad de Concepción, iluminada pelas águas do Bio-Bio. Foram dias de pura inteligência, amor e fé na grandeza da condição humana. Participantes de tantos cantos do mundo, gente de primeira água. Só de Prêmio Nobel, uns cinco. Linus Pauling acariciava a cabeleira prateada de sua encantadora senhora, enquanto o físico Bernard brincava com meteoritos que sempre levava no bolso do colete. Gonzalo, Prêmio Nacional de Literatura, recebeu o Prêmio Cervantes.

Obra essencial: *La miseria del hombre* (1948), *Contra la muerte* (1969 e 1993), *Oscuro* (1977), *Del relámpago* (1981), *Materia de testamento* (1988), *Desocupado lector* (1990), *Antología de aire* (1991), *Zumbido* (1991), *80 veces nadie* (1997), *Metamorfosis de lo mismo* (2000), *La palabra placer y otros poemas* (2002), *Del loco amor* (2004) e *Esquizo* (2007) e *Del Agua* (2007).

Violeta Parra

Voltar aos dezessete

Voltar a ter dezessete
depois de viver um século
é como decifrar signos
sem saber sábio competente.
Voltar a ser de repente
tão frágil como um segundo,
voltar a sentir profundo
como criança frente a Deus
pois isso é o que sinto eu
neste momento fecundo.

Meu passo retrocedeu
quando o de vocês avança
o arco das alianças
já penetrou no meu ninho
com todo seu colorido
passou pelas minhas veias
e até essa dura corrente
com que nos ata o destino
é como um diamante fino,
luz de minha alma serena.

O que pode o sentimento
jamais alcançou o saber
nem o claro proceder
nem profundo pensamento;
o momento tudo muda,
qual mago condescendente,
nos afasta docemente
de rancores e violências:
só o amor com sua ciência
nos torna tão inocentes.

O amor é um torvelinho
de pureza original.
Até o feroz animal
sussurra seu doce trino,
segurando os peregrinos,
libertando os prisioneiros,

vai o amor com seus esmeros,
transforma o velho em menino
e ao mau somente o carinho
o torna puro e sincero.

De par em par na janela
se abriu como por encanto,
o amor entrou com seu manto
como uma tíbia manhã;
ao som de sua bela diana
fez florescer o jasmim,
voando como serafim
pendurou brincos no céu
meus anos em dezessete
os converteu o querubim.

Estribilho
Vai se enredando, enredando
como trepadeira em muro,
e vai brotando, brotando,
como o musguinho na pedra,
como o musguinho na pedra,
sim, sim, sim.

(*Décimas de Violeta Parra*, 1965)

A JARDINEIRA

Para me esquecer de ti
eu vou cultivar a terra
e nela espero encontrar
remédio pra minha dor.
Aqui plantarei o rosal
com as espinhas mais grossas,
e terei pronta a coroa
para quando em mim tu morras.

Pra minha tristeza, violeta azul,
cravo vermelho pra minha paixão,
e para saber se me correspondes
desfolho uma margarida branca.
Se me queres muito, pouquinho, ou nada,
tranquilo fica meu coração.

Crescendo irão pouco a pouco
amores – perfeitos lindos,

quando estejam florescidos
já não vou te recordar.
Da rubra flor da papoula
serei a melhor amiga,
guardarei sob o travesseiro
para adormecer tranquila.
Pra minha tristeza, violeta azul,
cravo vermelho pra minha paixão,
e para saber se me correspondes,
desfolho uma margarida branca.

Se me queres muito, pouquinho ou nada,
tranquilo fica meu coração.

Rebento de toronjil
quando me aumentam as mágoas,
as flores do meu jardim
serão minhas enfermeiras.
Se porventura me ausento
antes que te arrependas,
herdarás as minhas flores:
vem, que elas te cuidarão.

Pra minha tristeza, violeta azul,
cravo vermelho pra minha paixão,
e para saber se me correspondes,
desfolho uma margarida branca.
Se me queres muito, um pouquinho ou nada,
tranquilo fica meu coração.

Gracias a La Vida

Gracias a la vida, que já me deu tanto,
Me deu dois luzeiros e, sempre que os abro,
distingo bem claro o negro do branco
e no alto celeste seu fundo estrelado
e entre a multidão o homem que eu amo.

Gracias a la vida, que já me deu tanto,
me deu este ouvido que tão longe alcança,
grava noite e dia, grilos e canários,
martelos, turbinas, ladridos e chuvas,
e a voz tão terna de meu bem-amado.

Gracias a la vida, que já me deu tanto.
Que me deu o som e o abecedário;

com ele as palavras que penso e declaro:
mãe, amigo, irmão, luz iluminando
o caminho da alma de quem estou amando.

Gracias a la vida, que já me deu tanto.
Me deu o caminhar de meus pés cansados;
com eles andei cidades e charcos,
praias e desertos, montanhas, planuras,
mais a tua casa, tua rua, teu pátio.

Gracias a la vida, que já me deu tanto.
Deu-me o coração que agita seu marco,
quando vejo o fruto do cérebro humano,
quando vejo o bom tão longe do mau,
quando vejo o fundo dos teus olhos claros.

Gracias a la vida, que já me deu tanto.
Que me deu o riso e me deu o pranto.
Assim eu distingo a dita do quebranto,
as duas matérias que formam meu canto,
e o canto de todos que é o meu próprio canto.

Gracias a la vida, que já me deu tanto.

Nota biográfica

Ñuble, 1917-1967

Poeta, compositora, cantora, guitarrista. Percorreu seu país de norte a sul, recolhendo verdadeiros tesouros do folclore musical. Cantou a vida inteira as esperanças e as dores de seu povo. Não há hoje um chileno que não saiba ou cante contente uma composição de Violeta. Além de música, foi pintora; museus e colecionistas guardam suas *arpilleiras* bordadas. Figura vinda de uma família de artistas: irmã de Nicanor, o poeta famoso, e de Alberto, o titireteiro, palhaço de circo e querido trovador popular; mãe de Angel e Isabel, cantores e compositores como sua neta Tita, que acaba de perder Antar, seu filho cantor (2009). Violeta deixou também um livro de *Décimas*, de felizes reedições. Em 1967, coração de amor magoado, preferiu deixar este chão que iluminou com sua arte abençoada.

Os poemas de Violeta, extraídos de *Décimas de Violeta Parra* (1965), foram traduzidos por Maria Aparecida Gori Maia.

Enrique Lihn

Nunca saí do horroroso Chile

Nunca saí do horroroso Chile
Minhas viagens que não são imaginárias
Tardias, sim – momentos de um momento –
Não me desenraizaram do árido vale
Remoto e presunçoso
Nunca saí da fala que Liceu Alemão
Me infligiu em seus dois pátios como num regimento
Mordendo o pão de um exílio impossível
Outras línguas me inspiram um sagrado rancor
O medo de perder com a língua materna
Toda a realidade. Nunca saí de nada.

Porque escrevi

Agora que talvez, num ano de calma,
Pense: a poesia me serviu para isto:
Não pude ser feliz, me foi negado
Mas escrevi.

Escrevi, fui vítima
Da mendicidade e do orgulho misturados
E justicei também a alguns leitores:
Estendi a mão em portas que nunca, nunca vi
Uma moça caiu, em outro mundo, a meus pés.
Mas escrevi: tive esta rara certeza,
A ilusão de ter o mundo entre as mãos
que ilusão mais perfeita! Como um Cristo
barroco
e toda sua desnecessária crueldade

Escrevi, minha escritura foi como um matagal
De flores ácidas mas afinal de contas, flores
O pão de cada dia das terras áridas:
Uma carapaça de espinhos e raízes.

Da vida tomei todas estas palavras
Como um menino curioso, seixos junto ao rio
As coisas de uma magia, perfeitamente inúteis,
Mas que sempre tornam a recobrar seu encanto.

A espécie de loucura com que voa um ancião
Perseguindo palomas imitando-as
Me foi dada em lugar de servir para alguma coisa.
Condenei-me escrevendo para que todos duvidassem
De minha existência real.
(dias de minha escritura, solar do estrangeiro).
Todos os que serviram e os que foram servidos
Digo que passarão porque escrevi
E fazer isso significa trabalhar com a morte
Lado a lado, roubar-lhes uns quantos segredos.
Em sua origem o rio é uma franja de água
— ali, por um momento, sequer, a essa
            altura —
logo, afinal, um mar que ninguém vê
dos que estão se bracejando a vida.
Porque escrevi fui um ódio vergonhoso.
Mas o mar faz parte de minha própria escrita,
Linha da rompante em que um verso se espuma
eu posso reiterar a poesia.

Estive enfermo, sem lugar a dúvidas
E não só de insônia,
também de ideias fixas que me fizeram ler
com obscena atenção a uns quantos sociológicos,
mas escrevi, e o crime foi menor,
verso a verso eu paguei até escrever,
porque da palavra que se ajusta ao abismo
surge um pouco de escura inteligência
e sob essa luz muitos monstros não são justiçados

Porque escrevi não estive na casa do verdugo
nem me deixei levar pelo amor a Deus
nem aceitei que os homens fossem deuses
Nem me fiz desejar como escrevente
Nem a pobreza me pareceu atroz
Nem o poder uma coisa desejável
Nem me lavei nem sujei as mãos
Nem virgens foram minhas melhores amigas
Nem tive por amigo um fariseu
Nem apesar da cólera
Quis aniquilar meu inimigo.

Mas escrevi, por minha conta morro.
Porque escrevi, porque escrevi estou vivo.

(De *La musiquilla de las pobres esferas*, 1969)

Ninguém escreve desde o mais além

Ninguém escreve desde o mais além
As memórias da ultratumba são apócrifas
Na casa da mote só se encontram agonizantes
leitores
alguns vivos que espiam por ali, mas não mortos.
Ainda que o livro tibetano dos mortos diga que se
dirija a eles
no mais além não há leitores, mortos que não
guardam as formas
e a gravidade da noite.

Somente se recordam aparições
fantasmas, ou melhor, fantasias, enfermidades da
memória.
Estes senhores, em lugar de falar, respondem ao
desespero
de perguntas mediúnicas sem interesse.
Pior ainda, levantam mesas de três pernas para
provar que existem.
Como invisíveis acrobatas
descem um piano do quinto ao quarto andar.

Quero saber o que são os mortos, se são.
Não o que fazem nem o que dizem dos outros,
não as provas de sua existência, se existem.

(De *Diário de muerte*, 1990)

Assombração de êxito

Estou convertido numa alma penada de êxito
entre os caminhoneiros e suas famílias.
Uma casinha da morte iluminada a vela,
piedosamente, todos os dias com flores frescas a
seus pés.
Me converti num ator que vai morrer, mas de
verdade, no último ato
num famoso equilibrista sem rede que baila noite a
noite sobre a corda bamba.
O telefone toca incessante no meu camarim.
Não me podem chamar para impedir minha entrada
em cena,

só chamam para me pedir lhes reserve entradas,
    mesmo que seja para o terceiro ato.
Tinguirinea gente próxima a meu coração agora vazio
    mas não indiferente e gente que esteve a
    quilômetros dele,
estes últimos para reconciliar-se com Jesus, seu
    paralítico, às minhas custas,
para obter a absolvição no último momento,
Par delicatesse vou perder, com o que me resta de
    vida
a alegria de morrer, recebendo estes jetões.

A morte é um êxito público.
Basta com doze pessoas.
Não quero na plateia ninguém mais.

(De *Diário de muerte*, 1990)

Nota biográfica

Santiago, 1929-1988

Poeta, romancista, crítico de arte, desenhista, autor de histórias em quadrinhos, ensaísta polêmico. Autor de muitos livros. Homem de muitos amores. Do dom da amizade. Viveu na França e em Cuba. Seu livro póstumo, *Diário de muerte*, manuscrito ou ditado, enquanto a enfermidade impiedosa o devorava devagarinho. Cada dia mais querido em sua terra e pelos países de fala castelhana, a começar pela própria Espanha, onde seus livros têm reedições sucessivas. Obra essencial:*Nada se escurre* (1949), *Poemas de este tiempo y de otro*, (1955), *La pieza oscura* (1963), *Poesía de paso* (1966), (Prêmio Casa de las Américas), *Escrito en Cuba* (1969), *La musiquilla de las pobres esferas* (1969), *Por fuerza mayor* (1975). Antologias de seus poemas estão publicadas em vários países.

Publicou também *Agua de arroz* (1964), contos, e três romances: *Batman en Chile* (1973), *La orquesta de cristal* (1976) e *El arte de la palabra* (1980).

Armando Uribe

A doçura do tempo

A doçura do tempo
me impede chegar aos pêssegos,
somente contemplo o madurar dos pêssegos
e preguiçoso evito pensar nos pêssegos.

A vida se faz mais doce sobre o campo
e o corpo parece mais uma folha
e o tempo doce cai sobre minha boca branca
e quase não me movo sentindo a sua penugem.

(De *Transeúnte pálido*, 1953)

O pó que cobre as mesas
(fragmentos)

O pó que cobre as mesas
é um pó que não emociona a ninguém;
mas a mim me desespera
vê-lo e suspeitar que existe.

*

Ainda que não me creiam
passem um dedo por minha fronte.
Verão como as mesas
nada têm do que me invejar.

*

Não te amo, amo os ciúmes que tenho,
são tudo o que de ti me permanece,
os ciúmes e a raiva que te tenho
hidrófobo de ti me afogo em vinho.

*

Reduzido a mim mesmo,
a meu pobre valor de corneteiro
de um batalhão que perdeu a batalha
me custa me entreter com minhas unhas,
com meus narizes, com minhas urinas.

(De *El engañoso laúd*, 1956)

Nem médico

Nem médico nem padre nem parente nem amigo
nem conhecido nem desconhecido,
quando se está parturejando a morte,
cuja placenta não se corta,
se enrola no umbigo como crosta.

(De *Odio lo que odio, rabio como rabio*, 1998)

Cedo estarás

Cedo estarás comigo
cedo no paraíso
de que paraíso me falas
mede ladrão tuas palavras.
Assim conversava o filho
de Deus com outro bandido.

(De *Odio lo que ódio*)

Elogio da pedra

Oh tentação de me fazer água em água
e desaparecer a água em água.
Volver-me com os círculos, elogio
da pedra que descende na fundura
da escuridão, sem voz; volver-me círculo
sem voz que sob pedras se desliza.

Os pelos

Os pelos pudicamente chamados
púbicos são belos quando suavemente
como raízes de ervas com ervas
vivas se embalam subindo até o ventre,
detendo-se em sua virilha coroada
enquanto a vulva diz quando não se entre
ao reinado do sonho, e tu te enervas
frente ao monte de vênus já sedento.

(De *Verso bruto*, 2002)

Nota biográfica

Santiago, 1933-

Figura entre os mais importantes poetas chilenos. Transcrevo o texto, redigido por ele, asa de um livro recente:

"Armando Uribe nació en Santiago hace más años de lo necesário. Después fue abogado. Después diplomático en Washington y en China. Así pasaron quince años: hizo clases en la antigua Soborna de París. Ahora, vuelta en Santiago, profesorando leyes en la de Chile. Ha escrito una série de libros. Pone también su nombre como Armando Uribe Arce".

Serviu ao Governo da Unidade Popular, como embaixador na China. Com a queda de Allende, viveu vários anos no exílio. Excelente tradutor, foi o principal responsável pela antologia de Carlos Drummond de Andrade, editada em Santiago, 1963, pelos *Cadernos Brasileiros*, iniciativa da Embaixada do Brasil.

Alguns de seus numerosos livros: *Transeúnte pálido* (1953), *El engañoso laúd* (1956), *Los obstáculos* (1961), editado por Adonais, Madri; *Pound* (1963), *No hay lugar* (1971), *Antología de Ezra Pound* (1989), *Verso bruto* (2002), *Ataúdes* (2003), *Odio lo que odio, rabio como rabio* (1998) e *Homenaje desde Chile* (1995).

Jorge Teillier

Para falar com os mortos

Para falar com os mortos
há que escolher as palavras
que eles reconheçam tão facilmente
como suas mãos
reconheciam o pelo de seus cães na escuridão.
Palavras claras e tranquilas
como a água da torrente domesticada na copa
ou as cadeiras arrumadas pela mãe
depois que os convidados se foram.
Palavras que a noite acolha
como os pântanos e os fogos-fátuos.

Para falar com os mortos
há que saber esperar:
todos são medrosos
como os primeiros passos de uma criança.
Mas se tiveres paciência
um dia nos responderão
com uma folha de álamo presa por um espelho
quebrado,
com uma chama de súbito reanimada na lareira,
com um regresso escuro de pássaros
defronte do olhar de uma moça
que aguarda imóvel no umbral.

(De *Poemas del país de nunca jamás*, 1963)

Idade de ouro

Um dia desses
todos seremos felizes.
Estarei livre
de minha sombra e de meu nome.
O que teve temor
escutará junto aos seus
os passos de sua mãe:
o rosto da amada será sempre jovem,
ao reflexo da luz antiga na janela
e o pai achará na dispensa a lanterna

para procurar no pátio
a navalha extraviada.

Não sabemos se a caixa de música
soa durante horas ou minutos;
tu acharás — sem surpresa —
o atlas sobre o qual sonhaste com estranhos países,
terás em tuas mãos
um peixe vindo do rio da tua aldeia
e Ela erguerá suas pálpebras
e será de novo pura e grave
como pedras lavadas pela chuva.

Todos nos reuniremos
debaixo do solene e austero olhar
de pessoas que nunca existiram,
e nos cumprimentaremos com um leve sorriso
pois ainda acreditaremos estar vivos.

(De *Poemas del país de nunca jamás*, 1963)

Depois da festa

Está mais jovem a moça que amanhece sorrindo
defronte do canário cada vez mais jovem.
Está mais jovem na capa da revista
sobre a mesa de nogueira cada vez mais jovem
o retrato dos campeões mundiais do ano 30.

Está mais jovem a mulher que se desperta para lavar
roupa alheia na gamela rústica.
Estão mais jovens os que conversam na praça
sobre os seus amigos desaparecidos ou assassinados.
Está mais jovem a flor guardada entre as páginas
de Fermina Marquez,
está mais jovem o enrugado pescador que bebe
sua aguardente frente ao temporal recém-nascido.
Está mais jovem o seixo que espera ser recolhido
por um menino
depois de ser polido por uma onda que cada viagem faz
cada vez mais jovem.
Só eu que envelheci.

(De *Cartas para reinas de otras primaveras*, 1987)

Nota biográfica

Lautaro, 1935-2003

Jorge Teillier é de Lautaro, região da Araucanía, filho benemérito de sua cidade. Cursou História e Geografia na Universidad de Chile, em Santiago. Participou de encontros de escritores em muitos países. A Editorial Universitária lhe concedeu a láurea de poeta vivo mais importante do Chile.

Dele o chileno Enrique Volpe diz que "(...) a corrente interna que sustenta o poema brota de fontes neorromânticas, procurando seus símbolos entre as fogueiras e o voo dos anjos burlescos que se aninham em cada sonho. Teillier soube encadear, num espaço que se prolonga, o tempo de vida e morte com a metáfora precisa que marca seu valor na construção do poema".

Entre seus vários livros, estão *Para ángeles y gorriones* (a última reedição é de 1992) e *El molino y la higuera* (1995). De sua geração, é um dos poetas mais queridos do Chile, já traduzido para vários idiomas.

Óscar Hahn

Numa estação de metrô

Desventurados os que divisaram
uma jovem no Metrô

e se enamoraram de golpe
e a seguiram enlouquecidos

e a perderam para sempre entre a multidão

Porque eles serão condenados
a vagar sem rumo pelas estações

e a chorar com as canções de amor
que os músicos ambulantes tocam nos túneis

E quem sabe o amor não é mais do que isso:

uma mulher ou um homem que desce de um carro
em qualquer estação de Metrô

e resplandece para sempre
e se perde dentro da noite sem nome.

(1998)

Por que você escreve

Porque o fantasma porque ontem porque hoje
Porque amanhã porque sim porque não
porque o princípio porque a besta porque o fim
porque a bomba porque o meio porque o jardim

Porque Gôngora porque a terra porque o sol:
porque san Juan porque a lua porque Rimbaud
porque o claro porque o sangue porque o papel
porque a carne porque a tinta porque a pele

Porque a noite porque me odeio porque a luz:
porque o inferno porque o céu porque tu
porque quase porque nada porque a sede

porque o amor porque o grito porque não sei
porque a morte porque apenas porque mais
porque algum dia porque todos porque talvez.

Nota biográfica

Iquique, 1938-

Poeta e professor universitário. Membro do Taller Internacional de Escritores da Universidade de Iowa, Estados Unidos. Master of Arts por Iowa, doutor em Filosofia por Maryland. Vive faz tempo em Iowa, de cuja Universidade é professor de Estudos Latino-Americanos. Sempre que pode vai ver de perto a cordilheira e a gente de sua pátria, onde é poeta querido.

Livros publicados: *Esta rosa negra* (1961), *Agua final* (1967), *Arte de morir* (1977) e *Mal de amor* (1981). Os poemas que dou de Oscar foram por ele mesmo escolhidos. Recordo a alegria dele quando me passou os originais: "Só quero ver como vou ficar com a tua roupa". Foi em Buenos Aires, no encontro de escritores pelo centenário de Borges.

César Soto Gómez

Against Therapy

Relembro que Anna Freud contava
como Ferenczi era estranho.
Um diálogo, sobretudo
para ela inolvidável.

– Uma hora, não sei
me está parecendo um prazo muito forçado.
Estou lhes dando mais tempo.
Deveríamos lhe dar todo o tempo que gostariam.
– E se um paciente quer a tarde inteira?
E os que esperam lá fora?

Aí Ferenczi ficou pensando
um momento demorado pensando
e afinal me disse
– Talvez devêssemos ter um único paciente.

Anna Freud seguramente não soube
(e o Diário se publicou 50 anos depois)
mas Ferenczi neste dia ou no seguinte
fez algumas anotações a respeito:

– Necessito do efeito sedante do amor
pelo menos tanto quando meus pacientes.

Eu também necessito ser
o paciente único de alguém.

(Inédito)

Setembro

Vivi tempos difíceis, mas minha palavra é uma palavra de amor ao Chile, às Cordilheiras dos Povos da América, ao Oceano Pacífico, à história do Deserto do Atacama, ao rio Mataquito, ao rio Maule, ao Lago Vichuquén onde um Melchor del Aguila, o poeta do Descobrimento e da Conquista da Via Láctea, à cultura Ovalle de Huentelauquén, uma palavra de amor às neves glaciais Austrais, à Antártida: ao Cristo do Mar Wedell e do Mar de Bellinghausen, às Torres del Paine, ao lago Nahuel Huapi, à Fitzroya patagônica e o Nothofagus antártico e o Quinchamalium gracile, alquilaterale et chilense, ao Vulcão Michinmãhuida; ao Rio Bio-Bio, entre dois séculos e duas guerras civis e a metáfora atômica de uma terceira guerra mundial, debatendo-nos entre as vidas e as mortes de nossas famílias, em Quilimary, em Pichidangui, em Lloca, em Hualañe e Licantén, em Curanilhave, no lago Llanquihue e a palavra Setembro onde morreu a poesia chilena, nossa mãe da pátria Violeta Parra.

(De *Urbi et orbi e nihil novum sub sole*, 2000)

Curriculum Vitae

8 anos perdidos tratando de mudar
a família, a propriedade privada, o estado,
11 anos perdidos entre a Terra de Hotu Matua
e o Arquipélago das Guaitecas
14 anos perdidos comprando e vendendo
ações no Mercado de Valores
17 anos perdidos entre as Alturas de Macchu
Picchu e o Rio Mapocho
19 anos perdidos estudando História,
Geografia do Chile, filosofia das Ciências
22 anos perdidos escrevendo livros
na mais Negra das Ilhas
24 anos perdidos viajando ao redor
do mundo de Albert Einstein
27 anos perdidos investigando a vida
e a morte de Cristóbal Colón
30 anos perdidos tratando de mudar
um mundo que nunca existiu...
como o Deus de Pablo De Rokha.

Nota biográfica

1951-

Estudou Filosofia no Instituto Pedagógico da Universidad de Chile. Membro do Taller Literário dirigido por Enrique Lihn. Em 1974, fundou a Livraria e Editora America del Sur, que já editou obras de Nicanor Parra, Steven White, Pablo De Rokha, Oscar Hann, Cristián Vila Riquelme e José Angel Cuevas. Sua obra *Retrato hablado* foi editada em 1982. Em 1984 publicou *Viaje de un estudiante de filosofia alrededor del mundo de Albert Einstein*. Passou dois anos, 1989-1990, investigando as Missões da Companhia de Jesus entre os indígenas Guarani. Seu livro *Dios de la era atómica en cárceles públicas y hospitales psiquiátricos* (1991) foi traduzido para vários idiomas, como português, inglês, francês e alemão. Ingressou na Sociedad Chilena de Astronomia. César – grande bibliófilo e colecionador – tem originais de Pablo Neruda, Gabriela Mistral, Vicente Huidobro e Nicanor Parra.

Consumatum est: apocalipsis de la era atómica (1995), *Urbi et orbi* e *nihil novum sub sole* (2000) e *Summa atómica, filosófica y astronómica del Homo sapiens sapiens en la Via Láctea* (2003).

Em 2004, ano do centenário de Neruda, editou um dos mais originais e belos livros lançados no continente: *Livro dos livros de Pablo Neruda.*

Raúl Zurita

As praias de Chile XIV

Radiante olhou o fulgurar da praia diante de seus
olhos como sonhos até as pedras iam se apagando
nesse oceano de lágrimas.

Todo o Chile ia se apagando neste oceano de lágrimas até ficar apenas como um pedaço doloroso banhado pela costa verde empapado como se uma maldição o voasse arrancando-lhe a aura dos olhos.

I. Chile inteiro ia se branqueando em suas
pupilas.

II. Por isso as lágrimas a ele se acrescentavam até que fossem o verdor imaginário da pátria.

III. Por isso inclusive os suspiros se fazem cores diante do verde apagado de Chile aurático inexistente que a própria luz lhes deixava no olhar.

Porque todas as lágrimas de Chile iam se somando até traçar os verdes vales que pintaram doloridos inventando-se uma praia onde recolher em júbilo os despojos.

IV. Toda a pátria foi então a ressurreição pintando-se em seus despojos.
V. Por isso até os montes saltavam de gozo com o clamor da pátria.
VI. Por isso Chile inteiro reverdecia enquanto o manavam [molhando-o] as lágrimas como man-
chas de pintura em todos estes ares expandindo os vales que cobriam seus gemidos.
Em que a pátria apagada foi renascendo como uma praia que lhes fazia luz de seus despojos e onde ressuscitadas até as pedras de Chile se levantaram gritando de felicidade delirantes maravilhadas olhando todo o universo saudar a revivida que lhes vestia os olhos de festa.

Lá longe

Já se fazia tarde quando me tomando pelo ombro me ordenou:
— "Anda e mata-me o teu filho."
Vamos — lhe retruquei sorrindo — por acaso estás zombando de mim?
"Bom, se não queres fazer é assunto teu,
mas recorda quem sou, para que depois não
te queixes."
De acordo — me escutei respondendo — e onde queres que cometa esse assassinato?

Então, como se fosse o uivo do vento que falasse, Ele disse:
"Longe, nessas perdidas cordilheiras do Chile."

Despertando de repente em sonhos o ouvi através da noite
"Ouve, Zurita – me disse – toma a tua mulher e a teu filho e parte de imediato."
Não me importunes – respondo –, deixa-me
dormir em paz, sonhava com umas montanhas que andam...
"Esquece essas estupidezes e te apressa – me urgiu –, não creias que vale ter todo o tempo do mundo. O Duce está se aproximando."
Ouve-me – contestei – lembra-te que faz tempo me tens à sombra, não me venhas de novo com essa história. Eu não sou José.
– "Segue pela estrada e não discute. Cedo
saberás a verdade."
Está bem – lhe repliquei, quase chorando – e onde ela poderá dar a luz tranquilamente?
Então, como se fora a própria Cruz que se
iluminasse, Ele contestou:
– Longe, nessas perdidas cordilheiras do Chile.

Pastoral do Chile

Os pastos cresciam quando te encontrei encolhida
tremendo de frio entre os muros
Então te levantei
com minhas mãos lavei o teu rosto
e ambos estremecemos de alegria quando te pedi
que viesses comigo.
Porque já a solidão não era
eu te vi chorar erguendo até mim tuas pálpebras
queimadas
Assim vimos florescer o deserto
assim escutamos os pássaros de novo cantar
sobre as rochas dos páramos que quisemos
Assim estivemos entre os pastos crescidos
e nos fizemos um e nos prometemos para sempre
Mas tu não cumpriste, te esqueceste
de quando te encontrei e não eras mais do que
uma esquírola
no caminho. Te esqueceste
e tuas pálpebras e tuas pernas se abriam para outros
Por outros queimaste teus olhos
Secaram-se os pastos e o deserto foi minha alma
como ferro em brasa senti as pupilas
ao te olhar manuseada por teus novos amigos

nada mais que para me enfurecer
Mas eu te segui querendo
não me esqueci de ti e por todas as partes perguntei
se te haviam visto e te encontrei de novo
para que de novo me deixasses
Todo o Chile virou sangue ao ver tuas fornicações
Mas eu te segui querendo e tornarei a te buscar
e novamente te abraçarei sobre a terra ressequida
para te pedir outra vez que sejas minha mulher
Os pastos de Chile tornarão a reviver
O deserto de Atacama florescerá de alegria
as praias cantarão e bailarão para quando
envergonhada
voltes comigo para sempre
e eu te tenha perdoado tudo o que me fizeste
filha de minha pátria

(Esta tradução de partes do longo poema "Anteparaíso",
incluídas em *Poesia chilena de hoy*, quero dedicá-la
ao poeta e livreiro Erwin Diaz, amoroso autor da antologia. TM)

Nota biográfica

Santiago, 1951-

Poeta, diplomata, graduado em Engenharia Civil pela Universidad de Valparaíso Federico Santa María. Adido cultural do Chile em Roma. Publicou em 1979 *Purgatorio*, que com *Anteparaíso* e *La vida nueva* formam um tríptico que teve grande impacto na poesia de língua espanhola. Obteve bolsas da Guggenheim e da Andes. Prêmio Nacional de Literatura e *Péricle d'Oro*, da Itália. Sua obra já está traduzida para vários idiomas.

Adán Méndez Rozas

O ar é a primeira violência

Por sua causa se dá o primeiro grito.
Por ele é que começa todo o drama.

Nossa alma como que vai para outro,
nos mostra o corpo como algo alheio.

Um desastre, enfim,
que não tem nome.

Fazem bem em chamá-lo de amor.

Teme a verdade, Adso

E com maior razão os capazes de morrer por ela,
acima dela pondo a própria vida,
certos de que servirão à vida dos outros.

Desse jeito tem sido sempre a história.

A verdade, Adso, é simplesmente um abismo.
Primeiro inflama a alma, depois a consome.

Um pássaro raro

Que alternava momentos de nobreza
de verdadeira e profunda ternura
– que inclusive alcançava tons místicos –
com rompantes da mais baixa torpeza,
de uma brutalidade quase grosseira.

Quando não passava meses bebendo
levava meses sem provar um trago.

Se não dizia pestes de mulheres
delas fazia ideias excessivas.

Rechaçava Neruda por telúrico
Discriminava Borges por livresco.

Chegava a encrespar as sobrancelhas
de tão obstinado quando estudava,
e contudo nunca fazia as provas.

A verdade é que ninguém já o suportava.
E agora o que acontece?

Acontece o de sempre.
Que de todos é o que mais deixou saudade.

João Cabral de Melo Neto

Ao poeta de obra transumante
que regala sua voz e finge almas

que com dor sem queixume
humor sem riso
vê através das órbitas vazias

que escreve todo dia, tenha ou não assunto
que tira do vazio as palavras

(conectado por força do vazio
e tensão da enxaqueca)

que redige uma lei que é como uma espada
em que ordena a ausência de si mesmo

perguntam-lhe para que escreve
se por tal ou qual motivo

Ele, com olhar sampaco, íris turva,
com lábios quase nada entreabertos:

Eu vou deixando o ser,
os poemas, mais que escrever, os deixo.

AL-MUFFADDAL-AL-DABBI / 786 D.C.

Compôs uma excelente antologia
confiável como poucas
com 130 qásidas
de primeiríssima categoria.

E adverte bem seu prólogo:
de palavras difíceis não sei.
menos ainda dos sentidos.
das interpretações
ou explicações da poesia.

(Todos os poemas são inéditos)

Nota biográfica

Concepción, 1967-

De menino, Adán viveu quatro anos em Santa Catarina, onde aprende o português. Em 1985 viveu alguns meses em Port-au-Prince, Haiti. De 1986 a 1989, estudou Filosofia na Universidad de Chile. Em 1991, com sua mulher e três filhos fixa residência em *Metrenehue*, onde termina de escrever *Antología precipitada*, livro que recebe em 1992 o Prêmio de Poesia Revista de Livros, com júri formado por Nicanor Parra, Ignacio Valente e Raúl Zurita. Entre 1994 e 1996 trabalha na tradução *do Panorama de la poesía brasileña*, editada pela Embaixada do Brasil. Escreve com regularidade artigos de crítica literária. Dirige, com o poeta Jorge Torres, a *Décima Revista*, e prepara seu segundo livro: *Fragmentos completos*.

Juan Cristóbal Romero

Ritmo

O que há de mal em perseguir
o ritmo escondido das coisas?
    Qual mal faz marcas com os pés
    o golpe da chuva nas poças,
em transformar o ruído em compasso
e o pestanejar em pandeiro?
    Marcar com os pés o cansado
    caminhar das coisas secretas.
Como quando os gatos fizeram
aquele alvoroço no telhado
    as telhas se queixavam, pareciam
    cravelhas de um piano abandonado.
Mal algum faz acopanhar o ritmo
das coisas. Sentir a maneira
    Como se dobram os campos de aveia
    quando o vento lhes verga o lombo.
Que mal fazer do ruído compasso
e das pálpebras pandeiro.
Selar com os lábios a doçura
do passo das coisas secretas.

(*Marulla*, 1997)

Pão ainda não pago, cerveja não bebida

Toda a minha casa é puro estalo de tábua.
É o fungo verdejando as esquinas.
Sejam suas manhãs
uma babel de colchas e colchões,
a mania
de não te ver mas vendo quando contas as moscas
que se coam
como zéfiro por uma e mil fissuras.
E sendo como foi
casca de lata aos rigores do inverno,
penso, deveria
me dar uma pedrada nas costelas.

Porque pensando em ti
esta prisão me vem como um palácio
e esta chuva
a doçura de gatos caminhando.

Sobre a ética dos números e outras afecções

Que bem fará em contar por exercício
as horas que dividem a jornada
os passos que uma gata lambuzada
na porta me deixara do edifício.

Que bem ou mal, gozando bom juízo,
Fará juntar os restos, terminada
a ceia e a chegada da criada
levando bem contado o seu serviço.

Assim a vida mede na cabeça
e julga o relojoeiro sem decoro
pois sabe que se vale o que se pesa.

Mas bem ou mal, que importa quando imploro
em tardes incontáveis de moleza
                                        que o sol me conte um conto enquanto morro.

(Os poemas são de *Marulla*)

Nota biográfica

Santiago, 1974-

O poeta Juan Cristóbal é engenheiro civil, professor da Universidad Católica de Santiago do Chile. Edita em 1997 seu primeiro poemário, *Marulla*, com poemas já divulgados em várias revistas literárias da América Latina. Grande conhecedor da história chilena, da qual recolhe temas para sua criação poética. Em 2010, pela editora Tácitas, saiu *Rodas*, grande sucesso de público.

JOSÉ ASUNCIÓN SILVA

LEÓN DE GREIFF

AURELIO ARTURO

EDUARDO CARRANZA

ALVARO MUTIS

BELISARIO BETANCUR

JAIME JARAMILLO ESCOBAR

MARÍA MERCEDES CARRANZA

JUAN MANUEL ROCA

FERNANDO RENDÓN

JAIRO GUZMÁN

ANDREA COTE BOTERO

COLÔMBIA

José Asunción Silva

ARS

O verso e vaso santo; põe nele tão somente
um pensamento puro,
em cujo fundo brilhem ardentes as imagens,
como borbulhas de ouro de um velho vinho escuro!

Nele derrama as flores que em contínua luta
não deram ao frio agasalho
lembranças deliciosas de tempos que não voltam,
e nardos encharcados de gotas de orvalho.

E para que a existência tão pobre se perfume
assim de essência ignota,
queimando-se no fogo de alma enternecida
de tão supremo bálsamo basta uma só gota.

(De *El libro de versos*, 1923)

Noturno

Uma noite,
uma noite toda cheia de perfumes,
de murmúrios e de música de asas,
        uma noite,
em que ardiam na sombra nupcial e úmida,
os pirilampos fantásticos,
a meu lado, lentamente, contra mim unida, toda,
        muda e pálida
como se um pressentimento de amarguras infinitas,
até o fundo mais secreto de tuas fibras te agitasse,
pela senda que atravessa a planura florescida
                                caminhavas,
        e a lua cheia
pelos céus azulados, infinitos e profundos espalhava
        sua luz branca,
        e tua sombra
        fina e lânguida
        e minha sombra
pelos raios da luz projetada,
sobre as areias tristes
da senda se abraçavam

e eram uma
e eram uma
e eram uma única sombra longa!
E eram uma única sombra longa!
E eram uma única sombra longa...

Esta noite
sozinha, a alma
cheia das infinitas amarguras e agonias de tua morte,
separado de ti mesma, pela sombra, pelo tempo
e a distância,
pelo infinito negro
que nossa voz não alcança,
só e mudo
pela senda caminhava,
e se ouviam os latidos dos cães para a lua,
para a lua pálida
e o coaxar
das rãs...

Senti frio; era o frio que tinham na alcova
tuas faces e tua fronte e tuas mãos adoradas,
entre as brancuras níveas
dos mortuários lençóis!
Era o frio do sepulcro, era o frio da morte,
era o frio do nada...

E minha sombra
pelos raios da lua projetada
ia sozinha
ia sozinha
ia sozinha pela estepe solitária!

E tua sombra esbelta e ágil,
fina e lânguida,
como naquela noite tíbia da morta primavera,
como naquela noite cheia de perfumes, de murmúrios
e de música de asas,
veio vindo e foi com ela,
veio vindo e foi com ela,
veio vindo e foi com ela...

Oh as sombras enlaçadas!
Oh! as sombras que se buscam e se juntam
nas noites de negruras e de lágrimas.

(De *El libro de versos*, 1923)

Nota biográfica

Santa Fé, 1865-1896

O poeta Silva é a glória de Santa Fé de Bogotá. De família abastada, viveu na Europa quando moço . De volta à sua pátria, acabou empobrecido depois de tentar erguer uma fábrica de ladrilhos. Em 1894, viajou a Caracas como conselheiro da Legação da Colômbia. De regresso pelo mar, o navio naufragou e Silva perdeu considerável parte de sua produção literária.

Luminoso nome da poesia latino-americana, é um romântico que se fez precursor do modernismo colombiano. Sua obra está reunida no *El libro de versos* (1923). O poema "Noturno" é patrimônio artístico colombiano. Na casa em que se matou (um tiro no peito) aos 31 anos de idade, funciona atualmente a Casa de Poesia Silva, instituição incomparável na América Latina, aberta ao povo o dia inteiro, dedicada integralmente ao culto e cultivo da poesia.

Tenho vontade de contar que o "Noturno" foi o primeiro poema que traduzi, presente de Jorge Zahar, mal eu entrava na casa dos vinte anos. Quase meio século depois a revista *Casa Silva*, dirigida pela poeta Maria Mercedes Carranza, divulgou aquele primitivo trabalho que me plantou o fascínio pela arte da tradução de poesia.

León de Greiff

Relato de Sergio Stepansky

Juego mi vida
Bien poco valia
La llevo perdida
Sin remedio!
Erik Fjordson

Jogo minha vida, troco minha vida.
De qualquer modo já a levo perdida.

E jogo ou troco pelo mais infantil espelhismo,
eu a dou em usufruto ou de presente...

Jogo a minha vida contra um ou contra todos,
contra o zero ou contra o infinito,
numa alcova, na praça, num cassino,
numa encruzilhada, numa barricada, num motim;
me jogo definitivamente, do princípio ao fim,
em toda a largura, em toda a fundura
    na periferia, no meio
e no subfundo... –

Jogo minha vida, troco minha vida,
já a tenho perdida
sem remédio.

E jogo ou troco pelo mais infantil espelhismo,
a dou em usufruto ou de presente...
ou a troco por um sorriso e quatro beijos.
Tudo, tudo me vem a dar no mesmo:
o exímio e o ruim, o trivial, o perfeito, o mau...

Tudo, tudo me vem a dar no mesmo:
tudo me cabe no diminuto, abismo horrível
onde se envolvem serpentinos meus miolos.

Troco minha vida por lâmpadas velhas
ou pelos dados com os quais se jogou a túnica
        inconsútil:
– pelo mais anódino, pelo mais óbvio, pelo mais
        fútil:
pelos adereços que se pendura nas orelhas

a simiesca mulata,
a terracota loura,
a pálida morena, a amarela oriental, ou a setentrional
loura:
troco minha vida por um anel de lata
ou pela espada de Sigmundo,
ou pelo mundo
que tinha nos dedos Carlos Magno: — para pôr
a bola a rodar.

Troco minha vida pela cândida auréola
do idiota ou do santo;
troco-a pelo colar
que pintaram no gordo Capeto;
ou pela chuveirada que caiu na nuca
de Carlos da Inglaterra;
troco-a por um romance, por um soneto;
por onze gatos angorás,
por uma estrofe, por uma seta,
por um cantar,
por um baralho incompleto,
por uma faca, por um papagaio, por uma sambuca
ou por essa boneca que chora
como qualquer poeta.

Troco minha vida — mesmo se fiado — por uma
fábrica de crepúsculos
(com arrebóis);
por um gorila de Bornéu;
por duas panteras de Sumatra,
pelas pérolas que bebeu a cetrina Cleópatra
ou pelo seu nariz que está em qualquer Museu;

troco minha vida por lâmpadas velhas,
ou pela escada de Jacó, ou por seu prato de
lentilhas...
ou por duas covinhas minúsculas
— nas faces — pelas quais me fuja, em cinzentos
podres,
a chatice, todo o desagrado, todo o horror que
armazeno em meus odres...!

Jogo minha vida, troco minha vida.
Seja como for,
Já a levo perdida.

(De *Variaciones alrededor de nada*, 1936)

Balada do tempo perdido

Perdi o tempo
e perdi a viagem...

Não sei por onde fui.
Só que vi uma paisagem
toda em ocres;
desbotada.
Lodo, barro, névoas, brumas, névoas, brumas
de turva pelagem,
de negras plumas.
E luzes medíocres. E luzes medíocres.
Vi também erectos
pinheiros: mostravam um zimbório confuso
ominoso, abstruso,
e um horizonte cinzento de fronteiras circunspectas.

Vi aves
graves
aves graves, de lúgubres plumas
— antipáticas ao homem —
silêncios escutei, mudos, sem nome,
que perambulam ébrios por entre brumas...
Lodo, barro, névoas; brumas, névoas, brumas.

Não sei por onde fui,
mas perdi a viagem
e o tempo perdi...

II.
Perdi o tempo,
perdi a viagem...
Não sei por onde fui...
Mas soube de um crepúsculo de fogo
crepitante: volumosos dourados
e calcinados lilases!
(outrora suaves como as tranquilas
dissolvidas esmeraldas).
Senti, lascivo, aromas capitosos!
Ferventes ágatas verdes
brilhavam luxuriosas
por sobre bucólicos prados:

Rubros vi e louros, trêmulos trigais
ao beijo de ventos cariciosos!
Sangrentos de papoulas vi verdes-azuladas eras!
Vi sendas arborizadas
versalhescos palácios
fabulosos
para lances e jogos estivais!
Tudo de acordo com apitos e flautas,
cornamusas, fagotes pastoris
e o lânguido piano
chopiniano
e vozes incautas
e mezzo-viris
de mezzo-sopranos.

Não sei por onde fui...
mas perdi a viagem
e perdi o tempo.

Ritornelo

A rosa foi testemunha
Deste amor, que se não foi,
nenhum outro amor seria.
A rosa foi testemunha
de quando te deste minha!
        O dia quando não sei
        — claro que sei, mas não digo —
        a rosa foi testemunha.
De teus lábios escutei
a mais doce melodia.
A rosa foi testemunha
tudo no teu ser sorria!
tudo quanto eu já sonhei
contigo, tive comigo...
A rosa foi testemunha.

        Nos teus olhos naufraguei,
        onde a escuridão cabia.
        A rosa foi testemunha
Em meus braços te envolvia
entre teus braços me achei
e encontrei um morno abrigo.
A rosa foi testemunha.

A tua boca eu beijei,
frágua fresca da alegria,
a rosa foi testemunha:
de teu prazer amoroso
quando de amor eu gozei
a vez primeira contigo.
A rosa foi testemunha.
A rosa foi testemunha
desde que se amor não foi
nenhum outro amor seria.
Esta rosa foi testemunha
de quando te deste minha!
O dia quando eu não sei
— claro que sei, mas não digo —
a rosa foi testemunha!

(De *Variaciones alrededor de nada*, 1936)

Nota biográfica

Medellín, 1895-1976

Poeta, ensaísta, diplomata, professor universitário, fundador da *Revista de las Indias* e da *Radiodifusora Nacional*. Autor de numerosos livros de poemas. Dele disse o estudioso Jorge Zalamea: "León de Greiff não é somente o maestro acatado e amado por todos os círculos intelectuais, mas também o mais popular dos poetas maiores da Colômbia".

Livros do poeta: *Cuadernillo poético* (1928), *Libro de signos* (1930), *Tergiversaciones* (1935), *Variaciones alrededor de nada* (1936), *Prosas de Gaspar* (1937), *Semblanzas y comentarios* (1942), *La poesía del heroismo y la esperanza; tu vienes por la calle* (1945), *Las santas del paraíso* (1946), *Amor* (1948), *Fárrago* (1954), *Bárbara Charanga* (1957), *Bajo el signo de Leo* (1957), *Nova et vetera* (1973), *Libro de relatos* (1975), *Epístola mortal y otras soledades* (1975), *Leyendas del corazón y otras páginas abandonadas* (1976) e *Una rosa sobre una espada* (1985).

Aurelio Arturo

Rapsódia de Saulo

Trabalhar era bom lá no sul. Cortar árvores
E fazer canoas com os troncos.
Descer pelos rios do sul, cantando,
Como era bom! Trabalhar entre madeiras nobres.
Um homem lá de cima, as mãos hábeis,
Homem de ágeis remos pelo opulento rio,
Me contou das madeiras balsâmicas, de seus eflúvios...
Um homem velho do sul, contador de histórias.
Trabalhar era bom. Sobre troncos
da vida, sobre a espuma, cantando crescentes.
Trabalhar era motivo para não sair do rio,
Para ser também o rio, o rumor da margem?
Juan Gálvez, José Narvaez, Pioquito Sdierra,
Carvalhos entre carvalhos. Era grato
Cantar convosco ou maldizer, nos bosques
Abater avezinhas como folhas do céu.
E Pablo Garcez, Julio Balcácer, os Ulloas,
Tantos que lá se esforçavam entre os dias.
Trazíamos na fala, sem pensar, os vales,
Os rios, seu resvalante rumor abrindo noites,
Um silêncio que as verdes paisagens tocavam,
Um silêncio cruzado por uma asa fina como folha.
Mas os que não voltaram vivem mais profundamente,
Os mortos vivem em nossas canções.
Trabalhar... Esse rio me banha o coração.
No sul. Vi rebanhos de nuvens e mulheres mais leves
do que essa brisa que balança a sesta das árvores.
Pude ver, juro, era lá no sul, tão belo.
Foi grata a Natureza. E as brancas aldeias
tinham brisas tão suaves: os povoados do rio,
dos seus umbrais as mulheres sabiam sorrir e dar beijos.
Grata foi a rudeza e esse hálito de honradez e de resinas.
Meu coração se enche da luz de rosto suave
e um doce nome, que na minha rota caiu como uma rosa.
Aldeia, pomba de meu ombro, eu que assoviei pelos
caminhos,
Eu que cantei, homem rude, vou achar tuas samambaias,
Acariciar tua trança escura – um homem branco –,
Teus cães lamberão de novo minhas mãos toscas.
Eu que cantei pelos caminhos, um homem ribeirinho,
Um homem de canoas ligeiras pelos rios selvagens.

ARRULHO

A noite está muito atarefada
Em balançar uma por uma
tantas folhas.
Mas não são todas
que dormem.

Com a ajuda das estrelas
estremece e tilinta a infinita
dança eterna.

Mas quem pode adormecer
tantas,
Se já vai subindo o dia pelo rio?

Onde canta este país
das folhas
e este arrulho da noite
profunda?

Pelo lado do rio
vêm os dias
de buço dourado,
vêm as noites
de lábio fino.

(onde o belo país dos rios
que abrem caminhos
ao vento claro
e ao canto?)

A noite trabalha tanto
Para balançar uma por uma
Tantas folhas.
E as folhas não dormem
todas.

Ah, se as estrelas ajudam...
Mas umas há que se escondem,
há umas folhas, umas
que nunca entrarão na noite,
nunca.

(Onde está este país
das folhas
este arrulho da noite
profunda?)

Canção do vento

A noite toda
senti que o vento falava
sem palavras.

Escuras canções do vento
que removem noites e dias que ficam
debaixo da neve de muitas luas.
Oh, luas desoladas,
luas de espelhos vazios, imensos,
luas de ervas e águas estancadas,
luas de ar, tão puras e delgadas,
que bastou só uma palavra
para parti-las em bandos de pombas mortas.

A canção do vento desgarra
Orlas de sóis e bosques
e ali, nelas, moças formosas riem dentro d´água
e trazem seus braços
ramos e cascas de dias de ouro
e folhas de luz nascente.

Dias antigos
De sol e asas
e de vento nos ramos,
Cada folha uma sílaba,
a sombra de uma palavra,
palavras secretas
de fragrância e penumbra.

Mas então as noites são mais doces
e minha amiga esconde as estrelas mais puras
em sua ternura e as cobre com o seu alento
e com a sombra dos seus cabelos,
contra a sua face.
O vento evoca sua memória.
Canção escura, entrecortada.
Flor de ruína e cinza,
de vibrações metálicas,

durante toda a noite que envelhece
de solidão e espera.

O vento ronda a casa, falando
sem palavras
cego, tateando,
e na memória, no desvelo,
rostos suaves se inclinam
e pés rosados sobre a relva de outros dias
e outro dia e outra noite,
na canção do vento que fala
        sem palavras.

(De *Morada al sur y otros poemas*, 1992)

Nota biográfica

La Unión, 1906-1974

Homem de La Unión, comarca de Nariño, sul da Colômbia. No mesmo ano em que publicou seu primeiro e único livro, *Morada al sur*, 1963, recebeu o Prêmio Nacional de Poesia. O poeta que escreveu: "Há séculos a luz é sempre nova" e para quem "o poema não é mais do que a terra que canta" é cada dia mais amado. "O maior dos nossos líricos modernos", escreveu Henry Luque Muñoz.

Aurélio considerava "coisa vã tratar de definir a Poesia. Creio nela, simplesmente, e a prefiro quando se confia ao valor expressivo das palavras, mais que à sua eloquência. Sonho e vigília. Em sua linguagem intensa, impregnada de humana experiência, se reúnem a imaginação, a sensibilidade e a inteligência".

Faço questão de contar aqui, como contei ao seu filho Gilberto em Bogotá:

Rubem Braga escreveu numa crônica que gostava muito de uns versos que ouvira de um amigo chileno e os guardou na memória até o resto da vida. Nunca chegou a saber de quem eram os versos, que repetia encantado, a propósito de nada. Telefonava-me, aqui para a floresta, dizia o verso e desligava. Nas vésperas de sua morte, fui vê-lo ao hospital, com Armando Nogueira. Bem no abraço da despedida, o Rubem relembrou, vagaroso e rouco:

Trabajar era Bueno en el Sur,
Cortar los árboles,
Hacer canoas de los troncos.

São versos do Aurelio Arturo que encantaram o Rubem, para quem o mistério da Poesia "é a capacidade de dar sentido grandioso e profundo a palavras de todo dia".

Eduardo Carranza

Regresso com ilhas e jasmins

Esse jasmim estrelado
onde as meninas pelo ar
se esqueceram dos seus olhos,
esse jasmim.

Esse sorriso só de água
de largo corpo estendido
umedecido de estrelas,
esse sorriso.

Essa dourada garganta
que iluminava a manhã,
pele de aroma e goiaba,
essa garganta.

Essas ilhas como pausas
de beijo e brutal delícia
por entre a vida do rio;
essa ilhas.

Essa moleza oscilada
da rede que penduravam
os cravos azuis do sonho:
essa moleza.
E essas nuvens que eram já,
já toda, toda a poesia,
glossário branco do céu;
e essas nuvens.

2.
Eu era olhos, mais nada.
E o anel do céu perfeito
por sobre as últimas árvores
me deu o final do mundo.

Um pássaro apenas visto

– sonhado? se não recordo –
dentro da tarde me deu
inteiro o maravilhoso.

Este regresso infinito
porque o céu daquele rio,
por sua janela de água
não me reconheceria.

Esse jasmim estrelado,
essa manhã, essas ilhas
de sol e níspero, esse
dourado vento redondo
desses dias.

— O tempo é esse mar subindo
e que inunda nossa vida.
— Agora somente as nuvens.
— As nuvens?

(De *Canciones para iniciar una fiesta*, 1936)

GALOPE SÚBITO

Cruza às vezes meu peito adormecido
um gemido de alada magnólia,
com seu aroma lascivo, uma campana
tangendo a fogo, a beijos,
um laço de vaqueiro
que enlaça uma cintura,
uma rubra invasão de formigas brancas,
uma corça farejando o paraíso
ofegante, alçado o pescoço
para o êxtase, uma saia estampada
um barco que dá saltos
por ébrio mar de noite e de cabelos,
um suspiro, um lenço que delira
bordado com dez letras
e o louro do sangue
um vendaval indomável, um céu
que ruge como um tigre,
o punhal da estrela fugaz
que somente dois de um balcão viram,
um gole delirante de vinho beijador,
uma pedra de outro planeta silvando
como a lenha verde quando arde,
um penetrante rio que busca loucamente
seu desenlace ou desembocadura,
onde nada a Bela Nadadora.
Uma torrente de maçã e mel vermelho,

o arranhão da urtiga mais doce,
a sombra azul que baila no mar de Ceilão,
tecendo seu delírio,
um clarim vitorioso erguido para a aurora,
a dupla alondra da cor do milho
voando sobre um celeste inferno
e vejo, adormecido, um precipício súbito
e voar ou morrer...

Cruza às vezes meu peito adormecido
uma pessoa ou vento
um enxame ou relâmpago,
um súbito galope:
é o amor que passa na garupa de um potro
e se funde no tempo para o mar e a morte.

(Este poema, de *Hablar soñando y otras alucinaciones*,
foi escolhido pela filha de Carranza, a poeta Maria Mercedes.)

Nota biográfica

Villavencio, 1913-1985

Poeta, jornalista, professor (de escola primária e de universidades), diplomata. Orador privilegiado. Eleito muito moço para a Academia Colombiana de la Lengua.

Os espanhóis Damaso Alonso, Gerardo Diego e Gregorio Marañon consideravam-no um dos maiores poetas contemporâneos. Seu amigo Neruda (Carranza foi adido cultural no Chile) o consagrou: "É a fronte poética da Colômbia".

Autor de numerosos livros, o primeiro, de 1936, *Canciones para iniciar una fiesta*. Livros do poeta: *Seis elegias y un himno* (1939), *La sombra de las muchachas* (1941), *Azul de ti, Canto en voz alta* (1944), *Este era un rey* (1945), *Ellas, los días y las nubes* (1945), *Diciembre azul* (1947), *El Olvidado* (1949), *Poesía en verso* (1952), *Alhambra* (1957), *Los pasos contados* (1973), *Los días que ahora son sueños* (1973) e *Hablar soñando y otras alucinaciones* (1974).

Alvaro Mutis

O hussardo

I.

Nas cidades que conhecem o seu nome e o felpudo
galope de seu cavalo
o chamam de arcanjo dos trens,
sustentador dos bancos dos parques,
fúria dos salgueiros.
Rompe a névoa do seu poder — a espessa
bruma de sua fama de homem furioso e rico
em desejos —
o fio de seu sabre roído de ferrugem e solidão,
de seu sabre sem brilho e humilhado
em seus saguões.
Os dourados adornos de seu dólman vermelho cádmio
alegram o pó do caminho por onde
transitam carroças e mulos enfeitiçados.
Oh a graça fresca de suas esporas de prata
que rasgam a pele centenária do cavalo
como o bico luminoso de um abutre de sábios
movimentos!
Fino o sorriso do hussardo que oculta a lua
com seu pardo elmo e banha a cara nos arroios.
Brilha o seu sorriso na água que golpeia
as pedras do rio,
as enormes pedras onde chorou sua mãe
as noites de abandono.
Basta a trama de celestes veias que se evidencia
em suas mãos e que rodeia o seu profundo umbigo
para encher este canto,
para dar-lhe a gota de sabedoria que merece.

Memória do hussardo trançada em calorentos meio-dias quando a praça se abandona a uma invasão de sol e moscas metálicas.
Glória do hussardo dissolvida em aroma.
Fé em seu andar cadencioso e grave,
no ritmo de suas poderosas pernas forradas
de pano azul-marinho.
Suas lutas, seus amores, seus duelos antigos, seus inefáveis olhos, o golpe certeiro de suas enorme luvas
são o motivo deste poema.

Louvemos até o fim de sua vida a doutrina que brota
de seus lábios ungidos pela ciência de fecundas maldições.

II.

Os rebanhos com os olhos injetados pelas contínuas chuvas se enfiaram em bosques de amargas folhas.
A cidade soube desta viagem e adivinhou
temerosa as consequências que traria um insensato
designio do guardião de suas ruas e praças.
Nos prostíbulos, as caras dos santos iluminadas com humildes velas de sebo bailavam entre um vapor
fétido que invadia os aposentos interiores.
Não há fábula nisto que se narra.
A fábula veio depois com sua paixão de batalha
e o brilho vespertino do aço.
"Na morte descansarei como no trono de um monarca milenário."

Isto escreveu com seu sabre na poeira da praça.
Os rebanhos apagaram as letras com suas unhas,
mas já o grito circulava por toda a cidade.
O mar encheu as suas botas de algas e verdes sargaços,
a areia salgada oxidou suas esporas,
o vento da manhã ensopou sua crespa cabeleira
com a espuma recolhida na extensão do oceano.
Solitário,
esperava a passagem dos anos que derrubariam
sua fé,
o tempo bárbaro em que sua glória seria comentada
nos hotéis.
Entre a chuva se destacaria sua silhueta e as brilhantes folhas dos plátanos se iluminam com a fogueira que consome sua história.
O temperado remendo dos tambores lança a pérola que prolonga o seu ruído nos penhascos e no alto e vasto céu dos campos.
Tudo isto – sua espera no mar, a profecia de seu prestígio e o fim de seu generoso destino – sucedeu antes da feira.
Uma mulher desnuda enlouqueceu os mercadores.
Este será o motivo de outro relato.
Um relato das Terras Baixas.

III.

Sob a verde e nutrida fronde de um cafeeiro e sobre o úmido chão acolchoado de insetos, soube das
delícias de um amor brindado por uma mulher
das Terras Baixas.
Uma lavadeira a quem amou depois em amargo

silêncio, quando já lhe esquecera o nome.
Sentado na escadaria do museu, com o elmo
entre as pernas, desceu até suas entranhas a angústia
das horas perdidas e com súbito ademão rechaçou
aquela recordação que queria conservar intacta para
as horas da prova.
Para as difíceis horas que se esgotam com a espera
de um tempo que restitua a fuligem da refrega.
Entretanto, era mister custodiar a reputação das
rainhas.
Um enorme caranguejo saiu da fonte para
praticar uma doutrina de piedade para com
as mulheres que urinaram sobre sua carapaça
envernizada. Ninguém lhe prestou atenção
e os rapazes do povoado o crucificaram
pela tarde na porta de uma taverna.
O castigo não se fez esperar e no redemoinho
da miséria que varreu com tudo, o hussardo
se confundiu com o nome dos povoados,
das árvores e das canções
que haviam celebrado o sacrifício.
Difícil se faz seguir suas pegadas e unicamente
em algumas estações suburbanas se conserva
indelével a sua lembrança:
a fina pele de nútria que o resguardava
do granizo na véspera das grandes batalhas
e o humilhado golpe de seus calcanhares
no enlousado de velhas catedrais.
        Cantemos a Coroa de Ferro que oprime os seus
seios e o unguento que corre por suas cadeiras
para sempre imóveis!

IV.
Veio a praga.
Seus arreios foram achados no quarto de uma
pousada
Mais adiante, à margem de uma estrada,
        estava o elmo comido pelas formigas.
        Depois se descobriram mais rastros de seus
        passos.
        Arlequins de giz e sempre-viva,
olhos rapaces e pálida garganta.
        O mosto do centenário vinho que se encharca
nas adegas.
        O poderio do seu braço e sua sombra
de bronze.

....

Poesia: moeda inútil que paga pecados alheios
Com falsas intenções de dar aos homens a esperança.
Comércio milenário de prostíbulos.

Esperar o tempo do poema é matar o desejo,
Aniquilar as ânsias, entregar-se à estéril angústia...
E além disso, as palavras nos cobrem de tal modo
Que não podemos ver o melhor da batalha
Quando a bandeira floresce
Nos sangrentos braços cortados do príncipe.
Eternizai esse instante!

(De *Summa de Maqroll el gaviero*, 1973)

Nota biográfica

Tolima, 1923-

Poeta, romancista, jornalista, cineasta Infância na Bélgica. Muitos anos de México, dezoito meses dos quais recolhido ao cárcere de Lecumberri. *Summa de Maqroll el Gaviero* (1973) reúne a maior parte de sua numerosa obra poética: *La balanza* (1948), *Los elementos del desastre* (1953), *Los trabajos perdidos* (1965), *Caravansary* (1981), *Crónica regia y alabanza del reino* (1985). Romances: *La nieve del almirante* (1986), *Ilona llega com la lluvia* (1988), *Amirbar* (1990) *Abdul Bashur, soñador de navios* (1991).

Belisario Betancur

Incenso gótico

... o voo místico das apsarás
(em O sonho das escadarias).
Jorge Zalamea

Tudo é escadaria.
Sempre ascendemos
sobre a pedra reluzente
e sobre o mármore suave e o incenso.
Tudo é escadaria.
De repente sentes
que te derrubas, desabas, sentes
que deixas a estação sem que estejas
indo a outro lugar senão a ti mesmo.
Mas não desceste.
Tudo é escadaria.
Estás ardendo.

(De *Benares*, 2000)

Canção do esquecimento

Para Roberto García Peña

... el foragido corazón...
De Greiff

Ontem bateram à porta
fechada do coração. Ontem bateram.
Ninguém foi abrir.
Seria tua voz? Seria a minha voz?
De quem será esse coração
enfermo, fatigado de viver?
De alguém será. Não sei dizer.
Em vez de falar, se ouve
de noite o vento gemer.
Ninguém bate mais à porta
aberta do coração,
perguntem a mim.

(De *Madri*, 1975)

Extravio em Argos

Ao fim e ao cabo tudo é morte
menos a morte.

Morremos para dentro
conforme ardam as brasas e a lua
ou vamos desabando
caindo bloco a bloco
como rio que lava o lodo
e leva rolando a alma:
outra vez sem se saber quando, onde,
como avalanche ardendo
pedras germinando.

Ao fim e ao cabo tudo é morte
menos a morte.

O mirto chora um pranto verde
o azeite de oliva e um grito
as mulheres de Argos com as mãos
abertas para a lua de Epidaurus.
E eu fugindo,
devorando as azeitonas do Peloponeso.

Convém porém precisar.
Não é a mesma coisa
o coração na intempérie
mesmo que não seja em Nauplia nem navegando.
Não é a mesma coisa sentir de pronto vontade
de mostrar a todos
uma morte sem sonho nem armadura.
Toda a verdura, os médicos,
é o próprio Esculápio quem te arrulha
uma morte supérstite sem vontade,
calado desde Tebas,
com cascas de pêssegos, pisando o território,
não é a mesma coisa
que ir-se deixando morrer gota a gota
perdido em si mesmo, sonâmbulo e tateante,
velado o coração de Epidaurus.
Não é a mesma coisa.

(De *Atenas*, 1966)

Nota biográfica

Antioquia, 1923-

Poeta e tradutor. Seu primeiro livro, *El viajero sobre la tierra*, é de 1963. Traduziu para o espanhol poemas de Constantino Kavafis, Dylan Thomas, Sédar Senghor, Boris Pasternak.

Foi presidente da República de seu país. Durante seu mandato floresceram as atividades artísticas e culturais. Atualmente dirige a Fundación Santillana e preside a comissão de intelectuais que apoia a ação do Unicef em benefício das crianças e dos adolescentes da América Latina e do Caribe. Os poemas escolhidos fazem parte do livro *Poemas del caminante* (1970).

Jaime Jaramillo Escobar

Alfena e Azúmbar

A digestão da polpa de coco demora quarenta dias e
quarenta noites. Nem muito.
Nem Pouco.
À banana de casca grossa vermelha lhe falta um nada
para ser veneno. Compadre,
não coma coco.
Se comeu banana e tomou rum, morte segura.
Ninguém comeu. Tampouco eu...
Se comes a semente *pitahaya*, não mordas,
se a mordes, não a engulas; se a engoles, isso é lá contigo.
A semente da passionária, se a engoles, te empanzina.
Para que não te afronte, melhor que não comas tanto...
A semente da romã não é como a da passionária.
O caroço da goiaba não é como o da romã.
E o caroço do mamão não é como o da goiaba.
É como o da papaia, só que um pouco mais doce.
Se é mais doce, é mais saboroso, se é mais saboroso
é mais caro. Para que não seja mais
caro, não compre papaia nem nada.
Caroço de *guanábana* é como o da graviola.
E ambos são como o da cabaça. Quando se dá cabaça
a alguém, não lhe convém dar nem
graviola nem mamão.

Os caroços do ingá se usam para orelhas de boi,
quero dizer, se utilizamos como brincos ou,
melhor dizendo, o que quero dizer é que as
crianças os penduram nas orelhas.
Traz o caroço uma noz, a noz traz uma amêndoa, mas
a amêndoa da noz é como a noz da maçã.
Se não se entende, que não se entenda.
A ameixa se lava, mas não se descasca, o medronho se
despela, mas não se lava. Para saber se uma fruta
se lava ou se despela, melhor é consultar o
dicionário. O dicionário tem a palavra. Se não
tem, é porque lhe falta uma página.
A polpa da *algarroba* se amassa e se engasga.
Se tomas água, se forma uma pasta que
se adere à garganta. Com a garganta entupida,

tratas de ver se respiras ou não respiras.
Se não respiras, *mortus est.*
O *icaco* é uma fruta especial para diabéticos: não
contém açúcar, não tem farinha, nem tem icaco
nem nada.
O que como *patilla* oxidada é seguro que estira a
pata. Para não correr risco, é melhor comer
melancia. A melancia é uma fruta melancia.
O tamarindo é a minha fruta predileta porque é de
negros e de terra quente. Que seria dos brancos
quando vão a terras quentes se os negros não
lhes servissem refrescos de tamarindo. Com o
sabor áspero do tamarindo se fazem caramelos
ácidos recobertos de açúcar que servem para
vender nas praias de Cartagena e se prepara um
mel espesso que se lambe sobre folhas de
bananeira. Também se fazem sorvetes
para o arcebispo e além disso a árvore do tamarindo
dá muita sombra verde e fresca, dá para fazer
um banquinho e sentar junto ao tronco.
O tamarineiro é um tronco de árvore cuja copa
é completamente cheia de tamarindos. Se os brancos tivessem tamarindos,
então os negros
seriam brancos. Mas isso não pode ser.

Há muitas frutas que são de negros. Deus deu aos
negros as terras quentes e certas frutas porque
Deus tem predileção pelos negros, isso é
evidente. Aos brancos deu as terras frias para
que se resfriassem, mas eles inventaram a
aspirina e os cobertores de lã. O níspero e o
mamey são frutas de negros. E a sapotilha
também. O que acontece é que os brancos
sempre gostaram de comer frutas de negros.
E dos bailes dos negros. E das negras dos
negros.

Sigamos: minha negra se enfeita, se põe cheirosa,
fica alinhada,
Com açucena e alfavaca, com cidrão e coentro,
Com lavanda, com canela, com loção e com anis.
Minha negra tem um requebrado
que não cabe na rua,
Move o salto e a ponta do sapato e esse baile
Derrama tantas fragrâncias que não cabem no ar.

Minha negra é alta e esbelta, bem lúcida e bem
plantada,
Seu pescoço é tão comprido que sua cabeça anda
pelo ar.
O *donaire* de minha negra não cabe em lugar algum.
Minha negra tem olhos bancos, dentes brancos,
calças brancas,
Calças em diminutivo, calcinhas, prendas íntimas...
Eu não sei o que têm de íntimas se ela anda
mostrando por todo lado.
Quando minha negra se desnuda fica completamente
nua,
Não como as brancas que embora se desnudem
sempre alguma coisa as cobre,
nem que seja um conceito.
Minha negra não tem conceitos,
Ela nasceu, e se criou desnuda, e por tanto
não se pode vestir completamente porque
quanto mais se veste mais nua ela fica.

Minha negra azeita o cotovelo, pole o cabelo, brune,
Se emperimbomba, se tinge do incenso, se encambraia,
Se vai de rumba e regressa quando a noite já vai alta.
Eu não sofro por minha negra. Como me alegra vê-la.
Minha negra caminha em versos de quatro ou cinco
toneladas,
Sua fala é um canto prolongado, com as palavras
cortadas
Minha negra é doce por fora. Por dentro
não digo nada.
Por dentro minha negra tem alguma coisa guardada.

Aguinha de manzanilla,
Tisana de *ron* e de endro.
A raiz do limãozinho
E um feixezinho de alfazema
O seu ar cheira a linhaça
E com cascas de canela.
Com *alfena* e com azúmbar
Vem pintada minha negra.
Pintada não é a palavra,
Vem mais azul do que negra,
Como se esculpida no ar
Duríssimo de uma pedra.

(De *Poemas de tierra caliente*, 1991)

Nota biográfica

Antioquia, 1932-

A cortesia cuidadosa, a delicadeza de movimentos do homem magro, olhar triste, mas riso de menino. Um artista que acrescenta, enriquece a criação poética, com uma linguagem clara, rigorosa e alegre, e virtude trabalhada, inimitável.

Assim é Jaime, ser de meu carinho e respeito, poeta e editor que atualmente coordena o ateliê de Poesia da Biblioteca Piloto de Medellín, frequentado por universitários e gente do povo. Diz dele o venezuelano Juan Liscano: "Um atrevido fundador de estilo e, mais que isso, um homem compenetrado com os problemas de seu país e partidário dos pobres, adverso ao brutal desenvolvimento do capitalismo atual. Quem poderia dizer que o Nadaísmo alcançaria com o gênio excepcional de Jaramillo Escobar um poder de representação poética inusual?".

O nosso Paulo Hecker Filho, tradutor de sua obra, na qual me iniciou, escreve: "Seu verso ou versículo, claro, enérgico, avança sozinho e se exime das imposições do prestígio. Amplia, altera o quadro da poesia colombiana e por isso mesmo da América Latina".

Jaramillo gosta de um pseudônimo, "X-504", com o qual assinou mais de um livro. Os poemas aqui recolhidos são de *Poemas de tierra caliente* (1991).

María Mercedes Carranza

O ofício de viver

Eis que chego à velhice
e ninguém nem nada
me conseguiu dizer
para que sirvo.
Some você
ofícios, vocações, missões e predestinações:
a coisa não é comigo.
Não é que me aborreça,
é que para nada sirvo.
Ensaio profissões,
que vão desde cozinheira, mãe e poeta
até contabilista de estrelas.
De repente quisera ser cebola
para esquecer obrigações
ou árvore para cumprir com todas elas.
Sem embargo mais fácil
é que confesse a verdade.
Sirvo para ofícios em desuso:
Espírito Santo, dama de companhia, Estátua
da Liberdade, Arquipestre de Hita.
Para nada sirvo.

Encontros com o inimigo

Ocorre já bem entrada a noite. De repente
os motivos do dia ficam em suspenso.
Uma música que em outras horas
lhe houvera dado saudades impacientes
agora a escuta como palavras e palavras.
Chama por telefone a alguém
e alguém não está ou sim, mas dá no mesmo.
Pensa em quem ama e vê com claridade
que esse amor é a violeta do sonho que não existe.
Os rostos perdidos vêm um a um à memória,
indiferente os olha e os deixa passar à longe.
Então sucede o medo porque sim
e já nada fica sem o abandono.
Na manhã seguinte, irresponsável e cotidiana,
amará de novo e sem pudor
a todos os fantasmas da noite passada.

Borgiana

Quero pensar neste ancião
os olhos cegos, lentos os lábios,
o desprezo no vazio rosto duro.
Achou a palavra única
que resume todo o universo.
Mas a eternidade de nada lhe vale.
Sozinho, no aposento da velha casa,
terco faz de novo memória do seu sonho,
inventa com voz que soa a metal e a lágrima
a batalha em que gostaria de ter morrido
e se diz que deseja cumprir outro destino:
não o das palavras num papel,
não Cervantes, mas Alonso Quijano.
Com a memória mira
os rostos imaginários de seus antepassados.
Como o seu avô, o coronel Suarez,
gostaria de ter caído em Junin sob as lanças
ou como Francisco Borges no alto de um cavalo
detendo as balas com o peito.
Se tão só se lhe houvesse permitido
usar por uma vez o punhal de Muraña
para saborear a coragem de matar ou ser morto.
Na sala da velha casa, derrotado
se resigna fatalmente à sabedoria.

(Os poemas foram escolhidos pela poeta)

Nota biográfica

Bogotá, 1945-2003

O seu primeiro livro é de 1972, *Vainas y otros poemas*. *Tengo miedo* é de 1982. Outros se sucederam, entre os quais, *Carranza por Carranza*, antologia e estudo da poesia de Eduardo Carranza, seu pai, e *El canto de las moscas* (1997). Diretora-fundadora da Casa de Poesia Silva, em Bogotá, dedicada exclusivamente à poesia latino-americana. A Casa permanece aberta e frequentada de domingo a domingo. Cumpre o destino de plantar a poesia no coração de seu povo.

Grande foi o assombro e a consternação dos tantos que a amávamos, pela sua poesia e seu fascínio, quando Maria Mercedes não quis mais viver.

Juan Manuel Roca

Relação de algumas habitantes

Para Milena Minera

Os cristais se enchem de mulheres.
Algumas por eles entram para um país de glaciares
Onde os espelhos são de gelo
E as grandes planícies esquimós
Estão tocadas de silêncio branco.
Naquele país, outras mulheres
Extraem agulhas dos alfineteiros de gelo.
Sinto um rumor noturno de saias
E as mãos hábeis da fiandeira.
Ocorre que em sonhos encontrei uma medalha:
Numa cara o rosto de Maria,
Na outra Lady Macbeth, seus olhos em desvelo.
A mãe de Chaplin, tocada de loucura,
Via como o assoalho se transformava em rio.
Ninguém acreditava em tal mudança,
tal encantamento,
mas em suas noites descem pelas ruas
Rios de sapatos na direção do mar,
Rios de sapatos arrastados debaixo das camas
E as botinas sem cordões de seu filho.
Há mulheres, doces mulheres
Que não levam bandeiras com a carne antiga
de Holofernes
E mulheres de cujos passos nasce mais de uma
Sombra: pelos olhos de Helena
Cruzou o assombro de um cavalo de madeira.
Se és bom arqueiro, bom flechador
— me disse certa mulher —
Faz com que a sombra do disparo não fira
a sombra do viado.
Há mulheres que, ao deixar cair um ademã,
Dão começo a uma guerra.
Há outras com cheiro de borboletas.
As mulheres de Chagal sempre guardam
Em caixa de violino suas asas de laços.
As de Picasso cheiram. Cheiram a mosto,
A silêncio, a flores de melancolia.

As rodeadas de noite
Repartem hosanas no jardim.
Não só para que cresçam a roseira ou o jasmineiro,
Mas para dar sombra a seu amante furtivo.
Outras mais falam com olor de canela,
Pois a voz tem cheiro, fale de luz ou de quebrantos.
Chegam, desaparecem nos espelhos
E a casa do corpo se povoa e despovoa.

Parábola das mãos

Esta mão apanha um fruto.
A outra o afasta.
A mão recebe o falcão, tira uma luva,
a outra o afasta, agarra uma tocha.

Esta mão escreve cartas de amor
que seu equívoco siamês povoa de injúrias.
Uma bendiz, a outra ameaça.

Esta desenha um cavalo,
a outra, um puma que o espanta.
Pinta um lago a mão direita:
o afoga num rio de tinta, a esquerda.

Esta mão traça a palavra pássaro,
A outra escreve a sua gaiola.

Há a mão de luz que constrói escadas,
uma de sombra que abranda seus degraus.

Mas chega a noite. Chega
a noite, quando cansadas de se ferir,
fazem trégua em sua guerra,
querem procurar o teu corpo.

Outra canção da mulher que lava a água

Conheço a mulher que lava a água.
Seu fluir no tempo.
Lava o escárnio dos dias da guerra.
Não lhe importa a solidão entre a zoeira
Que ronda com velhas armadilhas e ogivas nucleares.

A mulher que lava uma água
Tão estancada como a infância de Caim,
A mulher que lava uma água
Tão parada como o relógio dos mortos.
A mulher que lava a água.
Por acaso esta mulher é a Poesia?
A que lava depois da batalha
Nuvens vermelhas como algodão de enfermaria,
A que mostra a sua brancura
Que sai da onda como as anáguas do mar?
A que dá corda ao mundo do roçado, Ao tempo e à vindímia dos sonhos.
Ela lava entre as pedras
O fio secreto que costura a lua
Como um botão do céu.
De tempo em tempo, ao menor descuido,
Me visita a mulher que lava a água.

Nota biográfica

Medellín, 1946-

Poeta, ensaísta, jornalista, cronista e comentarista de futebol.

"É o poeta" – escreveu Germán Espinosa – "mais plenamente realizado de quantos nasceram depois de 1940".

Juan Manuel participou do FliFloresta, Manaus, 2008.

Fernando Rendón

Coro num sonho

Doce é a cor do céu
E também o rosto do oceano.
Mais doce, porém, é a tua imagem.

Doce é o canto da chuva
E também o sussurro dos bosques bailarinos.
Mas o nosso canto é mais belo.

Ainda

No prado espera o meu amor
coroado de campânulas.
    Arcano verde Arcano azul
    muda a terra de propriedades
    enquanto agoniza a civilização
E minha certeza obstinada
é a intensidade da cor
    Podemos ainda executar um violento giro à raiz.
    para beber a essência
    de todo tempo e lugar
Treme o medo
sabendo-se de novo
amo e senhor de seu perigo

A guerra é a paz

Vamos para a tumba, não vamos ao medo nem à dor.

Esta região azulíssima não será esquecida,
            não regressemos,
completa agora a espiral.
Passaram tempos rubros, voaram tempos verdes,
pertence ao passado a esperança.
Milhões formamos o corpo da luz.
Às portas de outra civilização que canta
entre nós, vai morrer a espécie, vai nascer
a espécie.
Desarma-se esta bomba, se estende a autopista

gigantesca, nos recolhemos uns aos outros,
          nos completamos.
Cada século é uma lua, uma vez vencida
a águia do tempo.

Em torno à escritura

O raio escreve com rigor iluminado e cortante.
O relâmpago é um morse.
A chuva escreve na superfície dos muros.
O vento sobre as dunas do deserto.
O sol escreve nos semblantes.
O rio, sobre os penhascos.
Os fósseis estão gravados na face
          da pedra antiga.
O caracol imprime um fio de luz sobre
          a areia.
O pássaro carpinteiro bica um idioma cuneiforme.
Ainda que lento, o povo escreve a história.
A vaidade escreve com fumo e cinzas.
Os poetas são os leitores do universo.

Nem tampouco o fogo dos carnavais
é o da metralha.

O poder de fogo da poesia, o fogo
para romper o cerco das feras.

Nota biográfica

Medellín, 1951-

Fernando vive para a poesia, o que vale dizer que vive para o amor e para iluminar a vida. Não lhe bastam os versos, que desde os anos 1980 reúne em livros: *Contrahistoria* (1986), *Bajo otros soles* (1989), *Canción en los campos de Marte* (1992), La cuestón radiante (2006). Se fez editor: fundou e dirige, desde 1952, a revista *Prometeo*, já com 52 edições.

Com Glória, sua mulher, e seus companheiros Ângela, Gabriel, Jairo e seu filho Lucho, todos poetas, fundou o Festival Internacional de Poesia de Medellín, famoso mundialmente, do qual participam poetas de todos os continentes, repartindo seu canto em teatros, universidades, cárceres, praças, sindicatos, anfiteatros armados em morros, recitais noturnos — para auditórios de até vinte mil pessoas. Chegam poetas indígenas, huitotos, mapuches, da nação equatoriana Kichwa, da Acoma, dos Estados Unidos e da Wayuu venezuelana. Brasileiros também.

Jairo Guzmán

Com as coxas de damas toledanas

Com as coxas de damas toledanas
estão tufadas as minhas almofadas

Meu chapéu de ouro
quem brilha com ele é o Arcanjo do Dragão

Enquanto chove anis
a música e suas tribos
avançam a ínsulas de ônix

Parecemos cortejos de Vésper
        um carvalhal que flutua
        na exaltação das
        calêndulas

Céus fazem uma espiral
somente perceptível
desde um útero
parecido ao vazio
sempre girando
no dédalo de sua prenhez

A difuminação
das Auroras
é o teatro das moças
saltarinas nas esteiras do Relâmpago
Tudo se verá dourado
quando a membrana negra ocupe o seu trono de luz

Chegam as mulheres

Chegam as mulheres
para servir copos de lágrimas

para que minha besta de luz
        libe
para que o humor
faça estalar de riso
o oceano negro de suas angústias

Sofrem pelos homens
 — seus filhos
 é dizer
  seus noivos
 que rompem cítaras
 em seu amor —

e flutuam com a mulher
que de mim subtraem
procurando a boneca de sua infância

Gargalham quando lhes digo
que não sou uma boneca
mas um burrinho no presépio
da menina velasquenha

Também lhes digo que serão minhas filhas
quando massacrem uma rã e um corvo
com prazer inaudito

Se isso fizessem se converteriam
em meninas azuis

Vejo o ouro fluir de suas lágrimas
Vejo um prisma violeta
entre brumas azul da Prússia

Vejo um ponto branco
onde a escuridão se dilui
Vejo cavalos nos estábulos do éter
  São raios

Onde a montanha é quase azul

seguimos rotas de súbitos atalhos, canções nos
recordam cerimônias já esquecidas, onde a montanha
é quase azul, o rio parece o lombo de um relâmpago.

a santa religiosa jaz morta e as flores de manzanilha
são uma constelação na solidão do arado.
raízes filiformes são cabeças de mandrágora,
cabecinhas de homens decapitados, com os signos
do terror em seus *rictus mortis*.

uma horda de animais monstruosos nos pode visitar
nos instantes mais difíceis da viagem psylosibinico,
ali se descobre que o *aquerón* é uma interzona de
realidade pela qual é inevitável passar, para que o olho se exceda a si mesmo,
para compreender os grandes esforços do Sol, sua cópula com a Terra como
um avô incestuoso ao qual lançam carroças de trigo e cadeiras em estado de
madurez.

(Os poemas foram escolhidos pelo poeta)

Nota biográfica

Medellín, 1961-

Publicou *Coro de ahorcados* (1995) e *Todo paisaje es la elegancia del ojo* (1997). Membro do comitê organizador do Festival Internacional de Poesia de Medellín. Representou a Colômbia no Congresso de Escritores realizado em Curitiba, em 1996, quando me entregou os poemas que traduzi.

Andrea Cote Botero

Demônios

Eles acreditam que não os vi pelas noites
quando falam de mim e de me possuir
por isso me arranco a pele antes de dormir
eles pensam que não sei
e sorriem
e logo me desenham com seus lápis de sangue.

Creem que nunca senti como entram na minha cama
e derramam seu hálito envenenado pelo meu rosto
confundidos nas gotas que me banham
deformes
passeiam suas garras pelos meus lábios.

Às vezes pelejam por dormir entre as minhas pernas
desaparecem no abismo quando os sinto
divertem-se escondendo-me os lápis
mutilando-me as mãos, com elas escrevendo

Suas garras chamejantes
pousam sobre minhas feridas
e com sua língua venenosa ao longo de meu corpo
me lambem
me cercam
me ensurdecem
me mantêm afastada do inverno
me perseguem com sua erva fedorenta
me querem incendiar.

De vez em quando
os amasso contra as janelas
quando começo a me acariciar com a morte
então me pergunto
se não é de sempre que lhes pertenço.

(De *Demonios*, 1997)

Porto quebrado

Se soubesses que lá fora da casa,
colado à margem do porto quebrado,
existe um rio ardente
como as calçadas.

Que quando ele alcança a terra
é como um deserto que despenca
e traz erva acesa
para que suba pelas paredes,
Embora possas achar
que o muro perturbado pelas trepadeiras
é milagre da umidade
e não da cinza da água.

Se soubesses
que o rio não é de água
e não traz barcos
nem troncos,
só pequenas algas
crescidas no peito
de homens dormindo.

Se soubesses que esse rio corre
e que é como nós
e como tudo que cedo ou tarde
acaba fundindo-se com a terra.

Tu não sabes,
mas eu certa vez pude vê-lo,
faz parte das coisas
que quando se estão indo
parece que permanecem.

(De *Puerto calcinado*, 2003)

As hostes

Saio para a grande viagem cada certo número de anos.
me vou levando um nome
e uma parte nele se humilha
irremediável.

Me vou em hostes
e em escuros rebanhos;
isso faço para poder falar de ti
e faço para não te falar.

Saio para a grande viagem.
Movo-me na tua jovem raiz.
Movo-me em teu amado andar.

Viajo para pôr um pouco da rota em mim,
Um pouco da rotav em ti.

Saio nesta cerimônia
só para crer em ti
só para que voltes a crer em algo.
Me movo porque existe uma coisa incomunicável
e vi quanto amas as coisas que regressam.

(De *A las cosas que odié*, 2010)

Nota biográfica

Barranca Bermeja, 1981-

Certamente a mais jovem poeta da antologia. Graduada em Letras. Publicou *Puerto calcinado* (2003), Prêmio Nacional de Poesia, Universidad Externado de Colombia. *Puentes de Struga* (2005), prêmio internacional de poesia jovem. *Una fotógrafa al desnudo* (2005), biografia de Tina Modotti; *Blanca Varela o la escritura de la soledad*, ensaio (2004). *Trasmutaciones*, Espanha (2010). A versão italiana de *Puerto calcinado* mereceu o Prêmio Cittá di Castrovillare.

Participou do comitê organizador do Festival Internacional de Poesia de Medellín. Sua poesia está traduzida para vários idiomas.

MARÍA MONTERO

LUIS CHAVES

ALFONSO CHASE

JORGE DEBRAVO

ANA ISTARÚ

COSTA RICA

María Montero

Palavra não pode ser algo tão fácil

A palavra não pode ser algo tão fácil.
Tem que haver algo menos que sangue para dizer sangue,
talvez músculo na sombra, ventre liso e maldito.

Não tão fácil como casa ou serpente. Não tão
anunciado como mulher.

Algo menos que filho para dizer filho. Talvez língua, infâmia, peste fraguada
na cegueira.
A palavra não pode ser algo.

Não tão fácil a menos que fira. Não tão anunciado como a morte. Talvez
pedra para dizer talvez.

A palavra não pode ser algo tão fácil. Tem que haver algo menos que ódio
para dizer ódio. Talvez ruínas, escombros no corpo.

Não tão fácil como sede ou proveta. Nem tão
anunciado como fera.

Algo menos que amor para dizer amor. Pelo que mais queiram, talvez fosso,
grasnido, ferro distante.
Não pode ser algo a palavra.

Não tão fácil diante dos outros. Nem tão anunciado,
a menos que morda. Talvez silêncio para dizer nada.

Uma palavra a menos obriga a mais.
A palavra não pode ser. Não se desboca. Não
contra ela.

Sou

Sou a grande Virginia Grutter, tu te lembras?,
a que cospe tabaco nas esquinas
e está rouca de dar gritos
e caminha como uma estela toda mal pintada e
cambaleante

Sou Marguerite Durás com seu jovem amante
e sua vida refinada e alcoólica

Sou Simone de Beauvoir com tudo e seu
          Jean-Paul Sartre
e seu intelecto e seu felinismo e sua academia

Sou a imbecil femme que aqui deste povoado
          poeirento
fala do erotismo francês
diante de seu auditório de subnormais
Sou a puta mais puta que arrastam pelos cabelos
asquerosa e desnuda

Sou a pobre infeliz
que não tem um centímetro de cérebro
hipocondríaca
que caminha como idiota esperando que o pai de
          seus filhos
ou o padre
lhe dê uma esmola.

Sou eu
a do corpo gravado na pedra
a que consome seus olhos na areia
a que já não pode falar de amor tão facilmente

Autorretrato Cubista

Minha solidão é uma porta aberta
o olho marcado de um coração vazio

Minha espera é um vidro quebrado
que atravessa a cidade para que alguém
o persiga.

Meu corpo é uma lembrança na garganta do outro
Minha palavra o cachorro da rua
Meu amor o vício de um velho
Minha vida a mão que se dá por nada.

Aceleração dos corpos

Durante o caminho, ela pensa que não chegará
a tempo.
A distância e a solidão de sua pressa são mais do que
uma antecipação. Ao chegar, não escuta senão
o murmúrio do sangue e o desejo, por isso não tarda
em avançar pelo amplo corredor.

Logo está sentada, desnuda da cintura para baixo.
Tudo está limpo, morno e em penumbra.
É o inverno; minha mãe se congela no amplo corredor
e eu me converto no desejo que nunca chega a tempo.

Nota biográfica

1970-

De Costa Rica. Mas nasceu na França. Diplomada em Literatura e Teatro. Cursou Filosofia na Universidade de Costa Rica. Viveu em Cuba, na Colômbia e nos Estados Unidos. Trabalhou como massagista, secretária e produtora de televisão. Atualmente é redatora do jornal *La Nación*, de San José. Foi premiada pelo seu primeiro livro, *El jugo conquistado* (1985). Além de poemas (incluídos em várias antologias), escreve contos, alguns incluídos em *Relatos de mujeres*. A maioria de seu trabalho literário está inédita como os poemas que selecionei, escolhidos pela própria autora.

Luis Chaves

Ringside

Foi a melhor peleja de Ali
ou de Cassius Clay, como ele o chamava,
negando-se a aceitar
o recém-adquirido nome muçulmano.

Esse negro levantava as luvas
e convertia o quadrilátero
numa pista de baile.
Anos depois compreendi
que esse foi o meu encontro casual com a poesia.

Entre o quinto e o sexto round
papai baixou a guarda pela primeira e última vez,
sem deixar de olhar para a tv disse:
eu não ia me casar com sua mãe
embora você já tivesse nascido,
estava enamorado de outra.

No álbum familiar
tenho um velho pôster de Ali
no momento mesmo em que nocauteava a Foreman
no Zaire.
É a minha foto predileta de mamãe.

(De *Historias de Polaroid*, 2000)

A baixinha do canto escuro

Mamãe queria que eu fosse mulher
e que não chovesse nove meses ao ano
e que papai lhe tirasse para dançar de vez em quando.

Era porém mais provável amanhecer um dia com
tetas
ou uma mudança anômala do clima
antes que don Luis a convidasse a um bolero.

Faz vários anos que minha mãe deixou de sonhar,
hoje aguarda a velhice como um último trâmite.
Essa mulher que muitas manhãs
lavou e secou os pés que mais tarde
uma única vez bailaram com ela,
todos os dias se senta na escada de sua casa
para olhar o baile vitorioso da chuva.
E para atender às minhas chamadas
cada vez menos frequentes
já nem sequer pode se levantar
pelo peso de tanta música morta em suas pernas.

Variações sobre uma mesma crise

I.

Todas as manhãs, sem camisão,
a anciã da frente
varre a poeira e as folhas secas
que o tempo deposita em seu portal.
Malmente sustentada pela vassoura,
entre pausas e resignação
limpa, de esquerda à direita,
o lixo que no dia seguinte
ali estará outra vez.

Acabo de cumprir os 30
e já me sinto assim de velho.

II.

Às dez da manhã,
recostados sobre a parede oriental,
dois bêbados esperam
que abra El Atlas.
Um coça a entreperna,
o outro discute com alguém que não está
e que provavelmente nem existe.
Isto é o que vejo daqui
da minha janelinha do ônibus,
vejo e escrevo.

Já passei dos 30
e ainda nada tenho
de importante a dizer.

Jonas

Duas gaivotas pousam
sobre o lombo da baleia
que amanheceu na praia.
A espuma das ondas em retirada
cava sulcos ao redor
do enorme corpo
que respira com dificuldade.
Quando os curiosos
se aproximam para tocá-la,
as gaivotas se vão.

Os adultos levam os filhos
pela mão a passeio,
guardando uma distância prudente,
ao longo do cetáceo que agoniza;
como se eles soubessem
o que é que têm diante dos seus olhos,
ali afundando na areia,
tostando-se ao sol,
como um resíduo exagerado do mistério.

A maré, agora na vazante,
nada explica sobre essa criatura
que veio morrer entre desconhecidos.

Nota biográfica

1969-

Publicou *El anônimo* (1996) e *Los animales que imaginamos* (1998). Com este livro, editado no México, mereceu o Prêmio Hispano-Americano de Poesia Sor Juana Inés de la Cruz, 1997. É coeditor da revista de poesia jovem latino-americana *Los amigos del ajeno*. Luis me enviou poemas do seu livro *Historias de Polaroid* (2000).

Alfonso Chase

Entre o lobo e a noite

É mais importante estar
a favor da saúde
do que contra a enfermidade. É mais nobre
amar a paz que manifestar-se
contra a guerra. A tempo,
a glória do cristal e o riso
são mais formosos do que a morte.
O mundo está caindo, não com a força
da bigorna, mas com a verdade da água
minando a pertinácia da pedra.
O dinheiro apodrece com a primeira chuva.
O que compra e esconde rouba a essência do trigo
e a verdade fúlgida do sal. O olho
da agulha é mais radical
que a boca insone do canhão.
Não tenho muito a explicar. A língua
devora o ferrolho do cárcere. A andorinha
rompe o eco e o coração é uma árvore
descascando-se entre as mãos. O homem
é apenas um animal golpeado pela história.
E sobrevive.

Mudança

Perder a leveza da pergunta para ganhar
o ardor imóvel de todas as respostas.
A pele, como uma serpente, nos rodeia
e nos convertendo em esmalte calcinado.

Abrir as mãos para dar passo a todos os espaços,
escurecendo o fundo onde os deuses guarnecem
a imensidade dos céus imantados.

Não ceder ao elogio. Cuspir sobre o chão
a vaidade de ser para buscar a miséria de sonhar.
Erguer-se como um fio leve, em busca da neve
da melodia
que o ar levanta no ranger da escritura.

Deixar os ossos escondidos debaixo da lâmpada
e seus dentes luminosos mordendo a solidão e o
êxtase.

Deixar o espelho ferido, a empunhadura branda,
a pena cansada sobre a mesa,
e o teto misericordioso na evaporação constante
de todas as linguagens.

Sim. Não. Talvez. O orvalho, vidro puro,
canta sobre a garganta da noite. A boca,
infinitamente aberta, cospe o poema.

Desencontro

Não é fácil falar das plataformas,
dos pequeninos animais construídos no corpo
para escapar à nostalgia. Não é fácil
assustar a estrela
com sua cara de palhaço, dizer adeus
aos parques e procurar o roçar da folha
sobre o corpo perdido. A ausência
já não é uma cicatriz, mas um fumo lento
que se levanta do asfalto. Um sonho
tremendo nas laranjas, um círculo
dentro da música de todas as guitarras
Pode ser que
nos encontremos de novo nas ruas,
eu de mãos dadas a alguém, tu procurando
os farrapos aéreos da noite,
os cometas que tremem nas nuvens,
o outro lado desta porta fechada
onde convivem as flores e os anjos.
Já vês: não é fácil falar das plataformas,
dos barcos navegando inseguros na água,
da alegria armada de assovios,
do número desta amarelinha
que já não saltaremos juntos.

Elegias

Quando dois que se amaram se separam
— para sempre —
algo se quebra na ordem interna
da noite.
A mão chama a luva já perdida
e um hálito
pousa tibiamente na herdade
da árvore.
Quando dois se dizem adeus diante do espelho
sem tocar-se
apoiando os dedos nas sombras
a forma detém o tempo,
e na água
a luz adquire imagem de janela.
Pode ser que esta luz
em forma deslumbrante se expanda
como o mundo
e um pássaro multicolor caia desmaiado,
ferido pela sede
que penetra no instante
desses dois que alguma vez se amaram para sempre.
Quando dois que se amam ainda
— se separam —
algo os cobre suavemente
e uma linguagem tácita nasce
no lugar em que esses dois deixaram
a recíproca tortura de esquecer-se.
Algo envelhece para sempre sobre o ar.
Possivelmente se suicide um anjo de tristeza
ao ver quando esses dois desaparecem
— separados por passos e por beijos —
inventando histórias e cantando,
molhados e escuros de uma chuva
que reflete o rumor de suas palavras.
Quando dois que se amaram se separam,
o verão sobe sobre as asas da noite
e uma folha, sobre o azul do céu,
abre os olhos e oculta o seu estupor
com uma conjura.
Quando dois que se amam se separam
— sem rancores ou espadas —
um fantasma encantado ganha vida

e se inclina para recolher
    esses dois lábios,
desnudos para sempre de linguagens.

(Os poemas foram escolhidos pelo poeta)

Nota biográfica

Cartago, 1944-

Autor de obras de poesia, ficção, ensaio e livros para crianças e adolescentes. Professor--fundador, apesar de sua formação basicamente autoditada, da Escuela de Literatura y Ciencias del Lenguaje de la Universidad Nacional, da qual atualmente é catedrático. Prêmio Nacional de Poesia e Prêmio Nacional de Cultura. Seus poemas e romances estão traduzidos para vários idiomas. De sua vasta produção literária: *Los juegos furtivos* (1967), *La hora del cuento* (1989), *Mirar con inocencia* (1975), *Jardines de asfalto* (1994), *Cultivo una rosa blanca* (1988).

Jorge Debravo

Já vi homens

Já vi homens saindo da pedra
Como de profundo e suarento parto.

Vi homens tombados de angústia
E tirando as ilhas dos seus braços.

Vi homens queimar sua escravidão
E ressurgir transparentes como taças.

Vi homens beber a liberdade
E seguir arrastando um coração de escravo.

Vi homens olhar as multidões
com as pupilas ternas como feridas,

e homens contemplando um degolado
com os olhos alheios como pedras.

E vi homens fugindo da batalha
como se fugissem da sua própria vida.

Salmo das madeiras

Há madeiras escuras e profundas
Como teus olhos e teus cabelos.
Porque teus olhos e teus cabelos
São como madeiras profundas e brilhantes.

Há madeiras suaves e leves
Como a tua pele e tua alegria.
Porque a tua pele e a tua alegria
São como madeiras suaves e leves.

Há madeiras rijas e maciças
Como as tuas pernas e tuas espáduas.
Porque tuas pernas e tuas espáduas
São como madeiras rijas e maciças.

Há madeiras úmidas e rubras
Como a pele de teus lábios e tua língua,
Porque a pele de teus lábios e tua língua
É como uma madeira rubra impregnada de seiva.

Há madeiras perfumadas e vivas
Como o cheiro do teu corpo.
Porque o cheiro do teu corpo
É como o perfume das madeiras
Cortadas em tempos de chuvas.

Há madeiras que, ao ser trabalhadas,
Dão notas musicais perfeitas.
Teu amor é uma nota musical perfeita
Como o som que dão certas madeiras quando trabalhadas.

Há madeiras que se queixam em noites de chuva
E nas tardes de tormenta.

Porque és triste e isso te embeleza e purifica,
Te pareces a essas que se queixam
Nas noites de chuva e nas tardes de tormenta.

Há madeiras que têm um sabor e perfume tão próprios
Que, ao cheirá-las ou beijá-las, não são esquecidas
Nunca mais na vida.
Porque és fatalmente inesquecível, te pareces
A essas madeiras que nunca se esquecem,
Quando a gente as cheira, quando a gente as beija.

Nota biográfica

Guayabo de Turrialba, 1938-1967

A vida se fez breve para o costarriquense Jorge Delio Bravo Brenes. Beirou os trinta anos e partiu. Mas deixou uma obra comovedora, assinada por Jorge Debravo, pseudônimo que criou para entregar a seu povo, em cuja alma permanece vivo o seu canto privilegiado. Figura distinguida da geração dos anos 1960, Debravo é um poeta numeroso, frequenta o campo social, o lírico, sem esconder a mordida de fogo da angústia existencial.

Livros de poemas: *Los reinos de mi mundo* (1966), *El libro e la patria* (1975), *Los pies sobre la tierra* (1978), *El tigre luminoso* (1983), *Jardines de asfalto* (1995). Alguns de seus romances: *Devocionario del amor sexual* (1963), *Los juegos furtivos* (1966), *Mirar con inoencia* (1970) e *El pavo real y la mariposa* (1996).

Ana Istarú

Onde estarás?

Onde estarás,
tear de mel azul
andaime de entardeceres
entre meus braços
Onde estarás,
que minha fronte leva o calor cinzento
e vai morta como um torrão de silêncios?
Vou descer violentamente
o pano de nuvens que me entristece a boca
para mordiscar teus dedos
com a ternura branca dos regressos
Onde irás,
palomar alto com talo verde
na metade do meu céu,
oração de aromas
que umedece o ar
e o torna frágil
e o engendra?
A luz desmaia
e forma sobre meus ombros
o perfil violeta da melancolia.
A dentadas
engulo os luzeiros
que azulmente deixaste
sobre cada região de pele
que me limita a alma.
Em meu arvoredo,
amor e vento.

(De *La estación fiebre*, 1982)

A fome acontece

A fome
sua alquimia pertinaz

transmutação violenta
na costela

ter um homem vivo entre os dedos
atirá-lo à morte

a fome é uma morte
que se faz de esquecida
demora

finge procurar seu encontro na agenda

mas por fim te toca
e é um breu
inarrancável não deixa cicatriz

ou subtrai o menor da casa
o convida
ao baile gelado
a fome ocorre

isto escrevo em Costa Rica
estamos em setembro oitenta e cinco

mas resulta
a morte aqui é católica apostólica
o sonho em que moramos não resiste
este grilhete
assim ninguém comenta
a fome ganha rasgo de mau gosto
a paz
aqui a paz se nutre com o sangue.

XI.

Meu clitóris fagulha
nas barbas da noite
como pétala de lava,
como um olho tremendo
que a felicidade ataca
que o prazer ataca
e contra-ataca com sumos delicados
com febris salamandras.
O útero esquece
seu suave domicílio. Desata
as cordas do espaço.
Varão, que te percorre
meu púbis, fogo e seda.

(De *La estación de fiebre*, 1982)

Nota biográfica

San José, 1960-

A poeta Ana Istarú é atriz e dramaturga. De aplauso internacional. Adolescente, publicou *La estación de fiebre* (1982). O livro sacudiu os arraiais literários de sua terra. O êxito não lhe subiu à cabeça. Já sabia que a arte pede a frágua acesa do trabalho.

"Poesia de alta temperatura erótica, com um governo infalível da forma", considerou o júri que lhe conferiu o Prêmio Certamen Latinoamericano Educa 1982, pelo seu livro *La estación de fiebre*. Os livros se sucederam: *Palabra nueva* (1975), *Poemas para un día cualquiera* (1977), *Poemas abiertos y otros amaneceres* (1980) e *La muerte y otros efímeros agravios* (1988). Sua peça *Hombres en escabeche* (1999), premiada em Madri, já foi aplaudida em muitos países.

JOSÉ MARTÍ

JOSÉ LEZAMA LIMA

ELISEO DIEGO

NICOLÁS GUILLÉN

CINTIO VITIER

FINA GARCÍA MARRUZ

PABLO ARMANDO FERNÁNDEZ

ROBERTO FERNÁNDEZ RETAMAR

CÉSAR LÓPEZ

MIGUEL BARNET

NANCY MOREJÓN

CUBA

XXXIX.

Cultivo uma rosa-branca
Em julho como em janeiro
Para um amigo sincero
Que me dá sua mão franca.

E para o cruel que me arranca
O coração com que vivo,
Cardo, urtiga, não cultivo:
Cultivo uma rosa-branca.

XXXVI.

Já sei: de carne se pode
Fazer uma flor: se pode
Com o poder do carinho
Fazer um céu — e um menino.

De carne se faz também
O escorpião, e também
O verme dentro da rosa
E uma coruja de espanto.

VII.

Para Aragon em Espanha
Tenho no meu coração
Um lugar todo Aragon,
Franco, bravo, fiel, sem sanha.

Se um tolo quiser saber
Porque o tenho, só lhe digo
Que ali tive um bom amigo,
Que ali amei uma mulher.

Ali, na várzea florida,
Da mais heroica defesa,
Para manter o que pensa
A gente se arrisca a vida.

Se um prefeito vem e o aperta
Ou se um rei chucro o ofende,
Põe logo a manta o valente
E morre com a escopeta.

Eu amo a terra amarela
Que banha o Elbro lodoso:
Amo o Pilar azuloso
De Lanuza e de Padilla.

Estimo a quem de um revés
Deita por terra a um tirano.
O estimo se é um cubano,
O estimo se aragonês.

Amo os seus pátios sombrios,
Suas escadas bordadas:
As suas naves caladas
E seus conventos vazios.

Amo essa terra florida,
Muçulmana ou espanhola,
Onde rompeu sua corola
A rosa da minha vida.

(De *Versos sencillos*, 1891)

A noite é propícia

A noite é propícia,
Boa amiga dos versos. Quebrantada,
Como a messe sob a trilha, nasce
Pelas horas ruidosas a Poesia.
Para a criação a escuridão convém.
As serpentes, de dia entrelaçadas
Ao pensamento, dormem: as vilezas
Nos causam mais horror vistas às claras,
Deixa o silêncio uma impressão de altura:
com despudorado império estende
o coração as asas sobre o mundo.
Noite amiga... noite criadora!
Mais que o mar, mais que o céu, mais que o ruído
Dos vulcões e mais do que o tremendo
Tremor de terra, a tua formosura
Sobre o poder da terra se ajoelha.

Pela tarde com passo majestoso
Por sua porta de aço avança a altiva
Natureza e então cala e cobre o mundo
A mais fecunda escuridão da noite.
Surge o vapor perfumado da terra,
Fecham seus bordes as cansadas folhas,
Na azul ramagem ninhos estremecem
Como num cesto de coral,
Na luz do dia, as bárbaras imagens
Defronte do homem, se encolhem, têm medo:
E na taça do crânio dolorido
Estalam as asas rotas dos cisnes
Que morrem da dor da sua brancura.
Oh, como pesam na tristeza da alma
Estas aves crescidas que lhe nascem
E morrem sem voar.
Flores de plumas.
Sob esses pobres versos, essas flores,
Flores de funeral! Mas onde a alvura
Poderá, de asa firme, abrir o voo?
Onde não será crime a formosura?

Óleo sacerdotal as frontes unge
Quando começa o silêncio da noite:
E como rainha que se senta, brilha
A majestade humana acurralada.
Vibra o amor, gozam as flores, se abre
Ao beijo de um criador que cruza
A sazonada mente: o frio invita
A divindade e envolve o mundo inteiro
A solidão perfeita, mãe do verso.

(De *Versos libres*, 1878)

Meu reizinho

Os persas têm
Um rei sombrio
Os hunos foscos
Um rei altivo,
Um rei ameno
Têm os iberos;
Rei tem o homem,
Rei amarelo
Mal vão os homens

Com seu domínio!
Mas eu vassalo
De outro rei vivo,
Um rei desnudo
Banco e roliço:
Seu cetro — um beijo!
Meu prêmio — um mimo!
Oh! Como os áureos
Reis, os divinos
De terras mortas,
Dos povos idos

— Quando te fores,
Leva-me, filho ! —
Toca-me a fronte
Teu cetro onímodo,
Unge-me servo,
Servo submisso:
Não me cansarei
De me ver ungido!
Te juro lealdade,
Oh, meu reizinho!
Seja meu dorso
Teus pavês, filho;
Passa em meus ombros
O mar sombrio:
Morra ao te pôr
Em terra vivo:
Mas se amar pensas
Esse amarelo
Que é rei dos homens,
Morre comigo!
Viver impuro?
Não vivas, filho!

(De *Ismaelillo*, livro que o Poeta escreveu
para o seu filho. Vale a pena gravar nestas páginas as
palavras com as quais Martí lhe oferece os versos:

Filho:
Espantado de tudo, me refugio em ti.
Tenho fé no melhoramento humano, na vida futura,
Na utilidade da virtude — e em ti.
Se alguém te diz que estas páginas se parecem a outras
Páginas, responde que te amo demasiado para te profanar

Assim. Tal como aqui te pinto, assim te viram meus olhos.
Com esses arreios de gala me apareceste. Quando cessei
De ver a tua forma, deixei de pintar.
Esses riachos passaram pelo meu coração.
Que eles cheguem ao teu!)

Nota biográfica

Havana, 1853-1895

Não há cubano que não ame José Martí, com veneração.

Enriquecida pela obra filosófica e literária, sua vida foi de inteira entrega à causa da independência de sua pátria, pela qual morreu lutando, em campo aberto, comandante montado em seu cavalo branco.

Na apresentação de *Poesía completa* (1985), elaborada pelos poetas Cintio Vitier, Fina García Marruz e Emilio Armas, do Centro de Estúdios Martinianos, de Cuba, se diz que o livro é "um tributo à vigência do maior de nossos revolucionários e o mais alto de nossos poetas, nos 130 anos do seu nascimento".

E Manuel Bandeira, em *Noções de literatura hispano-americana*. "Mestre do verso e da prosa, grande orador, agudo pensador político, absorvido pelos problemas do continente que ele chamava *nuestra América*. Martí é um dos mais altos cimos do pensamento americano".

De sua poesia melhor que ele mesmo diga:

Estes são os meus versos. São como são. A ninguém os pedi emprestados. Enquanto não pude encerrar íntegras minhas visões numa forma adequada a elas, deixei voar minhas visões: oh!, quanto áureo amigo, que nunca mais voltou. Mas a Poesia tem a sua honradez e eu sempre quis ser honrado. Recortar versos, também sei, porém não quero. Assim como cada homem traz a sua fisionomia, cada inspiração traz a sua linguagem. Amo as sonoridades difíceis, o verso esculpido, vibrante como a porcelana, voador como uma ave, ardente e arrebatadora como uma língua de lava. O verso há de ser como uma espada reluzente, que deixa aos espectadores a memória de um guerreiro que vai a caminho do céu e, ao desembainhá-la no sol, se rompe em asas.

José Lezama Lima

Ah, que tu escapes

Ah, que tu escapes no instante
em que já alcançaras tua melhor definição.
Ah, minha amiga, que tu não queiras acreditar
nas perguntas dessa estrela recém-cortada,
que vai molhando suas pontas em outra estrela
 inimiga.
Ah, se pudesse ser certo que na hora do banho,
quando numa mesma água discursiva
se banham a imóvel paisagem e os animais mais
 finos:
antílopes, serpentes de passos breves, de passos
 evaporados,
parecem entre sonhos, sem ânsias levantar
os mais extensos cabelos e a água mais recordada.
Ah, minha amiga, se no puro mármore dos adeuses
tivesses deixado a estátua que nos podia acompanhar,
pois o vento, o vento gracioso,
se estende como um gato para se deixar definir.

Uma escura pradeira me convida

Uma escura pradeira me convida,
os seus mantéis estáveis e cingidos giram em mim,
 no meu balcão dormidos.
Sua extensão dominam, a indefinida
cúpula de alabastro se recria.
Sobre as águas do espelho
breve a voz a meio de cem caminhos,
prepara-me a memória uma surpresa:
gamo no céu, orvalho, chamarada.
Sem sentir que me chamam
penetro na pradeira devagar,
ufano em novo labirinto derretido.
Ali se veem, ilustres restos,
cem cabeças, cornetas, mil funções
abrem seu céu, seu girassol calando.
Estranha é a surpresa neste céu,
onde sem querer voltam pisadas
e só as vozes em seu centro pleno.
Uma escura pradeira vai passando.

Entre os dois, vento ou fino papel,
o vento, já ferido desta morte
mágica, única e despedida.
Um pássaro e um outro, já não tremem.

(De *Enemigo rumor*, 1941)

Para Cintio Vitier

A vida se nos foi hipostasiando,
Vou fazendo com os deuses um verão.
À choupana vem o icto cantando
o efêmero e os deuses pela mão.

A carne nós queríamos dos deuses,
o elenco, o pneuma já guerreiro.
Estava no malvado mandadeiro
o *intelligere* do Bosco dos prazeres.

Unia o rio a pedra com a alma;
a estrela na fibra de uma palma
no riso da bisagra de dois mares.

Pesa o conhecimento e cai o braço?
O alento e o bocejo divino enlaço
Quando o peixe e o relâmpago são pares.

Nota biográfica

Havana, 1910-1976

Como diz a aba da edição de *Poesía completa* (Instituto do Livro, 1970), até 1966 Lezama era um dos grandes desconhecidos da América. Mas quando, naquele ano, publicou a novela *Paradiso,* logo se fez internacionalmente famoso. Desde muito antes, no entanto, já era figura central da literatura cubana.

Aos trinta anos publica *Enemigo rumor*, que o eleva a mestre de toda a brilhante geração que ele reúne em torno da revista *Orígenes*. Ensaísta notável (*La anacleta del reloj, Expresión americana, La cantidad hechizada*), sua obra reflete um assédio tenaz e sigiloso da poesia, através da metáfora encantada, rigor de seu sistema poético.

Eliseo Diego

O primeiro discurso

Na Rua de Jesus del Monte, demorada,
onde tanta luz forma outras paredes com a poeirado
fatiga meu principal costume de recordar um nome,

e já me vou figurando que sou algum portão insone
que fixamente olha o ruído suave das sombras
ao redor das colunas distraídas e grandes em sua
calma.

Quando me abruma a sorte, que baralham meus dias
estes dedos de pedra
no recanto oculto que areja de pressa a nostalgia
como um sopro que se chama o espaço feliz da festa.

No centro da noite, centro também da província,
senti os astros como espuma de ouro se desfazendo
se o silêncio delgado penetrava.

Redondas naves vagarosas lanudas de celestes algas
davam vontade de sair pela baía sem sossego
para além das finas rompentes estreladas.

E na cidade as casas eram altas muralhas
para que as trevas quebrem,
oh, o fervor calado da lua que sitia as tainas brancas
e o ruído das águas que se apressam para a origem
e davam medo as tábuas do sonho lambidas pela
noite vasta.

Mas pelos dias o voo desgarrador da pomba
embriagava meus olhos com a graça cruel das
distâncias.

Como pesa o meu nome, que maciça paciência para
entreter seus dias
nesta ilha pequena rodeada por Deus em toda parte,
canto do mar e canto irreprimível dos astros.

Rua, reino, sonho meu, de verdade me compreendes
quando a luz demasiada forma novas paredes com a poeira
e meu costume me abruma e em ti cego me descanso.

Pela Rua de Jesus do Monte transcorreu minha infância, da treva úmida que
o ventre do meu campo ao grande crânio esfumarado de alucinações que é a
cidade. Pela Calçada de Jesus do Monte, por esta veia de pedras eu subi, cego
de realidade entranhável, até que me agarrou o redemoinho
endemoniado de ficções e a cidade imaginou os incessantes fantasmas que
me escondem. Mas agora retorna a circulação do sangue e me devolvo do
cérebro às entranhas, que é onde sucede a morte: nela o que abruma é o que
lhe pesa. E à medida que volto mais real o sopro do Pânico me purifica.

E, contudo, ainda
dispõe de tempo a Rua de Jesus do Monte para me ensinar o avesso claro da
morte, a estranha
conciliação dos dias da semana com a eternidade.

No orbe tumultuoso embora estático de seus velórios,
metido no ouro da sua pompa, ali se abrem pela primeira vez os meus olhos;
dali regresso à origem.

(De *En la calzada de Jesús del Monte*, 1949)

Vou dar nome às coisas

Eu vou dar nome às coisas, os sonoros
altos que veem o festejar do vento,
os profundos portais, os guarda-ventos
fechados ao silêncio e para a sombra.

O interior tão sagrado, a penumbra
que sulca os ofícios poeirentos,
o madeirame do homem, a noturna
madeira do meu corpo quando durmo.

E a pobreza do lugar, a poeira
que testou as pegadas do meu pai,
cantos de pedra decidida e limpa,
despojados de sombra, sempre iguais.

Sem esquecer a compaixão do fogo
entre a intempérie do solar distante
e o sacramento em júbilo da chuva
no cálice singelo do meu parque.

Nem teu muro estupendo, meio-dia,
polido e cor de anil e interminável.

Com a mirada imóvel do verão
saberá meu carinho das veredas
por onde fogem ávidos domingos
e voltam, já segunda, cabisbaixos.

Tão devagar irei dizendo as coisas
que ao perder o Paraíso da minha rua
e meus olvidos façam dela sonho
possa logo chamá-las com a aurora.

Prólogo para *Pelos estranhos povoados*

Foi escrito este livro para minha Mãe e para meus filhos, Constante Alejandro, Eliseo e Josefina. Aos quais eu gostaria de dizer logo como sucedeu que, por ter vontade de o ler, e não o encontrando, assim completo e pronto, por mais que o procurasse em muitos lugares diferentes, decidi finalmente escrevê-lo eu próprio. E acabei por concluir que haverá outras razões mais graves para fazer um livro, nenhuma porém mais legítima.
E uma vez escrito, e não achando uma razão suficiente para publicá-lo — sendo, em relação aos outros, tão arriscada a que me levou a escrevê-lo — e desejando justamente pôr estas palavras na primeira página; pensei que talvez poderia ser útil, não a meus filhos, que para eles foi escrito, mas a qualquer outro jovem que agora nem sei quem é. Foi o que pensei, sabendo que um livro anterior serviu a quem era então um menino, ou um pouco mais, e hoje é para mim um amigo e um poeta que o tempo engrandece.
Porque sobre isso já não tenho dúvidas:
ou um livro é útil ou não vale a pena, e quando
dizemos que não serve — pode haver algo mais
tremendo? — já dissemos tudo.
— E para que serve um livro de poemas?, perguntariam agora, obedientes, os meus filhos. Servirá para atender, eu lhes responderia. Mestres maiores lhes dirão, com palavras mais nobres e mais belas, o que é a poesia; basta-lhes, entretanto, se lhes revelo que, para mim, é o ato de atender em toda a sua pureza. Sirvam então os poemas para nos ajudar a atender, como nos ajudam o silêncio ou a ternura.

Debaixo dos astros

É assim que a casa desabitada, pela tarde, range
de repente
como o cordame de um barco.
Vibram solitários os cristais vazios, a penumbra nos
quisera comover,
e o pequeno animal, o de pele lustrosa pelos cantos,
trêmulo foge, como sempre, lá em cima.

É aqui onde dizíamos: que maldito tempo faz
debaixo dos álamos, ainda bem que você veio a
tempo, boa tarde, oh, pai, que noite ruim, que
bom dia sempre.

Aqui, no umbral que os brandos ventos nortes das
portas cobrem de cinza e fina poeira,
algum de nós, os de casa, deve vestir os pesarosos,
os escuros
trajes do sacrifício para dizer: aqui esperava, e aqui
costurava mamãe suas misteriosas fazendas
brancas
e aqui entrou naquele dia o tímido lagarto, e aqui a
mosca estranha que zumbia, e aqui a sombra e
os talheres, e aqui o fogo e aqui a água.

Porque chega uma hora em que todas as casas se
esvaziam de seus ruídos mortais
e as vidraças são frias como esses invernadeiros
desolados, lisos olhos de morto, que ninguém
sabe nunca onde ficam,
é preciso que alguém, algum de nós, venha e diga: os
talheres da casa, que fim levaram, alguém sem
dúvida os roubou.

Grave silêncio, sobre meu ombro descansas como o
peso comovedor de uma moça soluçante.

É assim que agora tudo nos falta. Se alguém nos
oferecesse um pouco de café nos salvávamos
porque a casa desabitada é adusta como a justiça
do fim e o vento passeia lá por cima não é nada
mais que o vento, os aposentos não são mais do
que os aposentos da casa vazia
e é como se ninguém houvesse chegado, como se
ninguém visse os recintos do homem, debaixo
dos astros.

(De *Por los extraños pueblos*, 1958)

Caderno de Bella

Fico te olhando vir, lépida e leve,
voando pelas escadas do teatro,
boina de lado, a cabeleira solta,
fulgurante e feliz, feita de aromas.
Me sorris dando um livro a meu amigo,
depois te voltas, tua esbelta espádua
descendo escadarias, é uma música,
porta que dá para a felicidade.

(De *Cuatro de oros*, 1994, pouco antes de sua morte)

Nota biográfica

Havana, 1920-1995

"A poesia serve para nos ajudar a atender, como nos ajudam o silêncio e o carinho", esta a sabedoria que reparte conosco o admirável Eliseo Diego, poeta de minha antiga predileção, o ser humano mais pleno de delicadeza que já conheci. Cubano católico, achava que Jesus estava ao lado da Revolução, porque esta favorecia os deserdados da terra. Sua obra é lamentavelmente desconhecida no Brasil, como, de resto, a da maioria dos poetas reunidos nesta antologia.

José Paulo Paes traduziu dois ou três poemas de Eliseo. Ele começou pela prosa, que caminhava pela mão da poesia. Com duas narrativas *En las oscuras manos del olvido* (1942) e *Divertimientos* (1946), sobre o qual escreveu Lezama Lima: "Não conheço, na história da prosa cubana dos últimos vinte anos, um livro de tanta claridão enfeitiçada".

Seus livros de poemas: *En la calzada de Jesús del Monte* (1949), *Por los extraños pueblos* (1958), *El oscuro esplendor* (1966), *Versiones* (1970), *Muestrario del mundo o libro de las maravilhas de Boloña* (1968), *Los días de tu vida* (1977), *Nombrar las cosas* (1973), *Poesía* (1949-85). Prêmio Nacional de Poesia. Mereceu também o Prêmio Juan Rulfo, da Academia do México.

Na última vez em que estivemos juntos, em sua casa de La Habana, dele ganhei um presente — vale diamantes — que desejo repartir com o leitor: um poema, por ele manuscrito, de um poeta espanhol anônimo do século XVI:

En Ávila, mis ojos.
Dentro, en Ávila.

En Ávila del Rio,
mataron a mi amigo.

Dentro, en Ávila.

Nicolás Guillén

Canção do Bongó

Esta é a canção do bongó:
– Aqui o que mais fino seja,
responde, sempre que chamo.
Uns dizem: agora mesmo,
outros dizem: já vou lá.
Porém meu repique bronco,
mas minha profunda voz,
convoca ao negro e ao branco,
que bailam o mesmo *son*,
couripardos, almipretos,
mais de sangue que de sol,
quem por fora não for noite,
por dentro já escureceu.

Aqui o que mais fino seja,
responde, sempre que chamo.

E nesta terra, mulata
de africano e de espanhol
(Santa Bárbara de um lado
E, do outro lado, Cangó),
sempre falta algum avô,
quando não sobra algum dom
e há títulos de Castilla
com parentes em Bondó:
vale mais calar-se, amigos,
não levantar a questão,
porque chegamos de longe
e andamos de dois em dois.

Aqui, o que mais fino seja,
responde, sempre que eu chamo.
Alguém chega a me insultar,
porém não de coração;
até a me cuspir em público
quem sozinho me beijou...
A esse, lhe digo:
– Compadre,
já me pedirás perdão,

já comerás de meu prato,
já me darás a razão,
já me golpearás o couro,
já bailarás com meu canto,
já passearemos de braço,
já estarás onde eu estou:
já virás de baixo a cima,
que aqui o mais alto sou eu!

(De *Sóngoro cosongo*, 1931)

Canção

De que calada maneira
você entra por mim sorrindo
como se fosse
a primavera!

(E eu morrendo.)

E de que modo sutil
me derramou na camisa
todas as flores de abril.

E quem lhe disse que eu era
sempre riso e nunca pranto,
como se fosse
a primavera?
(Não sou tanto.)

Mas que bom, que espiritual,
que você me dê uma rosa
do seu rosal principal.

De que calada maneira
você entra por mim sorrindo,
como se fosse a primavera!
(E eu morrendo.)

(De *La rueda dentada*, 1972)

Quando cheguei a este mundo

Quando cheguei a este mundo
ninguém me estava esperando;

e assim minha dor profunda
se alivia caminhando,
pois quando vim a este mundo,
te digo,
ninguém me estava esperando.

Eu vejo os homens nascer
e vejo os homens passar;
há que andar
há que olhar bem para ver,
há que andar.

Outros choram, eu acho graça,
porque o meu riso é saúde:
lança de meu poderio,
armadura da virtude.
Outros choram, eu acho graça,
porque o meu riso é saúde.

Caminho sobre meus pés,
sem muletas nem bastão,
minha voz inteira é
a voz inteira do *son*.
Caminho sobre meus pés,
sem muletas nem bastão.

Com minha alma em carne viva,
por baixo, sonho e trabalho;
já estará o de baixo em cima
quando o de cima baixar.
Com minha alma em carne viva,
por baixo, sonho e trabalho.

Há gentes que não me querem
porque muito humilde sou;
já verão como se morrem
e que até a seu enterro vou,
com isso e que não me querem
porque muito humilde sou.

Eu vejo os homens nascer,
e vejo os homens passar;
há que andar,
há que viver para ver,
há que andar.

Quando cheguei a este mundo,
te digo,
ninguém me estava esperando;
assim minha dor profunda,
te digo,
se alivia caminhando,
te digo,
pois quando eu vim a este mundo,
te digo,

ninguém me estava esperando!

(De *West Indies Ltd.*, 1934)

Eu ia por um caminho

Eu ia por um caminho,
quando com a Morte dei.
Amigo! – gritou a Morte,
mas eu não lhe respondi,
mas eu não lhe respondi;
só fiquei olhando a Morte,
mas eu não lhe respondi.

Eu levava um lírio branco
no instante em que a Morte vi.
Me pediu o lírio, a Morte,
mas eu não lhe respondi,
mas eu não lhe respondi;
só fiquei olhando a Morte,
mas eu não lhe respondi.

Ah, Morte,
se um dia volto a te ver,
quero conversar contigo
como um amigo;
meu lírio, sobre teu peito,
como um amigo;
sobre tua mão, meu beijo,
como um amigo,
eu, parado, te sorrindo,
como um amigo.

(De *El son entero*, 1947)

Um *son* para Portinari

Para Cândido Portinari,
o mel e o rum
e uma guitarra de açúcar
e uma canção
e um coração.
para Cândido Portinari.

Ai, esta noite se pode,
se pode,
ai, esta noite se pode,
se pode,
se pode cantar um *son*.

Sonha e fulgura.
todo um homem de mão dura,
feito de sangue e pintura,
grita na tela.
Sonha e fulgura
o seu sangue de mão dura;
sonha e fulgura,
como talhado de fogo,
sonha e fulgura
como uma estrela na altura;
sonha e fulgura,
como uma chispa que voa...
Sonha e fulgura.

Assim com sua mão dura,
feito de sangue e pintura
sobre a tela,
sonha e fulgura
todo um homem de mão dura.
Portinari já o desvela
e o roto peito lhe cura

a esse homem de mão dura,
que está gritando na tela,
feito de sangue e pintura.

(De *La paloma de vuelo popular*, 1958)

Nota biográfica

Camagüey, 1902-1989

É o poeta nacional de Cuba. Cantor da luta e da esperança de seu povo, cuja alma está inteira e transparente em cada um de seus versos. Cantor de sua bela raça, da qual tanto se orgulha, porque transforma a negritude em raiz e bandeira. Voz altaneira da Revolução Cubana.

Quando o saudou na Academia Brasileira de Letras, em visita que Nicolás fez ao Brasil nos anos 1950, Manuel Bandeira o exaltou: "Chegastes, por alargamento da funda simpatia de raiz, à cor humana, universal ou integral". E concluiu: "as minhas palavras tentam exprimir o amor de vossa poesia, o amor de vossa grande Antilha, o amor da poesia cubana e do que sempre foi inseparável dela: o amor da liberdade e da justiça social".

Transcrevo as linhas finais do texto que escrevi para abrir a antologia dos poemas de Nicolás, que selecionamos juntos, já nos seus dias derradeiros, na tradução que me confiou o querido Ênio Silveira:

"Num poema que compôs para o seu amigo Cândido Portinari, cuja pintura sempre o deslumbrou, usa várias vezes um breve verso, síntese da grande arte do nosso pintor: 'sueña y fulgura'. Pois é também o brasão da poesia de Nicolás: sonho e fulgor."

Sua obra: *Motivos de son* (1930), *Sóngoro cosongo* (1931), *España* – poema en cuatro angustias y una esperanza (1937), *Cantos para soldados y sones para turistas* (1937), *El son entero* (1947), *Elegía a Jesús Menédez* (1951), *La paloma de vuelo popular* (1958), *Tengo* (1964), *Poemas de amor* (1964) e *El gran zoo* (1968).

Me deu vontade de contar: pouco antes de sua morte, gravei para a TV Globo uma conversa em Havana com Nicolás, então presidente da Unión de Escritores y Artistas de Cuba. Dei-lhe a surpresa de ouvir Pablo Milanés cantar o seu poema "De que callada manera". No fim, chamou a Pablo, Nancy Morejon e Miguel Barnet, fomos almoçar, eram lagostas, à beira do rio Armendariz.

No abraço de despedida (era o de despedida mesmo) Nicolás me entregou um pequeno envelope:

"Guarda este cantar de amigo."

A ternura das redondilhas rimava *de Mello* com *mi abuelo.*

Cintio Vitier

Substância

Sim, é ilusão a pedra
de meu tato, essa figura
dentro da íris dos meus olhos,
a transparência dos sons,
a noite vária e cerrada
do sabor e do perfume
ansioso que testifico
flores, fogueira e memória.

Se é a ilusão ventura
que do nada se inaugura
e se desfaz sem vestígios;
e uma amargurada estalando
como uma onda que ouvimos
numa costa, de passagem,
e o negro que une
a máscara com o rosto.

Mas de toda essa ilusão
me sai a estranha substância:
uma pedra, íris profunda,
silêncio, noite e aroma,
que não termina no tédio,
nem em dor na ventura,
mas que vai, intranspassável
e vai transpassando a bruma
e ardendo, por outra senda.

Eu não rogo

Não sou quem roga, não, quem roga é o mundo,
que do meu ser não quer se desprender,
porque sentir assim e assim se crer
o pó não lograria, tão profundo.

Comigo roga, clama, impreca o mundo,
que eu mesmo sou quando me vou perder,
miséria igual ninguém torna a saber

nem semelhante ocaso em que me fundo.
Isso outro dizia, ou eu, qualquer
que ia caindo, fulminado e duro
a alma já lívida, a mirada cruel.

Foi quando começou silêncio puro
a descender do céu e essa voz era
o rumor da folhagem no ar escuro.

(De *Escrito e cantado*, 1954-59)

Não me peças

Não me peças falsas
colaborações, jogos
do equívoco e da confusão:
me pede que a meu ser
me leve até seu sol ensanguentado.

Não me peças assinaturas,
fotos, créditos para um abominável
desenvolvimento da astúcia: me pede
que estejamos como irmãos
abrindo-nos o coração até a morte.

Não exaltes minha vaidade, busca a minha força,
que é a tua. Não queiras, com tua delicadeza,
que eu me traicione. Não simules
que vais crer na minha simulação. Não façamos
outro mundo de mentiras.
Vamos fazer um mundo de verdade, com a verdade,
partida como um pão terrível para todos.

É o que sinto que cada dia me exige,
implacavelmente, a Revolução.

(5/11/1967)

A palavra

Por entre a malha, o muro, o ar petrificado
das palavras,
asfixiando-me, procuro uma palavra.

Não a procuro para inscrevê-la,
para pintá-la num vazio que a devore,
para me imprimir,
com ela numa foto de culpável,
para me opor à malha, ao muro, ao ar petrificado
das palavras.

Não a procuro para ornar o branco
e traduzir o nada.

Não para a violar (segundo é moda)
e atirá-la aos dentes do nada.

Eu a procuro para ser como ela, para respirar
como ela,
para sair ao campo e trabalhar e combater com ela
e viver juntos de seu pão e de seu vinho: para, sequer
por um instante,conhecê-la
e me esquecer de todas as palavras.

(5/7/1972)

Nota biográfica

Cayo Hueso, 1921-2005

Poeta, ensaísta, romancista. Doutor em Leis pela Universidad de la Habana. Integrou, com sua mulher Fina Marruz, Lezama Lima, Eliseo Diego e outros o famoso grupo *Orígenes*. Dirigiu a edição crítica das obras completas de José Martí. Autor de obra numerosa, em prosa e verso. Organizou diversas antologias da poesia cubana, edições críticas da poesia de Emilio Ballagas e de Silvestre Balboa. Dois volumes sobre temas martianos. Seu romance *Peña pobre* é de 1980. Seus poemas: *Vísperas* (1953), *Testimonios* (1968), *La flecha al pie* (1981) e *Antología poética* (1981). Seu livro de estreia, de 1938, tem prólogo de Juan Ramón Jimenez.

Fina García Marruz

Recordação

A alegria é solene como o mar.
Como o semblante de uma desposada
que avança grave pelo templo puro.
Com a vela bojuda sulca quieta
as águas, cheia de seu próprio gozo.
A alegria é calada como o jogo
da criança absorta no seu canto. Apenas
rodam as horas com seus negros voos
de morcegos as mãos escolhidas
erguendo o barco que rodeia a chuva
empanada como um cristal antigo.
De menina, pela mão de meu pai,
senti nos meus zigomas a frescura.
"Olhe, estes são meus filhos", disse a um velho
amigo venerável a quem temíamos.
Pela primeira vez soube como éramos
para ele o mundo, que nossas tão débeis
mãos infantis sobre sua cansada
fronte lhe eram mais gratas que os diálogos
dos amigos e mais que os imponentes
livros que o cercavam e afastavam
como um deus. E senti, quase tristonha,
o suave incêndio que erguido turvava.
A alegria é solene como o mar.

(De *Visitaciones*, 1970)

Na morte de uma heroína da pátria

Na fronte da suicida ponham uma folha.
Na concha do pescoço leve sempre-viva.
Com flores a recubram, como a Ofelia.
Órfãos ficaram todos os que a amaram.
Com a ternura a cubram, a das lágrimas.
Façam-se orvalho que lhe abrande a dor.
Se a piedade das flores não bastasse
Digam-lhe suave que foi tudo um sonho.
Rendam-lhe as honras como a uma valente
Que só perdeu sua última batalha.

Que não fique em sua hora inconsolável.
Que sejam recolhidos, um a um,
seus feitos, livres do olvido das ervas.
Onde a luz não esquece os seus guerreiros.

(De *Visitaciones*, 1970)

O achado

(Luzes da cidade)

Um pouco
à esquerda
(uns pardais
bebem na fonte)
que a cega
nessa esquina venda
suas violetas,
            (não demasiado
            para lá)
            não ao centro,
um pouco recolhida
para a esquerda
ali, no lugar justo
preciso, imprecisável,
de beleza
            a fontezinha
pública da água.

Jornal para ser lido no paraíso

África do Sul tece uma esteira. Namíbia baila.
As irmãs Argentina e Uruguai
enviam gado Holstein de presente
para as granjazinhas de Nicarágua.
Famílias pobres de rostos radiantes
olham arder as favelas do Brasil.
O Presidente hoje inaugura as novas casas.
Crianças de tez morena, branca, vermelha, amarela,
entram num barco embandeirado
com rodas as brisas da manhã.
(O "desalmado Arthur", com gorro de capitão,
vigia, esperando, na mais alta torre.)
Um crítico de Edimburgo assegura
que um jovem, ainda desconhecido,

acaba de escrever um dos poemas
mais belos da Terra.

Num pequeno teatro do Sul
o presidente Lincoln acaba
de ver a peça.
O ator Booth o espera para lhe dar
calidamente as mãos, na saída.
Em todas as casas de Porto Rico
se celebra a chegada de Albizu
com bandeirinhas nos balcões.
Um jovem estudante alemão
acaba de terminar sua tese: "Os fornos
crematórios: período pré-histórico" e abre,
entre duas partituras recém-compradas,
a caixa do seu violino.
Em Puebla, uma indiazinha de xale vermelho
ensina Cortez a rezar.

(De *Segundas*...)

Nota biográfica

Havana, 1923-

Poeta e ensaísta. Fundadora, com José Lezama Lima, Virgilio Piñero, Cintio Vitier (seu marido), Eliseo Diego e outros, da revista *Orígenes*, 1944, que fez fama e se inscreve até hoje como um marco na criação poética latino-americana do século XX; Autora de obra numerosa e querida. Quando em 1970 publicou *Visitaciones*, o finíssimo Eliseo Diego comentou que o livro trazia "alguns dos poemas de mais apaixonada beleza, compostos em língua espanhola desde que começou o mil e novecentos". E vale guardar esta palavra poderosa de Maria Zambrano: "Fina García Marruz, recolhida, envolta em sua própria alma, realiza essa façanha que é escrever sem romper o silêncio, a quietude profunda do ser".

Livros: *Antología poética* (2003), *Quevedo* (2005) e *Como el que dice siempre* (2009).

Pablo Armando Fernández

Eu pouco sei da luz

Eu pouco sei da luz.
Sei da luz que enceguece
e da luz que ilumina;

E pouco sei da sombra.
Há a sombra que aconchega
e aquela que escurece.

Sejam rivais ou cúmplices,
de comum andam juntas,
ficam reais, se definem.

Viver sabe aprender
a distinguir as zonas
em que ambas se acompanham.

Dão ao mundo a imagem
de possíveis contrários
que entre luzes dão sombra,
que entre sombras dão luz.

Reminiscências

Porque afinal de contas vou morrer prosaicamente,
será inútil me pedir o contrário.
Não morrerei em Delícias, nem em Paris; nem
sonhar
que já tenha lembrança desse dia,
que faça calor ou chova.
Nem espero que a o espinho de uma rosa espete a
minha mão
para me apodrecer o corpo.
Terminarei prosaicamente na cama de um hospital,
ou em casa.

Aqui, na rua 20, que meu amor pelos símbolos
rebeldes protegerá do tempo e seus
precipícios. Esta casa, longe de minha memória,
longe

de meu costume, um dia, ninguém duvide,
esteve repleta
de humanidade, de mundo.
E desde então vive de sua dona.
As portas, as janelas esperam que ela volte.

Por isso mesmo, no dia da minha morte, ninguém
saberá que parti.
Tampouco souberam que estive aqui revivendo
lembranças
que ela deixou quando se foi.

Prosaicamente terei parentes, flores e as palavras
de um poeta maior que rechaçou meus versos
(por clássicos, românticos, pedestres?).
Confiará seus discursos aos superlativos
em que apoiei minhas dúvidas, meus temores,
a confusão
de minhas ideias e sentimentos, ao caos
do desamparo.

Dirá com voz segura que tudo esteve bem,
muito bem; que somos bons.
Mas não lhes dirá porque meus dias faltaram
vivos e verdadeiros ao tempo que vivi.

Por que não estive em certos cenários:
Moncada, Goicuría,
Alegria de Pio,
Las Coloradas?
(Não fui convidado por Onassis a visitar os portos
do mar Egeu, do Báltico, o Tirreno ou o Adriático.)
Perdoem minha dor, o que aconteceu em La Plata,
Uvero, Las Mercedes, e El Jigüe.
enquanto vivi sonhando esses lugares?
(Aos meus passos não se abriram as portas
dos grandes salões, onde príncipes, coristas,
atrizes e banqueiros, gângsteres e amantes
de alto preço ensaiavam se divertindo
os contos de Perrault, Andersen e dos irmãos
Grimm).
Quem impediu que eu acudisse a tomar o rifle
do que caía livre
brigando em *Lara* e em *Falcón*
Salta, Tolima,

Santander e *Sierra de las Minas*,
as paragens e montes dos Andes?

Não ostento títulos de família,
propriedade, instituições ou universidades;
não tive o que conversar, nem que me protegesse.
Quando muito, tenho sido um cidadão comum
com passaporte para ir pelos mundos
e fui por muitos anos emigrante:
a metade do caminho percorrido.
Mas voltei porque esses fatos
vivos e verdadeiros,
nos que não participei, regiam meu destino.

Não negarei que estive em todas as cidades
que os rios fundaram,
que conheci e amei suas ruas, seus hotéis,
suas mulheres
e, no entanto, quando não fui um adolescente
e soube que o amor pode por uma vez
ser vivo e verdadeiro
encontrei minha mulher, de minha raça e da mesma
costa.
Nos casamos na ilha de Manhattan
com todos os papéis, como dizem Deus manda,
desde então, como dois fiéis siameses,
somos um animal com duas costas.

(Por esses anos os jovens não faziam demonstrações
não iam a Washington com cartazes cantando
We shall overcome
Me lembro de que uma vez peregrinamos
para ouvir a Paul Robson
nos apedrejaram, nos cuspiram, nos golpearam,
com latas, galhos, cacetes,
nos obrigaram a desviar a rota,
paralisando o tráfego, mas chegamos
e Paul cantou para sua raça, para seu povo,
cantou como um guerreiro atrincheirado.
Cantou cheio de humanidade, cheio de mundo,
e não puderam impedir seu canto!
Uma noite em Londres, com sua mulher, Estelda,
em sua casa, conversando revivemos
aquele dia, a multidão, a voz de Paul.
Entusiasmados quase

decidimos viver entre seus livros, discos e móveis,
mas tínhamos duas meninas pequenas, assustadas,
como pardais de astuta e perspicaz desarmonia.
Voltamos a Park West

(Não tive os favores de Marilyn Monroe,
a amizade de James Dean.
Sonhei prosaicamente com essas bonequinhas
nuas da revista *Squire*
e amei o que elas podem ter de hospitaleiro.).

E acrescentarei outros dados:
conservo os amigos de infância e conheci os poetas.
Terei que confessar que em amores,
será melhor que ninguém me mencione,
porque vão sentir amor do bom.
Da fome pouco sei,
miséria, meu animal, não devorou minha boca
nem meu estômago.

(Conheço bem os clássicos, e juro
que o homem não mudou os símbolos antigos.
Amam e odeiam, Catulo, Adriano, como tu,
faltos de fé, declamam
Animula, vágula, blándula;
Calígula, os tiranos te imitam:
Oderint, dum metrant;
teu Inferno, Dante, foi superado.
E nada existe para acrescentar, velho William
de Stratford-on-Avon
ao desfile que nos apresentaste.

Nossas filhas nasceram em Manhattan e em La Habana,
se chamam Maria Angélica, Teresa de Jesus e
Bárbara Emília. Em Londres nasceu Pablo
um dia sete de abril,
exatamente nove anos depois de nossa boda
o dia em que nasceu Gabriela no vale de Elqui,
— seu lagar, sua ternura e os velhos rancores de uma
raça que espera... —

(Frustrações, fracassos, humilhações? Melhor
não enumerá-las. Prosaicamente, minha poesia
e minha vida têm seus desafetos. Posso afirmar
— isso disse Doris —

que os assusta minha beleza,
reminiscente das mitologias, também minha
liberdade
de quem ama sem rodeios, por puro gosto porque
lhe dá vontade e é como pulso ferido
que sonda cada casa que está do outro lado.)
O que somarei a meu mito? Falei com Fidel,
com Mao
com Isabel da Inglaterra, com Ezra Pound,
com Nazim Isikmet, com Nicolás Guillén,
com Hugh MacDiarmid, com Lezama Lima,
com Banting, Neruda, Anna Akhmátova,
mas meus olhos nunca se encontravam com
os olhos
magníficos do Che; minha mão nunca
estreitaria sua mão

É tudo isso minha história?
O que é verdadeiro e vivo?
Morrer prosaicamente,
ser *polvo enamorado?*

Nota biográfica

Delícias, 1930-

É poeta e romancista. Figura de proa da literatura cubana deste século. Em 1996, mereceu o Prêmio Nacional de Literatura. Seus romances: *Los niños se despiden*, traduzido ao italiano; *El vientre del pez* (1983) e *Otro golpe de dados* (1992). Poesia: *Salterio y lamentación* (1953), *Nuevos poemas* (1955), *Toda la poesía* (1961), *Himnos* (1962), *Libro de los héroes* (1963), *Un sitio permanente* (1970), *Suite para Maruja* (1978) e *Aprendiendo a morir* (1983). Relembro feliz a vibração comovida dos indianos sentados na relva do Parque Nehru ouvindo os poemas de Pablo Armando, durante o Festival Mundial de Poesia, 1986, em Nova Déli.

Roberto Fernández Retamar

E Fernández?

Aos outros Karamazov

Agora ele entra aqui, para minha própria surpresa.
Fui seu filho preferido e estou seguro de que meus
irmãos,
Que sabem que era mesmo assim, não levarão a mal
que eu afirme.
De toda maneira, sua preferência foi pelos menos
equitativa.
A Manolo ele disse, me apontando
(parece que estou vendo a mesa de mármore do Café
Los Castellanos,
Onde estávamos sentados, e as cadeiras de madeira
escura,
E ao fundo o bar, com o grande espelho, as garrafas
nas prateleiras,
Como agora só vejo nos filmes de antigamente).
"Teu irmão escreve os poemas, mas tu és o poeta".
Em ambos casos, tinha razão, é claro.
Mas que maneira tão estranha de preferir.

Não foi o fígado que o matou (sempre bebeu
bastante, mas quem adoeceu do fígado foi seu
irmão Pedro),
foi o pulmão, onde o câncer deu de crescer, dizem,
por haver fumado sem repouso.
E a verdade é que mal consigo recordá-lo sem um
charuto entre os dedos que foram ficando
amarelados,

Os longos dedos da mão que agora é a minha mão.
Até mesmo no hospital, moribundo, rogava que lhe
acendessem um cigarro.
Só um pouquinho. Só um pouquinho.
E lhe acendíamos. Já não fazia diferença.

Sua principal amante tinha nome de heroína
shakespeariana, aquele nome que não podia
pronunciar em minha casa.

Mas aí termina (é o que suponho) seu parentesco
com o Bardo.
Fosse como fosse, sua verdadeira mulher (não sua
esposa e muito menos sua senhora)
Foi minha Mãe. Quando ela saiu da anestesia, depois
da operação
que a levou,
Não era ele, era eu quem estava ao seu lado.
Ela, no entanto, mal abriu os olhos, perguntou com a
língua pastosa: "E Fernández?".
Já não recordo o que lhe respondi. Fui ao telefone
mais próximo e o chamei.
Ele, que tivera valor para tudo, não teve para
separar-se dela,
Nem para esperar que aquela cirurgia terminasse.
Estava em casa, sozinho, seguramente dando aquelas
longas caminhadas, de uma ponta à outra,
Que eu tão bem conheço, porque eu também as dou;
seguramente
Procurando com mão trêmula algo para beber,
vasculhando

Para ver se dava com a pequena pistola de coronha
de madrepérola que Mamãe escondeu e que,
de resto,
jamais a usaria naquele instante.
Disse-lhe que Mamãe havia se saído bem, que
perguntou por ele, e que viesse.
Chegou atrapalhado, rápido e devagar. Ainda era meu
pai, embora , ao mesmo tempo, já se vinha
convertendo em meu filho.

Mamãe morreu pouco depois, a valente heroína.
E ele começou a morrer como o personagem
shakespeariano que de fato foi.
Como um estranho, um velho, um comovedor
Romeu de província
(é verdade que Romeu também foi provinciano).
Para aquele estouvado, toda a vida perdeu sentido.
Sua noiva
Da casa de hóspedes já não existia, aquela
triguesinha
que se assustava caminhando pelo alpendre no
ciclone de 26.

A moça com a qual passou a lua de mel num
hotelzinho de Belascoaín,
e ela estremeceu e o beijou e lhe deu filhos.
Sem perder o pudor do primeiro dia,
Com a qual perdeu o maior deles, o "menino" para
sempre, por ocasião da greve dos médicos
de 34;
A que estudou com ele as *oposições*, e cujo cabelo
negríssimo se cobriu de neve,
Mas não o coração, que se acendia contra as
injustiças,
Contra Machado, contra Batista; a que saudou a
Revolução
Com olhos acesos e puros; e desceu à terra
envolta na bandeira cubana de sua escolazinha do
Cerro, a escolazinha de meninas,
Ao lado da dos rapazes na qual seu irmão Alfonso
era condiscípulo de Rubén Martinez Villena;
A que não fumava nem bebia, nem era glamourosa,
nem se parecia a uma estrela de cinema,
Porque era uma estrela de verdade

A qual, enquanto lavava no tanque de pedra,
Fazia uma enorme espuma, poemas e canções
que improvisava
Enchendo seus filhos de uma estranha mistura de
admiração e de orgulho, e também de vergonha,
Porque não eram assim as outras mães que eles
conheciam.
(Eles ainda não sabiam que cada mãe
não tem outra igual, que toda Mãe,
Segundo Martí, deveria chamar-se Maravilha)

E aquele trovão começou a apagar-se como uma vela.
Ficava sentado na sala da casa que ficara enorme.
As gaiolas de pássaros estavam vazias.
As plantas do pátio começaram a secar.
Os jornais e revistas se amontoavam. Os livros não
eram lidos.
Às vezes falava conosco, seus filhos,
E algo nos contava de suas modestas aventuras.
Como se não fôssemos seus filhos, apenas uns
daqueles seus amigos,
Os quais já não existiam, e com os quais se reunia

para beber, conspirar e recitar
Em cafés e bares que também não existiam.

Foi nas vésperas de sua morte que afinal li
O conde de Monte Cristo, perto do mar,
E pensei que lia com os olhos dele,
No refeitório do sombrio colégio religioso
Onde consumiu sua infância de órfão, sem outra
alegria
que a de ler livros como este, que tanto me
comentou.
Assim ele quis ser fora do Cativeiro: justiceiro
(mais que vingativo) e galhardo.
Com algumas riquezas (que não teve, porque foi
honrado como um raio de sol,

Inclusive se fez famoso porque certa vez renunciou
a um cargo quando soube que nele teria que
roubar),
Com alguns amores (que por fortuna os teve, ainda
que nem sempre chegavam a um bom fim).

Rebelde, pitoresco e retórico como o Conde, ou
melhor ainda,
Como um mosqueteiro. Não sei. Viveu a literatura,
como viveu as ideias, as palavras.
Com uma autenticidade que comove.
E foi valente, bem valente, enfrentando policiais e
ladrões, hipócritas e falsários e assassinos.
Quase nas últimas horas, me pediu que lhe secasse
o suor da cara.
Tomei a toalha, enxuguei o seu rosto, mas então vi
que lhe estava secando as lágrimas. Ele ainda
me disse.
Tinha uma dor insuportável e estava morrendo. Mas
o Conde
só pediu, galhardo mosqueteiro de oitenta ou
noventa libras,
Que por favor lhe secasse o suor da cara.

(De *Poesías escogidas*, 1994)

Minha filha mais velha vai a Buenos Aires
(fragmentos)

1.
Minha filha mais velha vai a Buenos Aires
quase com a mesma idade que eu tinha
quando em 1961 estive ali pela primeira vez.
E no vestíbulo do hotel recém-chegado e a seus
olhos bem jovens
Fryda Schultz tão fina tão desenhada
Me disse que mantinha correspondência com meu
pai
De quem recebera um livro de poemas
E me vi obrigado a responder que quando eu era
menino
Meu pai publicou um livro, mas apesar de sua bela
dedicatória
A Obdulia, minha Mãe, *quem com tanta abnegação*
o ajudaria a sustentar a pedra de Sísifo
(Terei que acrescentar que por então Albert Camus
era quase um adolescente?)
E a seus filhos, quer dizer, a nós, que com o tempo
íamos a nos considerar os Karamazov.

Apesar dessa dedicatória, era um livro de
contabilidade
E também apesar de que ele era mais digno de
manter relações com ela do que eu,
Era comigo que ela se correspondia
E era meu livro que ela recebera.
Pouco depois conheci a meus irmãos destinados
Como Juancito Gelman, quem me deu seus breves
e já estremecedores primeiros livros
E no *Juego en que andamos* me escreveu esta dedicatória:
"A Roberto / Revolução de permeio, teu
Hermaníssimo *Juan/ Baires diciembre 61"*,

E começamos a intercambiar cartas e poemas
E sua poesia, sua dor suas perguntas cresceram tanto
que sua luz sua sombra se estendem sobre todo
o continente
Como Paquito Hurondo que como Juancito e tantos outros poetas entranháveis
nasceu em 1930, o mesmo ano que eu,
E já tinha publicado um livro com o título de outro
que eu ia publicar,
Embora eu prefira o dele.

E um dia talvez em seu último poema
Conversou comigo a respeito daqueles versos sobre
os homens em transição
Seguramente sem saber que esses versos, por sua vez,
eram resultado e parte de uma conversa inconclusa
que tive com o Che
E noutro dia ia morrer combatendo
E eu lhe escreveria um pranto que tentei conduzir
com esperança,
Mas sei, porque ele me escreveu de Caracas,
Que entristeceu ao sempiterno jovem
León Rozitchner.
Rodolfo Walsh eu já conhecera em La Habana
quando com Massei Gabo e outros obstinados
loucos levavam adiante a *Prensa Latina,*
Rodolfo me apresentou na entrada de uma pequena
livraria habanera a Waldo Frank,
Cujo amoroso livro sobre Cuba ia contribuir tanto
para alterar o destino de meu Julio Cortázar,
Que nos últimos vinte anos de sua vida fez parte
completamente da nossa,
Nas alegrias e nas dores, nos acertos
e nos desacertos, no que aprendíamos
e no que desaprendíamos.
A Cesar Fernández Moreno, a Haroldo Conti, a Mini
Langer para citar aqui somente alguns
irmãos idos,
Iria conhecê-los em Cuba e voltei a vê-los na França,
em México, em muitas partes.
Cesar morreu do coração como um raio
que deve ser a morte dos eleitos dos deuses,
Julio e Mini foram carcomidos por atrozes e
minuciosas enfermidades,
Das quais me escreviam com sereno valor como se
estivessem falando de coisas impessoais,
A Rodolfo e Haroldo me desapareceram, me
assassinaram
E ninguém sabe onde está o pó dos seus ossinhos.

3.

Minha filha vai a Buenos Aires
Quase com a mesma idade que eu tinha
Quando Victoria Ocampo me convidou para jantar
em San Isidro
E mandou seu motorista me buscar no hotel

E no jantar discuti, como era previsível,
com H.A. Murema
Sobre (contra) um livro do qual anos atrás
Eu publicara umas páginas na revista *Orígenes.*
Nesta noite ou noutra ocasião talvez na redação de
sua revista
Victoria me deu sua atinada e restringida tradução
de *El troquel* de T. E. Lawrence
E também me disse que pensava em dedicar um
número de *Sur*
Contra a recém-nascida Revolução de Cuba,
Ruidosa desordenada temerária inexperta enardecida
gaivota
se lançando contra a tempestade
E lhe comentei que ela acabaria por ganhar a
inimizade dos intelectuais latino-americanos,
Com os galhardos intelectuais latino-americanos
daquele momento,
Além disso como era possível que se ela admirava
tanto a Lawrence o árabe, a Auras Bey,
Como também admirava Malraux como também eu
admirava
Não compreendesse que Lawrence desaparecido em
acidente de motocicleta
Com o absurdo nome de Sargento Shaw
(Uma inesperada homenagem dele a G.B.S.?),
Talvez não houvesse desaparecido de todo, talvez de alguma forma sobrevive-
ria em alguém nascido na
Argentina
E que naquele momento vivia em Cuba onde era
muito amado com o nome de Ernesto Guevara
e sobretudo como o Che,
Que escrevera o livro *La Guerra de Guerrillas*
Não indigno de pertencer à família dos Sete Pilares
da Sabedoria e Rebelião no Deserto,
Que por favor ela lesse no livro do Che as linhas
sobre a falta de sal na guerrilha,
Comparadas já com linhas dos místicos quando
falam da aridez da alma
E de repente não sei o que de repente passou no
vasto e nobre coração da verdadeira Victoria,
Quero dizer da que não só foi amada em seu belo
corpo por muitos homens que sempre dela
se lembrarão,
Como o árduo suicida em cuja homenagem

um número de *Sur* incluiu, sem qualquer
comentário,
Uma página solta com a reprodução de *Gilles*
de Watteau
Ou como me comentou na primavera de 1967 em
Paris
Jacques Lacan, então famoso como cantor de moda,
Quando relembrou aquela vez em que a grande
argentina lhe perguntou, sendo ele bem jovem,
se não queria falar por telefone com Ortega,
Mas também da que foi amada em sua alma
não menos bela
Por homens da envergadura do meu mestre Ezequiel
Martínez Estrada,
Quem viveu em Cuba durante a invasão de *Playa*
Girón durante a Crise de Outubro
E ao regressar a seu país me deu de presente os livros
que ganhara no meu,
Alguns dedicados carinhosamente por Victoria.
Não sei o que passou no seu coração,
Mas sim sei que aquele projetado número de *Sur*
previsivelmente triste nunca chegou a ser
publicado
E também sei que a meu regresso a La Habana
Nosso chanceler Raúl Roa me telefonou um pouco
desajeitado,
Ele que era tão esplendidamente desinibido,
Para me dizer que o Che, inteirado não sei como
daquela minha conversa, lhe pedira
Que dissesse a esse magro Retamar
que se continuasse falando besteiras por aí,
Ele ia ver-se obrigado a não deixá-lo sair mais de
Cuba
Embora na realidade nada fez de parecido e
segui saindo e entrando
inclusive com ele próprio
E continuei falando o que naquela ocasião lhe
pareceu asneira
E não creio que o fora, pelo menos de todo,
E além disso o tal número de *Sur* felizmente
nunca chegou a ser publicado.

Felizes os normais

Felizes os normais, esses seres estranhos.
Os quais não tiveram a mãe louca, um pai bêbado,
um filho delinquente,
Uma casa em lugar algum, uma doença desconhecida,
Os que não foram calcinados por um amor
devorante,
Os que viveram os dezessete rostos do sorriso e um
pouco mais,
Os cheios de sapatos, os arcanjos com chapéus,
Os satisfeitos, os gordos, os lindos,
Os Rin-Tin-Tin e seus sequazes, os que como não!,
por aqui!,
Os que ganham, os que são queridos até a
empunhadura,
Os flautistas acompanhados pelos ratos
Os vendedores e seus compradores
Os cavalheiros ligeiramente sobre-humanos
Os homens vestidos de trovões e as mulheres de
relâmpagos,
Os delicados, os sensatos, os finos,
Os amáveis, os doces, os comestíveis e bebestíveis,
Felizes as aves, o esterco, as pedras.
Mas que abram passagem para os que fazem os
mundos
e os sonhos
As ilusões, as sinfonias, as palavras que nos
aniquilam
E nos constroem, os mais loucos que suas mães, os
mais bêbados
Que seus pais e mais deliquentes do que seus filhos
E mais devorados por amores calcinantes,
Que lhes deixem o seu lugar no inferno, e basta!

Nota biográfica

Havana, 1930-

Fica fácil e difícil dizer de Roberto, amigo dileto, poeta predileto. Nasceu em La Habana. Estudou pintura e arquitetura, até que a Poesia, dama exigente que comanda de leve, o levou para o curso de Letras, na Universidad de La Habana. Depois em Paris e em Londres. Professor, hoje, da Universidad em que se formou. É presidente da Casa de las Américas, fundada no mesmo ano do triunfo da Revolução por Haydée Santamaría. Idealizador e diretor durante anos da revista *Casa*, certamente a publicação que melhor trabalha pela integração cultural latino-americana. Sua obra poética é numerosa: *Elegía como un himno* (1950), *Patrias* (1952), *Alabanzas, conversaciones* (1955), *Vuelta de la antigua esperanza* (1959), *En su lugar, la poesía* (1959), *Con las mismas manos* (1962), *Historia antigua* (1965), *Que veremos arder* (1970) e *Revolución nuestra, amor nuestro* (1976). Com *Juana y otros poemas personales*, México (1980), mereceu o Prêmio Rubén Darío. Sua poesia está traduzida para vários idiomas.

Ainda é preciso dizer que os dois volumes do estudo de Retamar sobre José Martí são imprescindíveis para quem quiser conhecer a essência mesma do pensamento e do amor latino-americano do grande prócer cubano. Todos os poemas são de *Poesías escogidas* (1994).

César López

Crônica de um mau verão

Na morte de José Lezama Lima

Decididamente este foi um mau verão.
Não porque o calor agoniasse mais do que outras
vezes, nem sequer pelas chuvas escassas em alguns
lugares, nem pelos torrenciais, inundantes aguaceiros
em outros bairros: aqui tudo sempre esteve
misturado.
A maldade não se mede pelas águas,
pelo suor nem pelas febres,
mosquitos ou outros animais.
Levantando a lembrança dos meses, a morte,
convocada por signos e desígnios, acrescentou sua
lista, propôs eliminações indeléveis. O caranguejo,
caricatura eleática e deforme, não por seu andar
retardado, deixou de caminhar e volta a seu refúgio.
No momento de servir os pratos paradoxalmente
quentes, quando na verdade se requeriam frios ou
quase gelados, apareceu o dente deslumbrante
e, ao mesmo tempo, a acidez do limão, seu tato algo
rugoso, vacilante entre a precipitação e a destruição.
Como um destino previsto ou pelo menos já
pensado por alguns, os vegetais e as verduras
escasseavam, e a polpa vital se foi esfumando para
desgraça dos libertinos, aos quais, a partir de então, nenhuma invenção,
nenhum confabulário, pôde
satisfazer; nem sequer a chegada do leão, que
poderia parecer inusitada nestas terras,
porém já nada surpreende, se o próprio sol se
acostumou ao movimento próprio dentro das coisas.
A crueldade deu passagem ao cerrado, a mais triste propriedade, e a virgindade das virgens se limitou em
seu tempo.
Nada há tão durável, nem sequer um brinquedo
parmenídico!
Tudo foi descrito segundo a meticulosa
pedantice de outras épocas, e a pedantice
de outras épocas não coincide com a retórica atual.
O pedantismo perdeu lugar para o palavreado, e este

pela rudeza permanente. Não há quem se escandalize?
Como duvidar que este foi um mau verão?
A casa se fechou para sempre em sua janela,
apenas um postigo, que sofrera o tempo,
os ciclões, os gritos dos rapazes e mulheres do bairro
e a quase perpétua impertinência
dos olhares inquisitoriais.
Porque invisíveis se alçaram os puros,
e embora desprovidos da santidade e sem
constituir um campo rábula, os caçadores,
não precisamente furtivos, perpetuavam seu ofício
tão velho como o ofício das putas.
As ratas, que sempre abandonam os navios
que afundam, algumas vezes voam. Também
visitam as forças abandonadas
ou enlouquecem nas adegas vazias.
Pobre poeta, ou melhor glorioso poeta, mordido
pela inveja, mas devorado por seu arrogante orgulho.
Surpreendeu-o, como um lugar-comum, a morte, sua
mão negra sobre o peito, aplastante, oprimindo,
procurando o coraçãozinho, a *jiribilla* propriedade
do anjo, a vespa encarcerada, empalidecendo o humor
da *zarzuela*. Que se calem os que inventaram o
mote!
Só um motete lhe convém agora. Deixem que soe
Palestrina por ele. Ou Valenzuela.
Com a mesmíssima humildade do Almendares. Ou que
o assistam todas as ciganas tropicais para render-lhe homenagem e para
agradecer-lhe a discrição sobre o equívoco de sua entidade; que vitrais e
frutos Amélia
lhe disponha numa mesa enorme banhada pela luz e
as cores mais deslumbrantes do ar de *La Habana*.
Os galos de todas as épocas, suas plumas encantadas,
disseminadas aqui e ali, em liberdade ou presas,
dentro ou fora do limite candente da figura. Que
legiões de Floras sejam logo convocadas, centúrias
de diabinhos, cidades inteiras, santos poderosos.
Águas, fundos marinhos, ondas, úmidos animais sutilmente esboçados. Que o
resto se dilua no
cortejo surpreendente da mesma acumulação
desordenada do verão.

Mas apesar de tudo, apesar desse excesso,
o verão é vazio, o suor desalenta e até a própria morte obriga a enfrentar de
outro modo.

Não nos pertence da mesma forma e fermenta a
lembrança, o faz vil e asqueroso, apenas
injustificável.

Se o verão se distancia, é só para voltar,
para trazer de novo sua perturbadora carga,
e para resolver em lodo a esperança. Foi triste
o desalento, e todos os vizinhos se olham suspicazes,
esquadrinham o céu em busca de sinais,
se esforçam para descobrir o arco-íris e repetem
e insistem que depois, que depois,
que depois da tempestade vem a calma.

(De *Consideraciones, algunas elegías*, 1990)

É impossível mudar...

É impossível mudar uma cidade que morreu,
se o mar abandonou as suas ruas mais extremas.
Uma pergunta que fica sem resposta.
Não é nada, é só o vento. Esse ruído que fora
algum dia estrepitoso, nem sequer retumba.

— *E não saber aonde vamos nem de onde viemos* —
se dissolve no lento suspiro dos velhos:
Ai daqueles rapazes e moças,
de seus corpos esbeltos, de suas vozes
agudas ou graves, de sua cadência
rude na formosura.

— *E todas íamos a ser rainhas*
de quatro reinos sobre o mar. —
Assim que rainhas, reinos, mar,
la mer, la mer, toujours recomencée,
mas sem recompensas, sem deuses, sem mirada.
É impossível mudar uma cidade
que ficou sem um pensamento
e não tem palavras, nem pranto e um chapéu
saiu voando, um escorpião devora
sua presa. É uma recordação mais além das pedras.

(De *Tercer libro de la ciudad*, 1998)

Nota biográfica

Santiago de Cuba, 1933-

Poeta, ficcionista, ensaísta. Em 1963 publicou *Silencio en voz de muerte*, de poemas, e no mesmo ano seu primeiro livro de contos, *Circulando el cuadrado*. Membro da Academia Espanhola. Em 1999 recebeu o Prêmio Nacional de Literatura de seu país. Os poemas selecionados estão em *Consideraciones, algunas elegías* (1990) e *Tercer libro de la ciudad* (1998).

Miguel Barnet

Fé de erratas

Onde diz um grande barco branco
deve dizer nuvem
onde diz cinzento
deve dizer um país distante e esquecido
onde diz aroma
deve dizer minha mãe querida
onde diz Cesar
deve dizer morto já arrebentando
onde diz Abril
deve dizer árvore ou coluna ou fogo
mas onde diz costas
onde diz idioma
onde diz estranho amor aquele
deve dizer naufrágio
em letras grandes

Oriki para Nicolás Guillén

Capitão noturno. Náufrago de velhas travessias
Feito o sonho dos ventos dos furacões
e as altas colinas
Pescador nas águas escuras do Caribe
Grito entre nós

Quando cantas, teu enorme canto funda
Quando assovias, teu assovio levanta
Se não tivesse existido te haveríamos
inventado das ondas, te haveríamos trazido
No fundo da ilha esta inscrição:
Exemplar único, de pele de baobá e olhos de vidro
capturado há apenas sessenta anos
Poeta natural vindo de longe
Nome comum: Nicolás

Che

Che, tu sabes tudo,
os atalhos da Serra

a asma sobre a erva fria,
a tribuna,
as ondas do mar noturno,
e até de que se fazem
os frutos e as juntas.

Não é que eu te queira dar
pluma por pistola
mas o poeta és tu

Já sei que não sabes

Já sei que não sabes quem foi Rimbaud,
nem tens sequer ideia de quem ele amou
nas areias da Abissínia,
o que te importa se Dickens ou Borges ou Baudelaire
amaram ou desamaram se tu do amor só conheces
essa partícula mínima, natural, carnal, mas preciosa
que talvez nem Rimbaud, nem Dickens, nem Borges
nem Baudelaire puderam saborear
O que te importa saber quem eles foram,
nem o que fizeram, nem a quem amaram ou desamaram

O que te importa se neste momento,
neste precioso momento,
sobes por minha enraivecida vontade
a um trono altíssimo, inalcançável,
onde tu és a única coisa real.

Eu sou o que anda por aí

Eu sou o que anda por aí
empurrando um país
    Não é uma fantasia, é certo,
    passei a vida empurrando um país
Com grandes pedras do caminho
e meus sapatos gigantes
fui pouco a pouco empurrando um país
    Contra os grandes ventos
    e a noite que range com as suas dobradiças
    contra a falta de oxigênio
    e os maus presságios
    fiz o indescritível para empurrar um país.
Mas há muitas outras coisas a fazer

como amar no escuro
claro que sem paredes,
ou catar o arroz cotidiano com gosto de besouro,
ou limar as unhas defronte de um espelho de mercúrio,
ou brincar de lançar a bola
com os meninos estrábicos do bairro.
    Assim que me perdoem se não escuto
    as queixas de meus contemporâneos
Eu não posso fazer outra coisa
que continuar empurrando um país.

Rio Amazonas

Quando tudo anuncia a rotina
E meu coração aspira apenas ser trivial
Apareces
majestoso em tua voracidade
Nada te pode deter
A torrente de águas luxuriosas,
A cascata branca que cai sobre as pertas,
Os pássaros de bico recurvo
Que voam dos jacarandás ao pau-vermelho,
A suculenta flor de lua fechando-se na noite
E a espuma desta orgia diurna
Em que peço licença apara morrer.

Nota biográfica

Havana, 1940-

Etnólogo, poeta, romancista. O seu *Biografía de un cimarrón* (1966), traduzido para vários idiomas, editado no Brasil. Livros de poemas: *La piedra fina y el pavo real* (1963), *Isla de güijes* (1964), *Orikis y otros poemas* (1980), *Carta de noche* (1982), *Viendo mi vida pasar* (antologia, 1987), *Mapa del tiempo* (1989), *Poemas chinos* (1993), *Con pies de gato* (antologia, 1993), *Actas del final* (2000). Romance: *Canción de Rachel* (1969), *Gallego* (1983), *La vida real* (1989) e *Oficio de ángel* (1989). Alguns de seus romances viraram filmes e óperas.

Miguel deslumbrou-se com o mágico fenômeno do Encontro das Águas, quando esteve em Manaus, para a abertura do FliFloresta, em 2008. Nessa ocasião entregou-me os poemas aqui traduzidos.

Nancy Morejón

Mãe

Minha mãe não teve jardim,
teve ilhas alcantiladas
flutuando, debaixo do sol,
em seus corais delicados.
Não houve um ramo limpo de suas pupilas,
somente muitos garrotes.
Bom tempo aquele em que corria descalça,
sobre a cal dos orfanatos
e não sabia rir
e não podia sequer olhar o horizonte.
Ela não teve o aposento de marfim
nem a sala de vime,
nem o vitral silencioso do trópico.
Minha mãe teve o canto e o lenço
para minar a fé de minhas entranhas
para erguer sua cabeça de rainha desatendida
e nos deixar suas mãos, como pedras preciosas,
frente aos restos frios do inimigo.

(De *Piedra pulida*, 1986)

Mulher negra

Ainda cheiro a espuma do mar que me fizeram
atravessar.
A noite, não posso recordá-la.
Nem mesmo o oceano eu poderia recordar.
Mas não esqueço o primeiro alcatraz que divisei.
Altas, as nuvens, como inocentes testemunhas presenciais.

Talvez não esqueci nem minha costa perdida, nem
          minha língua ancestral
Aqui me deixaram e aqui vivi.
E porque trabalhei como uma besta
Aqui tornei a nascer.
A quanta epopeia mandinga tentei recorrer!
               Me rebelei.

Sua Mercê me comprou numa praça.
Bordei a casaca de Sua Mercê e um filho macho lhe pari.
Meu filho não teve nome.
E Sua Mercê morreu nas mãos de impecável lorde inglês.
Andei.

Esta é a terra onde padeci castigos e açoites.
Vaguei ao longo de todos os seus rios.
Sob o seu sol semeei, colhi, mas não comi das colheitas.
Minha casa era o barracão.
Eu mesma trouxe pedras para construí-lo,
mas cantei ao natural compasso dos pássaros nacionais.
Me sublevei.

Nesta mesma terra toquei o sangue úmido
e os ossos apodrecidos de muitos outros,
trazidos a ela, ou não, igual a mim.
Já nunca mais imaginei o caminho a Guiné.
Era a Guiné? A Benin? Era a Madagascar?
Ou a Cabo Verde?
Trabalhei muito mais.

Fundei melhor meu canto milenário e minha esperança.
Aqui construí meu mundo.
Subi o monte.

Minha real independência foi nas trincheiras
E cavalguei entre as tropas de Mac
Somente um século mais tarde
junto a meus descendentes
desde uma azul montanha
desci da Serra.

para acabar com capitais e usurários
com generais e burgueses.
Agora sou: só hoje temos e criamos.
Nada nos é alheio. Nossa a terra.
Nossos o mar e o céu.
Nossas a magia e a quimera.
Meus iguais, aqui os vejo dançar
ao redor da árvore que plantamos para o comunismo.
Sua pródiga madeira já ressoa.

(De *Parajes de una época*, 1979)

Abril

Estas folhas que voam sob o céu
querem dizer o idioma da pátria.

Estas aves que aspiram
a lentidão hostil da borrasca,
já sabem que em abril se precipitam
todas as agressões.

Oh povoado em que nasci,
assim te vejo feroz, junto ao mar;
este chão que piso
será o horto magnífico de todos.
E se caímos outra vez
se erguerão os ossos na areia.

Aqui estão nossas almas
no mês imprevisto, em abril,
onde dorme a Ilha como uma asa.

(De *Piedra pulida*, 1986)

Pátria

Esta poltrona guarda dentro dela
os doces ares do violino
e os compassos da caixinha chinesa,
enfim, a melodia do *danzón*
nos entardeceres de domingo.
O perfume de *Brindis de Salas*
ia flutuando também pelo matagal
tremendo como o coração da pátria.

E o corpo
ao fio da água
ao fio do vento,
no eterno signo da dança.

e não somente a ideia.
A liberdade é como outra pomba
voando para o azul
sem medo dos ciclões.

Entrar por estes estúdios rústicos
De estáveis peregrinos
É contemplar a liberdade em alto grau.
Suas mãos tecem a velha alquimia
das pombas mensageiras
e o gesso e os papéis
fundam um novo reino
de máscaras e sonhos.
Amas a liberdade e não só o seu nome.
que liberdade a destas mãos
donas do seu destino.

(Os quatro últimos poemas são da edição bilíngue de
With eyes and soul, images of Cuba, 2004)

Nota biográfica

Havana, 1944-

Uma das vozes mais comovedoras da poesia cubana contemporânea. Nancy é poeta e ensaísta. Publicou seu primeiro livro em 1962: o mais recente é *Elogio y Paisaje.*

Sua obra publicada inclui mais de doze títulos, entre os quais destaco *Richard trajo su flauta y otros argumentos* (1967), *Where the Island Sleeps Like a Wing* – antologia bilíngue (1985), *Piedra pulida* (1986) e *Botella al mar* (1997). Estuda e escreve há anos sobre a obra de Nicolás Guillén. Membro de número da Academia Cubana de la Lengua. A Howard University, de Washington, D.C., publicou um volume de estudos críticos sobre sua poesia: *Singular Like a Bird: the Art of Nancy Morejón.*

AÍDA PÁRRAGA

ROQUE DALTON

ALFONSO QUIJADA URIAS

EL SALVADOR

Aída Párraga

Fantasmas em guerra

Penso nessa guerra
que a todos anos persegue
de tão distintas maneiras.
        "É tempo de esquecer",
        disseram formosas palomas brancas...
Mas, o que sabem as palomas
do sabor do sangue,
        do cheiro do grito em plena noite?
O que sabem?,
se elas amanhecem em seus ninhos
e os homens lá nos barrancos?

Há uma geração
que aprendeu a beijar entre as balas
        que fez sua primeira comunhão
        nos velórios.
Uma geração que se acostumou
à morte,
        ao sabor do sangue,
        ao estrondo de uma tormenta de ódio,
noite depois de noite,
a não ter medo.
        Já não somos os mesmos,
o trovão se calou uma tarde
no palácio dos meninos mártires.
        Findou a tempestade!
Já se podem beijar e fazer comunhões brancas,
        e nós,
        como nos lavamos do cheiro da morte?

#
Quantos mortos são necessários
para entrar nos anais da história?
Quantos caídos na montanha para que os livros
        de Estudos Sociais os registrem?
Não ouço os nossos meninos
falando de Guazapa, nem de Perkin, nem de Sumpul,
        mas sabem como no Vietnã o homem branco
        sofre e sabem do Vietcong
e das selvas tropicais
        e napalm.
Talvez se Oliver Stone tivesse sido um dos nossos.

Te sobrevivi à força de ignorar-te,
me acostumei ao som da palavra morte,
me acostumei,
        o que é pior,
à própria morte.
Te sobrevivi à força de não me inteirar,
tive mais sorte que muitos
        que tampouco ficaram sabendo.
E agora,
a tantos anos,
escarvo esta memória,
        fiel e obediente,
para nela encontrar os rostos que não vi
e me dar conta de
        que, estando a salvo,
não te sobrevivi
        nem me acostumei
        nem te ignorei
e tampouco passei por teus caminhos
sem ficar sabendo.

Desde ontem sinto que me dói
um pedaço de terra...
        é um golpe surdo
        e a um só tempo como uma ferida.
Uma dor profunda
        que com o tempo se agudiza!

Desde ontem sinto
que morre em mim um pedaço de terra

(De *Fantasmas en guerra*, [s. d.])

Nota biográfica

San Salvador, 1966-

Poeta, atriz e jornalista. Prêmio Centro-Americano de Literatura Feminina. Publicou *Fantasmas en guerra*, longo poema do qual fazem parte os versos selecionados.

Roque Dalton

Não exageres

"Não exagero. Sempre houve a possibilidade de dizer:
Isto é maravilhoso, ótimo, genial,
mas sucede que eu não gosto
(do que é maravilhoso, ótimo, genial)."

(Isso é ver as coisas no tempo,
o problema é que para mim só a fúria é a paz.)

Não quero o Anjo da Guarda de sovacos sábios,
mas acontece que tens o complexo mais antigo
o do glorioso
trabalhador da Grande Pirâmide.
Puseste o teu grãozinho de areia
e queres que te deem de presente a cerveja pelo resto
da vida,
exigindo além disso a devida cerimônia.

(De *Poesía trunca*, 1980)

Longe está a minha Pátria

Longe do mundo, longe
da ordem natural das palavras;
longe
a doze mil quilômetros
onde o ferro é casa para o homem e cresce
como uma rara flor enamorada das nuvens;
longe do cristalino, da suave asa do albatroz,
dos escuros muros que blasfemam de frio;
longe, muito longe, onde a meia-noite é habitada
e nos dita a máquina sua voz sobressalente;

longe de onde a esperança já ficou para trás,
de onde o pranto nasce morto ou se suicida
antes de se afogar no lixo;
longe de onde os pássaros odeiam,
de onde te falam de amor fedorentos lobos e te
convidam
a um leito de marfim;

longe de onde os jardins atentam contra a sua beleza
com os punhais que lhes doa a fumaça;
longe,
longe,
longe de onde o ar é uma grande garrafa cinzenta;
de onde todos oferecem terríveis pompas de sabão
e anjos depravados bebem como crianças cínicas
o veneno da apostasia contra todas as auroras
que podem;
longe do murmúrio das máscaras,
longe de onde as desnudas não cegam com a luz de
sua pele;
longe das consolações dos vômitos;
longe da sensualidade do pantomimo,
da ressaca de suas imprecações sem fundo;
longe, terrivelmente longe,
de onde te perseguem pelas ruas os monstros de seda, de onde os bosques
tremem derrotados e fogem
de onde cada chave tem uma porta que a espera sem
sonho;
de onde germina cega a música do outro
e ladram desatadas as maltas do cobalto;
longe, definitivamente longe,
de onde morre o mártir lapidado pela mofa
e o santo é um palhaço que fica calado.

(De *Los pequeños infernos*, 1970)

A memória

Assim eram as tardes de nossa primeira juventude,
ouvíamos *Las Hojas Muertas, My Foolish Heart*
ou *Sin Palabras* no *Hotel del Puerto*
e tu tinhas um nome claro
que soava tão bem em voz baixa
e eu acreditava nos deuses dos meus amigos pais
e te contava doces mentiras
sobre a vida nos distantes países que visitei.

Pelas noites dos sábados
dávamos longos passeios sobre a areia úmida
descalços de mãos dadas num fundo silêncio
apenas interrompido pelos pescadores em suas
embarcações iluminadas,
desejando-nos a gritos a felicidade.
Depois regressávamos à cabana de Billy

E tomávamos um trago de conhaque junto ao fogo
Sentados no pequeno tapete de Lurçat
E logo eu te beijava a cabeleira solta
E começava a percorrer teu corpo com estas mãos sábias
que nunca tremeram no amor ou na batalha.

Tua nudez surgia na pequena noite da alcova
do fogo entre as coisas de madeira
como uma flor estranha e de todos os dons
sempre para me encher de assombro
e me chamar a novos descobrimentos.

E tua respiração eram dois rios vizinhos
e tua pele e minha pele dois territórios sem fronteira

e eu em ti como a tormenta
tocando a raiz dos vulcões
e tu para mim como o desfiladeiro chovido
para a luz do amanhecer.

E chegava o momento em que era só o mar
só o mar com seus peixes e seus sais
para minha sede com seus rubros desejos coralinos
e eu te bebia com a generosidade do diminuído
outra vez o mistério de toda a água junta
no pequeno buraco aberto pelo menino na areia.

Ai, amor e esta é a hora poucos anos depois
em que teu rosto começa a se fazer débil,
e minha memória está cada vez mais vazia de ti.

Teu nome era pequeno e aparecia numa canção
daquele tempo.

(De *Los pequeños infiernos*, 1970)

Missão para me lavar

Nunca entendi o que é um labirinto
até que cara a cara como meu próprio
perfil fisguei no espelho matutino
com que me lavo o pó e me preciso.

Porque assim somos mais do que já fomos
junto à margem do sol alado e fino:

de sangue grade e muro bem-vestidos
de musgo e névoa e rata amados filhos.

(De *Los pequeños infiernos*, 1970)

Nota biográfica

San Salvador, 1935-1975

Acho que Dalton foi combatente revolucionário de nascença. Fervorosa militância política na sua pátria, no Chile e no México. Várias vezes encarcerado em seu país, um dia amanhece condenado à morte pela ditadura de turno. Salva-se e parte para um longo exílio: Guatemala, México, Tchecoslováquia, Cuba. Em 1959 a Universidad de El Salvador o desagrava com o Prêmio Centro-Americano de Poesia. Em 1969, ganha o da Casa de las Américas. Em 1975 regressa clandestino à sua pátria, onde é assassinado.

O meu companheiro não tinha lá grandes motivos de regozijo e, contudo, era de um bom humor contagioso, que se cumpria de preferência pela tolerância às debilidades humanas.

Poeta numeroso, lido e querido em vários idiomas. Seus livros: *La ventana en el rostro* (1961), *El turno del ofendido* (1962), *Los testimonios* (1964), *Taberna y otros lugares* (1969) e *Los pequeños infiernos* (1970).

Alfonso Quijada Urias

A cidade e a poesia

À minha pobreza e a meu ofício peço contas
cada dia, ao declinar meus despertares, toco o
        mistério
de cada uma das coisas deste mundo. Do mar fica
a espuma
solitária e delgada, quase no ar,
meus dedos ficarão vazios, fazendo sinais
e meus olhos de novo se rodearão de escuridão.
Sempre a cidade lá fora, entre as frutas
e o apodrecido cheiro da concha ou a solene angústia
dos hospitais

Toco meu coração para ver a cidade e querê-la com
sua febre,
com sua luz encolhida nos subúrbios.
Abro meus olhos para ver sua miséria, sua pobre
        gente silenciosa
quando a noite declina.
É a hora da luz dolorosa das fábricas
do espasmo e das furiosas engrenagens,
esta beleza desconhecida pelos antigos,
esta cidade formosa e enferma.

À minha pobreza e meu ofício peço contas nesta
        hora.
Hoje a meus vinte e cinco anos de idade,
o solitário,
contemplando a débil luz das fábricas,
ouvindo o grito das parturientes.
Eu, o perseguido, enfermo no cinema,
Eu, o desvelado, o poeta,
Eu, o que não sou e estou em toda parte.

À minha pobreza e a meu ofício peço contas.
Que hino cantarei? Em que batalha combaterei?
Onde estou?
Em que poço?
Hoje escrevo para todos ainda que ninguém me
        entenda.

Que importa se me entendem? Se a poesia sempre foi
terrível,
escura e frágil,
se os poetas sempre fomos inimigos da ordem,
calculadores da bondade?
Oh, abri as portas, deixai entrar a luz.

Toda cabeça enferma

Toda cabeça enferma, todo coração dolente,
não há coisa ilesa senão feridas.
Nada está curado, nem suavizado com azeite.
Nosso país está destruído,
nossas cidades postas a fogo,
nossa terra diante de nós comida de estrangeiros
e arrasada como arrasamento de estranhos.

Aqueles que estabelecem leis injustas e determinando
prescrevem tiranias,
para levar os pobres à loucura.
Quem nos ajudará quando chegar de longe o
arrasamento?
Onde ficará toda a sua glória?
Grita oh porta, clama oh cidade porque virá fumaça
e não restará um só em suas assembleias.

Minha primeira viagem de trem a San Salvador

A Claribel Alegría

De trem a San Salvador, naquele ano, lendo os
itinerários de meu país.
Vendo os montes, as crianças de cócoras,
o policial metido na centina
a mãe na minha frente como Madame Bovary.
Formoso foi meu país visto de trem
com seus mendigos em cada estação, fedendo a
esterco;
e seus rios carregados de cadáveres
correndo rio abaixo.
Foi a primeira e a melhor das viagens.
Mãe mostrava as flores grandes.

Longe riam extenuados os assaltantes de caminhos;
– Alfonso, tu vais gostar da basílica? – perguntava
 minha mãe
e eu sentia a febre das imagens bonitas
do meu país.
Ali nos negros assentos
onde viajavam os cegos que roubavam o pão.
No mesmo vagão que chegaram os guardas do 32
(e fizeram merda na zona ocidental)
e onde eu viajei naquele ano
 lendo os itinerários do meu país.

Nota biográfica

Quezaltepeque, 1940-

Poeta e narrador. Publicou *Poemas* (1967), *Los estados sobrenaturales y otros poemas* (1975) e *Fundación de poetas* (1980).

GONZALO ESCUDERO

JORGE CARRERA ANDRADE

JORGE ENRIQUE ADOUM

EFRAÍN JARA IDROVO

MARGARITA LASO

MARÍA FERNANDA ESPINOSA

CARMEN VÁSCONES

EQUADOR

Gonzalo Escudero

Geografia iluminada

Te desnudei
como se desnuda uma chama de álcool
entre os dedos de uma pluma,
sem outro itinerário além de teu soluço.
Quem leu teus assombros
nos dardos das tuas sobrancelhas?
Volta do mundo pelos hemisférios
fragrantes de teus peitos
para o descobrimento de duas ilhas gêmeas.
Esqui do tato
no cume nevado do teu tato.
Braços peninsulares do gozo.
Dentes exploradores do Congo de teus cabelos.
Pirataria rubra, tua língua
nas baías do veneno.
Istmo de continente de jade
entre um mar branco e um mar negro.
Crescente de topázio nos rios,
estuário ametista de tuas veias.
Catarata do Niágara de teu grito no vento.

Fadiga, vapor de água nos olhos,
a bruma no desgosto dos céus.
Nada passou no polo,
prisão de timbale
onde um suspiro pode cegar um pirilampo.
Inutilidade aos espelhos,
Se tuas unhas revertem imagens de gelo,
Onde se apaga o sol da meia-noite
Até na madrugada boreal do teu corpo.

(De *Altanoche*, 1947)

Contraponto

1.
Ah, como e quando pelo acaso puro
encontraram-se o pássaro e a onda.

Onda de pluma, o pássaro maduro,
e pássaro de espuma é funda a onda.

Quebrada a voz, ficou o arpejo escuro
no registro do mar dentro da concha.

De oceano como do céu, contraponto,
onda rachada, pássaro defunto.

2.
Ribeira de eco e litoral de espuma,
Pássaro de onda pelo azar desfeitos.

Mas a menina ao vendaval assoma
de noz e madrugada os frugais peitos.

E já a adornam brasa de palavra
delfins com oceânicas avencas.

E se desnuda em cânticos e cobre
pássaro e onda, água de mar salobre.

3.
A solidões unidas se abraçaram
um anjo e um mostrengo descendidos.

À menina de nardos se aderiram
as algas de seus ecos desprendidos.

As plumagens de névoa já rompidas
por fantasmas de névoa confundidos.

Cítara de perfume no lamento,
e a menina sozinha com o vento.

4.
A sereia de sal e gelo areado
pousada está na flor de seus amares.

Que não a leve o sopro do vilão
pelas alturas de seus fontanários.

Que não quebre a espiga de sua mão
a embriagada gárgula dos mares.

Já emudecida a harpa do soluço
a menina sozinha com seu gozo.

5.
A menina, não virgem, perturbada
com o gozo do anjo e sua bruma.

Metade rouxinol, canto imantado,
pássaro inquieto e bombordo de espuma.

Onde de noite e mel, acompassada,
outra metade em costado de espuma.

proa ancorada em médano delgado,
a menina sozinha com o vento.

6.
Já colina de amêndoa no repouso
já guitarra toda olor no olvido.

Que já se gela em seu ar temeroso
a clepsidra de tempo consumido.

E se rendeu ao rastro vaporoso
seu talo de onda e pássaro inteiriço.

Ah, morte, capitã só de cantares,
nua a menina entrou em teus lagares.

7.
A menina em seu cântico desnuda
entrou: nácar em chispa de inocência.

Alta e adornada como torre aguda,
a arquitetura de sua transparência.

Desde então já se desnuda a pérola
e empalidece toda refulgência.

Orvalhado o fulgor de sua corola
a menina na sombra ficou: só.

(De *Matéria del ángel*, 1953)

Quarto movimento

Devolve-me a brasa
de seu corpo desnudo,
submissa e fragrante
guitarra das coxas.
    Quando seu continente
    de puros litorais
    cingiu sua terrestre
    vestidura de fruto?
Ah, balada ligeira
de brasa e corpo juntos,
convalescido o gozo
à verdade do fumo.
    Já está, limite exato
    de solidão, o muro
    apagando fogueiras
    dos últimos luzeiros.
Acaba a fogueira
e o amor inconcluso,
enluta minha rosa
com mármore defuntos.
    Guarda-me com a chave
    do coração profundo
    a máscara de argila
    dentro da arca do musgo.

(De *Memorias de la transparencia*)

Nota biográfica

Quito, 1903-1971

Poeta de todos os dias, infatigável, trabalhou até as vésperas de sua morte. Os seus últimos poemas só apareceram em edição fac-similar, em 1983. Socialista desde a juventude, como Carrera Andrade, foi diplomata e homem público. *Helices de huracán y de sol* (1947) é a primeira obra fundamental de Escudero. E *Altanoche* é livro de poeta maduro, com encantadora e segura simplicidade dos versos bem torneados, através dos quais a claridade revela faces ambíguas e cativantes. Sua metáfora era polida com esmero de joalheiro. *Estatua de aire*, *Materia del ángel* (1953), *Autorretrato* e *Réquiem por la luz* consagram a altura do poeta equatoriano. Sua obra foi reunida em *Poesía*, pela Casa de la Cultura Ecuatoriana.

Jorge Carrera Andrade

Biografia para uso de pássaros

Nasci no século da defunção da rosa,
quando o motor já havia afugentado os anjos.
Quando via avançar sua última diligência
e à sua passagem corriam em boa ordem as árvores,
as cercas e as casas das novas paróquias, no umbral do campo
onde as lentas vacas ruminavam em silêncio
e o vento esporeava seus velozes cavalos.

Minha mãe, revestida de poente,
guardou sua juventude numa funda guitarra
e só em algumas tardes a mostrava aos filhos,
envolvida entre a música, a luz e as palavras.
Eu amava a hidrografia da chuva,
as amarelas pulgas da macieira
e os sapos que faziam soar três vezes
sua gorda cascavel de pau.

Sem cessar manobrava a grande vela do ar.
Era a cordilheira um litoral do céu.
A tempestade vinha e, ao bater do tambor,
investiam seus molhados regimentos;
mas, logo o sol com suas patrulhas de ouro
restaurava a paz agrária e transparente.
Eu via os homens abraçar a cevada,
uns ginetes submergir no céu
e descer a costa perfumada de mangas.
Os vagões carregados de mugidores bois.

O vale estava ali com suas fazendas
onde a aurora entregava sua prenda de galos
e ao oeste a terra onde ondeava a cana-de-açúcar seu pacífico pendão,
e o cacau guardava num estojo sua fortuna secreta,
e cingiam, o abacaxi sua couraça de perfume,
a banana desnuda sua túnica de seda.

Tudo já passou, em sucessivas ondas,
como as inúteis cifras de espuma.
Os anos vão sem pressa embaraçando seus liquens
e a lembrança é apenas um nenúfar

que assoma entre duas águas
seu rosto de afogada.
A guitarra é tão só um ataúde de canções
e se lamenta ferido na cabeça o galo.
Emigraram todos os anjos terrestres,
até o anjo moreno do cacau.

(De *Biografía para uso de los pájaros*, 1937)

Homem planetário
(Três fragmentos)

Eternidade, te busco em cada coisa,
na pedra queimada pelos séculos,
na árvore que morre e que renasce, no rio que corre
sem nunca voltar.
Eternidade, te busco no espaço,
no céu noturno, onde voga
o luminoso enxame,
na alvorada que volve
todos os dias e na mesma hora.
Eternidade, te busco no momento
disfarçado de pássaro,
mas que é gota de água permanente
que cai e se renova
sem jamais se esgotar.
Eternidade, teus signos me rodeiam, mas eu sou
transitório:
um simples passageiro do planeta.

XVI.

Sou homem, mineral e planta ao mesmo tempo,
relevo do planeta, peixe do ar,
um ser terrestre, em suma.
Árvore do Amazonas minhas artérias,
minha fronte de Paris, olhos do Trópico,
minha língua americana e espanhola,
ombros de Nova York e de Moscou,
porém fixa, invisível
minha raiz no solo equinocial,
nutrindo-se das águas dos rios
e do sangue verde que circula
pelo frágil, alado corpozinho
do papagaio, professor de ortologia,

do gafanhoto e do beija-flor,
meus íntimos aliados naturais.

XIX.

Um dia virá mais puro do que os outros,
estalará a paz sobre a terra
como um sol de cristal. Um fulgor novo
envolverá as coisas.
Os homens cantarão nos caminhos,
livres já da morte dissimulada.
O trigo crescerá sobre os restos
das armas destruídas
e ninguém há de derramar
o sangue do seu irmão.
O mundo todo então será das fontes
das espigas, impondo o seu império
de abundância e frescura sem fronteiras.
Somente os anciãos, pelo domingo
de sua vida aprazível,
vão esperar a morte,
a morte natural, fim de jornada,
paisagem mais formosa que o poente.

(De *Hombre planetario*, 1957)

Homem de qualquer terra

Homem de qualquer terra ou meridiano,
te ofereço minha mão.
Nela te dou o sol americano.

Teu dou a brava pluma
do condor, a chispa ágil do puma,
selva e montanha em suma.

Te dou a geografia
vasta e azul do dia
concentrado na fruta da ambrosia.

Te dou novo tesouro:
a pimenta e o touro
e a cúpula de ouro.

Te dou vulcão e rosa,
a clave dessa gente misteriosa
que em vasilhas repousa.

Minha mão é a de oleiro
solar, de navegante, missionário
e livre guerrilheiro.

Mão de construtor de um continente,
mão de teto e de ponte
e alfabeto de amor pra toda gente.

(De *Hombre planetario*, 1957)

Nota biográfica

Quito, 1903-1978

Poeta, prosador, diplomata. Homem comprometido com a vida não apenas de seu povo, mas com a de qualquer homem que vive neste lugar chamado Terra. Por isso mesmo publicou dois livros com o mesmo título: *Hombre planetario* (1957 e 1959). Começou com *Microgramas* (1926), depois veio *Rol de la manzana* (1928), *Biografía para uso de los pájaros* (1937) e *Vocación terrena* — que reúne seus últimos poemas (1972).

(O leitor que me dê um parêntese: certa manhã dos começos de 1952, um homem alto, robusto, elegante, me procura na redação de *O Globo*, jornal em que eu mantinha uma coluna diária. Era ninguém mais, ninguém menos, do que Carrera Andrade, poeta já consagrado e querido, inclusive por mim, menino que aprendia a soletrar os fonemas castelhanos encantados. Queria que eu o levasse a Manuel Bandeira, de quem me sabia amigo. Não me fiz de rogado. No mesmo dia o nosso bardo o recebeu e se surpreendeu: ele queria uma palavra de apoio ao Equador na disputa que seu país mantinha com o Peru por uns pedaços de chão fronteiriço. Bandeira disse que dava ao Equador e dava também ao Peru, com sua sonora gargalhada de permeio. Carrera Andrade saiu feliz com o *Estrela da manhã* de presente.)

Jorge Enrique Adoum

O amor desenterrado

(fragmento)

Eis aqui a velhice amargamente lúcida, tristemente
impassível,
ao passo das ancas que, na eclosão do verão,
antes podiam te arrastar deslumbrado até o inferno.

Eis aqui a velhice que estira a vida um dia cada dia,
como se o corpo fosse o mesmo de anteontem
e se contempla sem compaixão nem ódio as bielas
já gastas
e a carne presa em cárceres de sonho e de camisa.

Para que querer viver só para sobreviver
sem poder obstruir as fissuras de nossa própria
estátua
trincada ao conduzi-la do paraíso onde, desnuda,
duplicada,
era seu orgulho submeter-se aos códigos carnais.
Mas a proximidade da última greta acolhedora,
essa consciência de pré-cadáver, o que dá no mesmo,
nos dá inveja, porque não ressuscitamos a tempo
o amor apegado à morte,
condecorando-se um ao outro,
e os dois se merecendo.

(De *El amor desenterrado*, 1993. A tradução do longo
poema é de Maria Aparecida Gori Maia.)

Elegia a si próprio

A idade se converteu numa doença venérea
e quase uma covardia: anos e anos
desperdiçados em durar, muito tempo debruçado
sobre a dúvida, os dentes gastos
pelos beijos e de tanto falar, nos olhos
um asno de álcool frequente. De repente achas
que para o último episódio, o único
deste western selvagem e eletrônico
em que afinal vão ganhar os peles-vermelhas,

não basta a feroz dignidade de teus testículos
se não estás com todas as tuas molas vivas
e não te basta, como antes ou aos outros,
ir recolhendo assinaturas com tua profecia nem o covarde
heroísmo dos solitários em viciosas
sessões de princípios, nem te consola
dizer ao coração que ao fim e ao cabo
te protesta: Estás vendo, músculo voluntário,
vestido de folharal, o resto seria brincadeira:
diriam que é o inimigo quem me envia. Então ficas
anacrônico e filho de vizinho,
em tua cadeira de rodas, ao caralho o James Bond,
com teu fígado mal e tua aspirina
conjugal inútil, e teu decoro
tem uma dor de cabeça
respeitável, urbana, incorruptível.

Velório de uma excepção

Procuro agora o rosto que imagino tiveste
antes de que eu te nascera para me sobreviver-me
teu gemido parecido a meu nome debaixo da minha boca
teu cheiro de tigresa copiado por minha camisa
Já somos nada mais que o resto que cabe em nossos limites
depois das doze noites de animal desmesura
e deixamos que nos queiram, nos devorem de costas
os amargos gaviões da memória
Chamo de novo à porta do teu traje
mas não resta dentro ninguém que me abra
nenhum rancor que prove que talvez nos amamos
sinal provável de que teríamos existido
Acaso alguém nos sonhou e despertou sem nos prevenir
e nos deixou de golpe assim desencontrados
luva que por quê te encherá a mão a mãos cheias
e eu por que parassempremente já semtigo.

Capítulo de novela

Bato na porta.
— Quem é — pergunto.
— Eu — respondo.
— Entra — digo.
Eu entro.

Me vejo como fui faz tempo.
Me espera o que sou agora.
Não sei qual dos dois está mais velho.

Nota biográfica

Ambato, 1926-2009

Figura de proa da poesia latino-americana. E também da prosa. O saudoso equatoriano é romancista de primeira água, o seu *Entre Marx y una mujer desnuda* está aí, uma edição atrás da outra, para me dar razão. De proa, de prosa e de luta: desde jovem Jorge está na linha de frente no combate à injustiça, à miséria, à ignorância que mancham a vida de nossa gente. Querido na sua pátria, viveu muitos anos longe dela. Viveu uns tempos no Chile, onde ganhou o apreço e a intimidade de Neruda. Durante anos, alto funcionário da Unesco.

Efraín Jara Idrovo

Saudade e ato de amor

Voltava de me golpear o coração com as certezas,
quando me dei de alma e genitais
contra o teu corpo, que é o sentido do sentido,
o ponto de incidência em que a duração
reabsorve sua sombra e permanece
(substância de pétalas
sonho de cristais
acumulou a perfeição de teus seios
seios cimas do gozo
recifes onde se enardece a espuma do delíquio
pequenos como cruzes humildes nos cemitérios
suaves como a pele dos gatos siameses
sensíveis como a balança de precisão
majestoso abrir-se da cauda do pavão nas cadeiras
recorta a cintura, o perfil intrépido do jorro d'água
o perfil da coluna
o álamo
e o relâmpago
o pequeno redemoinho de doçura do umbigo
as nádegas magníficas
como as cúpulas onde se aninha a soberba
teu sexo de cratera de vulcão
de fundo sem fundo da vertigem
sexoacesso
sexobeso
sexoexcesso
greta da eternidade ou cicatriz do raio
teu sexo fascinante e voraz como as anêmonas
marinhas
teu sexo cheira a cova de leopardo).

Extraviado como girassol na noite,
vinha de renunciar às interrogações,
empapados os ossos em deterioração da espécie.
Na corrente vertiginosa de tua desnudez
compreendi a dialética do tempo:
nos redimimos da fatalidade das cinzas,
não nos evadindo da corrosão do movimento,
senão acelerando a velocidade...

Três designios em intensidades agudas

sua paixão
sua posição
(suposição)
    minha posição

sua paixão
sua pressão
minha precisão
    minha supressão

sua paixão
sua missão
sem remissão
    minha submissão

Círculo fatal

do forte é a sorte
a sorte do forte
a morte é a sorte
a morte do forte
a morte morde
morde a morte
morde a sorte
a sorte morde
forte morde a morte
a morte morde a sorte
a morte morde forte
a sorte da morte do forte
a morte é a sorte do forte
a morte da sorte do forte
a morte morde a sorte do forte
a morte do forte morde a sorte
sorte da morte
morte da sorte
porra!
e não há etcetera
    não há etcetera

Nota biográfica

Cuenca, 1926-

Professor de Linguística. Trabalha com diversas formas de expressões formais e semânticas. Sua obra: *Carta en soledad inconsolable* (1946), *Tránsito en la ceniza* (1947), *El mundo de las evidencias* (1980) e *Alguien dispone de su muerte* (1988).

Margarita Laso

Um ceibo que cuida o horizonte
tem menos orgulho
que o que margeia tuas pernas

um ceibo em tuas pernas africanas
matará meu desejo
a cadeira range como um caranguejo

um rangido na pinça de meus ossos
matará meu desejo

trago de ardente água
um ceibo te cerca os rangidos
uma marca de fuligem

as penugens e os tornozelos
e um *x* que enrosca minha cintura

um x matará meu desejo

(De *Erosonera*, 1991)

Batista empunha os cabelos de minha nuca
e a corda do pescoço subjuga
    fragoroso

hidráulica a jugular bombeia seu cauce
e passos de pestanas
    roçam meus zigomas
como velozes pisadas de perdizes

bucéfalo bramante
os lábios estende
sobre o trilho perpendicular de minha coluna
cepo de bíceps ameaça quebrar-me
    as costelas
e perto de minha boca suas mordidas
    são uvas maduras
prende-me
    batista

crótalos vertebrais
bailam descalços
            sob teu bracelete
            e ao poço de minha clavícula
vão as amoras encarnadas
    que sorves

beija a areia sobre a qual deitarás
    minhas costas
captura dos peitos os pistilos
que em teus belfos acumulas
animal das chamas

batista bárbaro faminto
na madrugada cais com minhas queixas
me vais separar
    me vais separar
            me vais separar

(De *Queden en la lengua mis deseos*, 1994)

O ARCO DE CARNEIRO DE MINHA LÍNGUA NÃO TE SUSSURRA

tua cabeça iluminada pelos instintos escuta sua
estela de saliva

nos raudos comandos de nosso trapézio
esta pélvis é forquilha que leve retém meu sexo em
tua boca

tu és um bosque de cipós e um balanço mortal
ao tato de minhas coxas quando tuas
os roçares de teu anverso e teu reverso parecem
iguais como numa rosa

e tua boca chimpanzé das areias
músculo desaforado que agita um coco

descobre água dentro dele
e o destripa

rosa inversa também de tua boca bebo
            beijo tua carne de anjo ilícito

tu me chamas só duas vezes
    margarita
margarita
tua voz se desvia nesta carpa
arde a rede de nosso trapézio
    a forquilha voa
sei amar
sei amar!
    digo
ainda que me esqueças

    sei amar

Nota biográfica

Quito, 1963-

Poeta, compositora e cantora. Publicou *Erosonera* (1991), *Queden en la lengua mis deseos* (1994). De seu mais recente *El trazo de las cobras*, diz Cecília Velasco que Margarita "(...) protagoniza um salto transcendental, tanto em sua trajetória, como no contexto da literatura do Equador". A autora escolheu os poemas.

María Fernanda Espinosa

Loba triste

Guarda o luto debaixo do braço
como pão ou jornal
é a loba mais triste do mundo
tem um testamento não escrito
que conta seus legados
a sensação do musgo
as dobras do vento e seus cantos acústicos
deixa tudo
a manada desfeita
os filhos
bordeja o precipício
é loba triste
fica de luto
pelos pássaros do páramo que não estão
ou estão apenas em matas incultas e secas
que perdem folhas
se coçam até sangrar
albergam insetos e ferrões
loba triste conversa com os mortos
se olha em seus espelhos
desaparece

(De *Loba Triste*, 2000)

Fome

Fome
de ovelha africana
fome que rói os vasos de argila
vazios
somente pó
forragem de ácaros e grilos
comer o que se mova
formigas
vermes secos por exemplo
moscas voando ao redor dos narizes salgados das
crianças
gazelas frágeis devorando mamilos ressecados
onde está a água?

as árvores da castanheira e do baobá?
nem sombra nem nuvem
morre seco o rio Níger
morrem de espanto as mulheres tísicas
os homens em suas abóbadas
esperam a luz de boca para o céu.

Panteão lavado

Tormenta tropical
a água e seus haréns
como tremem de pânico!
como se agitam renegados!
ninguém salva suas peles ou seus trapos
os que correm tropeçam em látego de fogo
arrastam-se musas e sereias
reptam os símios
a tempestade tropical não é metáfora do caos
no barulho tudo tem seu lugar
tudo se instala
se fixa
se ordena
abrem-se as comportas
a floresta é panteão lavado
as mulheres reclamam abandono
não dormem elas
na vigília
café
orações
bolachas de mandioca
levam a roupa e os pés de lodo
a roupa e o torso desnudo
falam com acento parece
ninguém entende seus gemidos
os corpos jazem em oleagem carnívora
a tormenta tropical não é o caos
limpa seletiva
deixa que grasnem os pavões
voa com os que podem
se o ar se permite
se presta o vento

Gaúcha

Gaúcha quer dizer órfã
ou sem filhos o que dá no mesmo

chicote nas éguas sem amansar
mulher que foge das confrarias
se limpa dos ímãs
caminha descalça sobre os cardos
sangram seus pés porém não seu desejo
tem um jardim adormecido debaixo da pele
é égua ou mulher nunca redomada
veste apetite e sede
em outras línguas
gaúcha é um rio enorme
que sela o infinito

A memória é
        o último tato
        o primeiro beijo
    o monte intacto
o sol que sai por partes
        o estupor dos papagaios
    sem ramos para pendurar-se
e um vértice de pássaro
    que não é pomba
é *hoatzin* com crista e tudo
    plumiparada plumirubra
que silva desde o tórax clavicórdio
        a memória é
    o cortejo dos albatrozes
com orquestra de bicos e dança de ventres
ou o corpo diverso do peixe-boi
é uma história de mandioca e milho
o conto de meus olhos japoneses
a boca duplamente larga
para beijar
te beijar
os pômulos simétricos
tuas palmas
duplamente boca
duplamente amor que não volta
desmemória

(De *Loba triste*, 2000)

Nota biográfica

Salamanca, 1964-

Equatoriana nascida em Salamanca, Espanha, 1964. Poeta, cientista, faz televisão. *Caymándote* (1991) e *Tatuaje de selva* (1992) são seus primeiros livros. De 2000 é *Loba triste*.

Já consagrou mais de dez anos de sua vida ao estudo e aos cuidados da floresta amazônica equatoriana. Ph.D. em Geografia Ambiental pela Universidade de Rutgers. Mestre em Ciências Sociais com menção em Estudos Amazônicos. Autora de admirável ensaio intitulado *Ecología de la Liberación*. Prêmio Nacional de Poesia (1990). A palavra poética de María Fernanda está impregnada de signos. Pedra encharcada.

Carmen Váscones

A felicidade não tem forma

A felicidade não tem forma no meu corpo
levo os limites do crime no meu sangue
a tristeza do meu engenho se parece
a um brinquedo de pura brincadeira.

Reparo na minha fantasia a carência
anunciadora do gozo.

Luxúria divina aniquila a minha ficção.

Divago meu porvir
nos talos da escultura
Celebro meu inferno errante
nas rochas de uma realidade

Tirei da dor sua fissura remordida
em rompentes da infância.

(De *Aguaje*, 1996)

A frustração me turva

A frustração me turva
como um menino com fome
em qualquer espaço
da terra

De que cor será a esperança
nas regiões onde sempre
goteja a guerra?

A que sabe a alegria
de uma criança mutilada?
Liberdade és homem ou mulher
saindo de uma vez por todas
da emboscada do corpo?

Sinto uma tristeza filial
desarmada num parque sem brinquedos.

Deus que forma tens do humano
se isto já nem sequer parece
um animal racional?

Sigo esculpida

Sigo esculpida de humano
até nos meus sonhos
que não chegam.

Sou manda desnuda
despojando o amor
na glória do corpo.

Toco ardente ressurreição
do criador
assalto gozos unigênitos
me abandono à sua hombridade
como na última ceia
rompo as moedas da morte
e beijo a cabeça do batista
choramos
calo a harpa.

Desfaço a dança de Salomé
que corre para brincar no jardim
com ela mesma
entro na cabeça do rei
e a deixo sem ele.

Vou ao sepulcro
te unjo de amor e fé
acalmo tua dor com histórias de princesas
cubro teus medos com gestos de minhas gemas
encho teu abandono com lances de ronda
acabo tua solidão comigo
abraço tua angústia até não poder mais
faço da escuridão
um poço da aurora.

À sua túnica incrustei escamas
plâncton e restos de estrelas
suas feridas cobri com minhas salivas
acalmei sua sede com meu colostro
minha língua lambeu sua agonia

minha mão junto da dela
venceu o incrédulo
que levamos dentro
nossas palavras derrubaram
sua única pedra.

Retomas a parábola
eu o verso
mistério de teu ser
e o meu
prometidos estamos.
Tateamos pisadas
saímos em correrias

Parecíamos bandidos
roubando a todo pulmão
o vento
que nos transportava
outra vez
a passo lento
à única terra
que foi testemunha
que estivemos.

É possível?
Ele teve inocência.
Em comparação, eu
careço dela.

Paixão se dissipa

A paixão se dissipa
no pólen febril
de teus lábios
depois de haver sido
tocados pela dança
do colibri.

Evidencia a desnudez da flor
aprisionando em seu cálice
a conspiração do canto.

Na frescura da altura
a cumplicidade eterna do pistilo.

Nota biográfica

Guayaquil, 1958-

Filha de Guayaquil. Poeta e psicóloga. Publicou *La muerte un ensayo de amores* (1991), *Con/fabulaciones* (1992) e *Memorial aun acantilado* (1994). De *Aguaje* (1996) são os poemas aqui reunidos. Tem inéditos contos e poemas para crianças.

LUIS CARDOZA Y ARAGÓN

OTTO RAÚL GONZÁLEZ

OTTO RENÉ CASTILLO

GUATEMALA

Luis Cardoza y Aragón

Lázaro

Eu fui, Senhor, o teu Adão.
O pó anuncia a tua verdade. Deus meu.
Não reprimirei minha boca.
Falarei com a soçobra do meu espanto.
Sou o gemido último
    daquele que a luz viu por vez primeira.
E há que inventar tudo
    com orgias por ninguém compreendidas.

Eu já estava aí, muito antes do que o mundo,
    muito antes que o azar e que sua música,
    vagabundeando dentro de um diamante
    num tempo de raio que perdura.

Comecei a vomitar
    a miséria do mundo,
    com um furor imundo
    e pedregosos soluços de cavalo.

Naufragou a Beleza
  e fugiram as cores
  numa noite brutal de luz extrema
Do espaço desolado com cal viva.
Não morremos a morte e sim vivemos.
E de um Caim, Senhor, foi teu destino.

Eu fui o teu Abel, Senhor, fui o teu Abel.
Nenhuma culpa tenho de estar vivo.

Como um delírio me tentou o suicídio,
  que, sim, pude romper me abandonando
  à sorte de minha segunda morte.

Eu não estava só.
Estava comigo
    e vestido de honra e formosura.
Louvava minha alma a aurora que me canta,
    entrava em mim mesmo

de tal modo que não fui mais do que umbigo.
Hino de sol, ode de abismo.

Não todos os homens sonhamos os mesmos sonhos?
Aquele velho mendigo e aquele corpo que foi belo
sonharam coisas prodigiosas e simples que os
sobrepassaram.
O mais miserável menino sonha ser príncipe
do grande império assírio.
Abatidos são pelo mesmo sol, o mesmo vento
embalando as folhas
de olivos de Betânia.
Tu crês que é noite, e não há dia seguinte.
Acaso houve ontem?

O Tempo é invenção da vida.
Conturbado te dizes: "Ah, que linda manhã!".
Vendo o ardor da grama e as árvores
tão altas que parecem se desprender do azul.
E sim sabes por que recordas os teus mortos:
sonha o teu instinto alerta como chama
nunca vencida,
que se encrespa vívida
por um cristal, um cacho de uvas,
cada dia que passa vais nascendo,
um pouco mais rumo ao nada.

E quanto rir ainda te falta,
quantos frutos te restam por cortar.
Quantos sonhos te restam por armar.
Com liberdade de azul, que é feitiço do céu.
E está chegando a tua Rainha de Sabá
dando à tua rosa instantes infinitos.

Tudo é amor e morte e melodia.
Roer. Teu céu, e também a Tua solidão.
Tudo é do Tempo inválido reproche.
Uma é a vida e morrer é uma
mesma flama amante,
e com meu coração eu meço a noite.

Quero a ultralucidez do anjo.
Meditar e sentir igual ao fogo,
cantar como as árvores e a água
e ter a memória dos pássaros.

Ébrios de céu voltam a seus primeiros lares.
Não quero porém ser como as pedras,
    de profunda matéria de olhos mortos,
    que de pronto se abrem em diamantes
    onde a luz se golpeia em sobressaltos
    e são nada mais que silêncio e esponjas de reflexos.

Trânsfuga salamandra da morte,
    eu sinto a vergonha de estar vivo.

Fui arrancado como dente podre,
    amei a vida e mais amei a morte.

Ia fundar minha casa sem penumbra,
    a casa da luz e da alegria.

A não ser mais cego Narciso tímido e Sísifo
    impotente,
    longe dos ciprestes, cantando entre papoulas.

Era Ícaro de fogo ou hino de tormenta
    na tromba acesa de tua Rosa imensa.

Agora sou apenas o capitão
    com espada difusa e sem navio.

Uma harpa já sem cordas.
Uma nuvem sem céu.

A Via Láctea era o rio de pirilampos dos astecas
    como esse rio de luzes quero seguir vivendo
    não na memória de alguém,
    não no desejo, mas na paixão
    que tudo esmaga até ficar sozinha,
    como furacão suicida, como mar hidrófobo.

Senão neste corpo meu seguir vivendo
    senão nos seres vivos e nas coisas reais
    senão em meu corpo que é a própria existência
    no absoluto do meu delírio de lírio,
    sou o júbilo, avanço como um grande aguaceiro,
    esquecido de tudo,
    menos de meus lábios elétricos,

como aspas jubilosas por teus mármores,
de meus desnudos pés que amam beijar a terra desnuda
de meus braços nostálgicos eternos de cinturas.
Sou apenas uma criança de excessivos anos.

Já estou no Espaço sem Tempo
já estou no Tempo sem Espaço.

Então, só então
(fragmentos)

1.
Sonho. Lua. Vento. Areia.

A morte é companhia:
uma presença sem oco,
compacta de alegria.
Oh solidão de ausência
móvel areia do rio:

Nem no sonho.
Nem na vida.
Nem no que já não volta.

Só, sem solidão por companhia.
Sonham comigo a lua, o vento e a areia.

Onde é que estou, amigos?

5.
Eu canto porque não posso evitar a morte.
Porque lhe tenho medo, porque a dor me mata.
Eu a quero já como se quer o próprio amor.
Seu terror necessito, seu osso limpo e seu mistério.

Cheio do fervor da macá e sua corrosiva fragrância,
luxurioso como um homem que só tem uma ideia,
angustiadamente carnal, como a própria morte devorante,
eu me consumo ganindo a traição dos deuses.
Solidão minha, oh morte do amor, oh amor da morte,
que nunca há vida, nunca, nunca! mas só agonia.

Em minhas mãos de lodo geme uma pomba
resplandecente,
porque o amor e o sonho são as asas da vida.

O ar me dói. Me oprimem tuas mãos absolutas,
rubras de beijos e relâmpagos, de nuvens e
escorpiões.
solidão das solidões, eu sei que é triste todo olvido,
mais triste ainda é toda lembrança, e ainda mais
triste toda esperança.

Porque o amor e a morte são as asas da minha vida,
que é como um anjo perpetuamente expulso.

7.
Em tuas praias de amargo frenesi devorador,
cheias de noturnos lírios de estupor jacente,
meu coração, sombrio e definitivo,
morrendo de sede e de verdade,
transborda em tuas mãos infinitas.

Te amo como se foras
minha eternidade sem limite possível,
toda a ternura proibida da terra,
minha inefável morte,
veraz como tuas coxas de amargura
e a ausência sem nome do teu beijo.
És ilha sem rumo, desterrada,
já quase submersa pela minha lunar maré.

Já sempre quase póstuma, concreta como um mito,
oh, fogo murmurado, opaco, tolerável!
espaço arrependido de infinito.

Com avidez de náufrago
como única verdade, primeira e última,
sigo tuas claras pegadas, luzeiros de terra.
E já não te posso amar sem soluço nem ira,
sem minha dor de pássaro,
tenaz, amargo topo dos céus,
e sem te dar minha vida.

Oh mulher vegetal, oceânica e celeste,
maravilha de escórias acendidas,

já quase sempre morta,
já quase sempre viva,
desnuda de verdade primeira
e sempre de si mesma suficiente

(1933)

Nota biográfica

Antigua, 1904-1992

Uma das mais altas vozes da poesia latino-americana. Muito do gosto de Otto Maria Carpeaux, que me repetia de vez em quando este verso de Aragon: "*Porque el amor y la muerte son las dos alas de la vida*".

Deixou vários livros. Um deles, póstumo, *Lázaro*, único e largo poema comovedor, construído com palavras ardentes, que nos deixa a imagem de um homem que, guiado pelo amor e pela inteligência, entendeu que o maravilhoso não passa de um milagre cotidiano.

Algumas estrofes desse poema darão ao leitor o sinal da brasa que ardia no coração de Aragón.

Entre os seus livros estão: *Luna Park* (1923), *Maelstrom* (1929), *La torre de Babel* (1930), *Catálogo de pinturas* (1934), *El sonámbulo* (1937), *Guatemala, las líneas de su mano* (1955), *Orozco* (1959), *Quinta estación* (1974) e *Lázaro* (1995).

Otto Raúl González

Voz e voto do gerânio
(fragmentos)

Domínio

Gerânios e gerânios e gerânios;
que teus olhos não vejam
nada mais que gerânios;
que teus dedos não toquem
mais do que gerânios;
e tua língua diga
unicamente gerânios.

Planuras e planuras de gerânios,
baías e baías de gerânios,

cascatas e cascatas de gerânios:
a terra toda plena de gerânios.

A música crescida de gerânios,
estatuárias construídas de gerânios,
arquiteturas feitas de gerânios:
toda a alma em plenitude de gerânios.

Signo do gerânio

Passou triste o cavalo do mascate
sob a chuva que apagava
seus traços na noite.

E levava um gerânio no seu peito.

O operário passou, sozinho e cabisbaixo,
todo suado,
rotos os sapatos e a alma.
E levava um gerânio entre os olhos.

Passou a nave azul das vogais,
a jovem professora da escola.
E levava um gerânio entre os olhos.

Vainumio

Vainumio é o cavalo sem cabeça,
a boneca com vísceras de trapos,
o pião, os pedregulhos, as bolinhas
que a escola do tempo
varreu do nosso pátio.

Vainumios os cabelos das fadas
e a espada dos príncipes
que reduzia os dragões ferozes
à triste condição de zeros à esquerda.

E é de cor *vainumio* a primeira
letra obtida com indócil mão
no roto caderno da escola;
e as vogais são também *vainumias*
assim como a frase inesquecível
que lemos pela primeira vez
sem precisar de ajuda.

Toda essa luz da infância perdida
é *vainumia* e já somente em sonhos
é que podemos vê-la.

As donzelas

Uma donzela deitada é um continente virgem
Ou um inviolado bosque rodeado de mistério.

Nos seus cabelos há pássaros iluminados
como na margem dos rios sagrados,
a cabeleira de árvore-da-noite-triste.

Um enxame de beijos treme sobre o seu rosto
como as abelhas sobre o rosto do nardo.

As mãos, onde aprende caminhos a fragrância,
recordam os antigos incensários de barro.

Os ombros têm a suavidade das samambaias
e o brilho dos astros anônimos e puros.

Resvala nas ancas de opulentos contornos
o perigo de seda de panteras-negras.

O mármore desvaira colunas nas coxas
e o ônix se enlouquece de límpidas arcadas.

Nos pequenos lagos atrás dos seus joelhos
as libélulas sopram as flautas dos lírios.

E nos tornozelos de ouro a música revive
o espectro remoto de danças primitivas.

Imóvel e desnuda é sagrada como os bosques.

Nota biográfica

Cidade da Guatemala, 1921-2007

Poeta, ficcionista, dramaturgo. Muito jovem exilou-se no México, perseguido pela ditadura de Jorge Castañeda. Fundador da revista literária *Acento*, foi um dos principais nomes da sua geração. Livros de poemas: *Voz y voto del geranio* (1943), *A fuego lento* (1946), *Sombras era* (1948), *Viento claro* (1953), *El bosque* (1955), *Hombre en la luna* (1960), *Para quienes gusten oír caer la lluvia en el tejado* (1962), *Diez colores nuevos* (1967) e *Mi mejor obra* (1973).

Otto René Castillo

Frente ao balanço, amanhã

E quando se faça
a avaliação entusiasmada
do nosso tempo
pelos que ainda
nem nasceram,
mas que já se anunciam
com um rosto
mais bondoso,
sairemos ganhando
os que nele
mais sofremos.

Que adiantar-se
alguém a seu tempo
muito dele há de sofrer.

Mas é belo amar o mundo
com os olhos
dos que ainda
não nasceram.
E esplêndido
é saber-se já um vitorioso
quando tudo a seu redor
ainda é tão frio e tão escuro.

Pátria, vamos caminhar
(fragmentos)

1. *Nossa voz*

Para que os passos não chorem,
para que as palavras não me sangrem:
        canto.
Para teu rosto fronteiriço da alma
que nasceu entre as mãos:
        canto.
Para dizer que me cresceste clara
nos ossos mais amargos desta voz:
        canto.

para que ninguém diga: minha terra!
com toda a decisão de uma saudade:
    canto.
Pelo que não deve morrer, teu povo:
    canto.
Lanço-me a caminhar sobre minha voz para te dizer:
tu, interrogação de frutas e borboletas silvestres,
não perderás o passo nos andaimes do meu grito,
porque há um mapa oleiro no seu coração,
que debaixo do mar, dentro da estrela,
fumegando nas raízes, palpitando mundo,
enreda teu nome em minhas palavras.
Canto teu nome, alegre como um violino de sulcos,
porque vem ao encontro de minha dor humana.
Busca-me do braço do mar até o abraço do vento
para me ordenar que não tolere o crepúsculo em
minha boca.
Me acompanha emocionado o sacrifício de ser homem,
Para que nunca desça ao lugar onde nasceu a traição
Do vil que amarrou seu coração às trevas me negando!

2.

Vamos, pátria, caminhar, eu te acompanho.

Descerei aos abismos que me digas.
Beberei teus cálices amargos.
Ficarei cego para que tenhas olhos.
Ficarei sem voz para que tu cantes.
Hei de morrer para que tu não morras,
para que se erga teu rosto flamejando no horizonte
de cada flor que nasça de meus ossos.

Assim há de ser, indiscutivelmente.

Já me cansei de levar comigo as tuas lágrimas.
Quero agora caminhar contigo, deslumbrante.
Acompanhar-te em tua jornada, porque sou um homem
do povo, nascido em outubro para a luz do mundo.
Ai, pátria,
os coronéis que urinam nos teus muros,
temos que arrancá-los pelas raízes,
pendurá-los numa árvore de orvalho agudo,
violento de cóleras do povo.
Por isso peço que caminhemos juntos.

Sempre com os camponeses agrários
e os operários sindicais, com quem tenha um coração
para te amar.
Vamos, Pátria, caminhar, eu te acompanho.

3.

Pequena pátria minha, doce tormenta,
um litoral de amor elevam minhas pupilas
e a garganta se me enche de silvestre alegria
quando digo pátria, obreiro, andorinha.
É que tenho mil anos de amanhecer agonizando
E me deitar cadáver sobre teu nome imenso,

Flutuante sobre todos os alentos libertários,
Guatemala, dizendo pátria minha, pequena
camponesa.

Ai, Guatemala,
Quando digo teu nome torno à vida.
Levanto-me do pranto e procuro o teu riso.

Nota biográfica

Quetzaltenango, 1936-1967

O poeta, de Quetzaltenango, é muito querido de seu povo e em outros países latino-americanos. Obras principais: *Vámonos, patria a caminar* (1965) e *Informe de una injusticia* (1971).

Diga de René a grande voz de Cardoza y Aragón: "Otto René Castillo, poeta guerrilheiro, capturado em La Sierra de las Minas com Novra Pais, seu amor, também combatente, e queimados vivos no 17 de março de 1967, durante o governo de Mendez Montenegro. Daquele combate, segundo se conta, somente salvou a vida o legendário Pablo Montesanto. Viveu 31 anos. Deu a seu povo o seu canto e sua vida. Que mais pode dar um poeta?".

ROBERTO SOSA

OSCAR ACOSTA

RIGOBERTO PAREDES

JOSÉ ADÁN CASTELAR

HONDURAS

ROBERTO SOSA

TEGUCIGALPA

Vivo numa paisagem
onde o tempo não existe
e o ouro é manso.

Aqui sempre se é triste sem saber.
Ninguém conhece o mar
nem a amizade do anjo.

Sim, vivo aqui,
ou melhor me morro.
Aqui onde a sombra puríssima da criança
cai na poeira da rua estreita,
o voo detido
e acima um céu que foge.

Às vezes a esperança
(cada vez mais distante)
abre seus longos ramos ao vento
e quando te penso de cores,
desbotada cidade,
sinto impossíveis ritmos
que giram e giram
no pequeno círculo
de minha rosa segura.

Mas tu és diferente:
a dor faz signos
de todos os bicos;
em cada ponte passa
a gente para o nada
e o silvo do pinheiro
traz um eco de golpes.

Tegucigalpa,
Tegucigalpa,
duro nome que flui
doce apenas nos lábios.

Menina de névoa

Que alta a tua fronte
de iluminada escuridão,
que alta!

Com fulgores de água
farei os grandes arcos
que guardem tua dulcíssima cabeça.

Vens lá da aurora
ainda com lâmpadas
e um rio te desce
duas vezes nunca visto.

O mar transparenta
se te olha
e como um cervo
confiado
chega perto de ti.
Os crepúsculos caem de teus seios
em grandes rosas inundando a água.
Emigram de meus lábios gaivotas
para a neve sangrenta de teus lábios.

Gazela, frágil sexo,
orquídea sob rubras maçãs que não existem,
meu coração repete somente o teu nome.

II.

Desce o teu perfume para despertar a vida
folha por folha
devolvendo o bosque.

As tormentas enviam
flores selvagens para o nosso leito.
As forças vegetais
se juntam como serpentes
e preparam ervas nupciais
a teu pé,
a tuas linhas,
a ti.

(Os pescadores se foram.
Não distingo

suas velhas canoas miseráveis
que já a terra apaga.)

Beijo tua boca que diz o nome do céu,
a quem acudir senão a ti?

Como faria o frio
longamente
nos dias de sol,
me tendo junto a ti
e acumulo meu arrulho
até o limite exato
de um pássaro de inverno.

Nadadora profunda
teu peso me sepulta.

III.

Tua escultura de onda
com os peitos abertos sobre as dunas,
o mar deseja,
e a ti, doce, se humilha.

Tua escritura de garça
a água lê
e cuidam os recifes.

Tua forma
maravilhosamente sem alma
entrelaçada à minha forma.

Desde teus ombros as espumas vêm.
Desde teus ombros até meus olhos.

Olha os peixes
junto à estatura do vento.
Ouve o orvalho
entre as tuas pernas se escurecer.

Rema minha boca, rema!
Meus delfins te amparam, eles desejam
teus profundos cabelos desordenados.
Estou só.
Estou só.

E sinto medo
das desabitadas solidões.
Toca meu coração e não te volvas,
menina de névoa.

Os pobres

Os pobres são muitos
e por isso
é impossível esquecê-los.

Seguramente
veem
nos amanheceres
múltiplos edifícios
onde eles
gostariam de viver com seus filhos.

Podem
levar nos ombros
o féretro de uma estrela.

Podem
destruir o ar como aves furiosas,
nublar o sol.

Mas desconhecendo seus tesouros
entram e saem por espelhos de sangue;
caminham e morrem devagar.

Por isso
é impossível esquecê-los.

Nota biográfica

Yoro, 1930-

Roberto Sosa publicou seu primeiro livro aos trinta anos e logo sua poesia se fez celebrada e querida. Pertence ao grupo literário *Vida Nueva* e dirige a revista cultural *Presente*.

Obra publicadas: *Caligramas* (1959), *Muros* (1966), *Mar interior* (1967), *Los pobres* (1969), *Un mundo para todos dividido* e *Secreto militar* (1985), e *La máscara suelta*.

Oscar Acosta

O rosto

De teu rosto puríssimo
surge uma luz silenciosa
que tudo desnuda, descobre
paraísos e mares de cinza,
oculta sombras com sua bela campana
e voa como um pássaro.
Esquecer teu rosto é afogar o coração,
tratar de ignorá-lo é viver
às cegas, cambaleando:
não é necessário tornar a dizer
que teu rosto me promete um reino
num universo imóvel e destruído.

Os amantes

Os amantes se deitam no leito
e suavemente vão ocultando as palavras e os beijos.
Estão desnudos como crianças desvalidas
e em seus sentidos se concentra o mundo.
Não há luz nem sombra para os seus olhos apagados
e a vida para eles não tem forma alguma.
A formosa cabeleira da mulher pode ser uma rosa,
a água morna ou um chafariz enamorado.
O fogo é somente um golpe escuro.
Os amantes estão estendidos na cama.

O nome da pátria

Minha pátria é altíssima.
Não consigo escrever uma letra sem ouvir
o vento que chega do seu nome.
Sua forma irregular a faz mais bela
porque me dá desejos de moldá-la, de formá-la
como uma criança a quem se ensina a falar,
a dizer palavras ternas e verdadeiras,
a quem se mostram os perigos do mundo.

Minha pátria é altíssima.
Por isso é que o seu nome se transforma
em milhões de coisas só para me lembrar.
Eu ouvi o seu canto nos caracóis incessantes,
me chegava nos cavalos e nos fogos
que meus olhos viram deslumbrados,
vinha na voz das moças formosas
e numa guitarra.

Minha pátria é altíssima.
Não posso imaginá-la dentro do mar
Nem escondida em sua própria sombra.
Por isso digo que mais além do homem,
do amor que nos dão em colheradas,
da presença viva do cadáver,
está ardendo o nome da minha pátria.

Nota biográfica

Tegucigalpa, 1933-

Filho de Tegucigalpa. Poeta, escritor, jornalista, político, diplomata. Sua criação poética, de têmpera sensual e romântica, influenciou toda uma geração. *Poesía menor* (1955) é considerado o ponto mais alto de sua obra. É fundador da revista *Tegucigalpa.*

Rigoberto Paredes

Leitura de Vallejo

escrever
escrever quando nos saia espuma
dizer
dizer muitíssimo
tirando do atoleiro sílabas, palavras
empunhaduras do grito necessário
melhor é algo assim
antes que sacudir a página
como uma bandeira branca em plena guerra.

Parnaso

lugar dos prazeres
do espírito
o mais belo lugar
nada nele é sargaço deste mundo
melhor dizendo é a glória
o paraíso
            ou algo assim
com boas belas artes
vereis varando portas
virgens profanáveis
princesas e marquesas peladas
se revolvendo nas camas floridas do desejo

Stelas Margaridas Galateias
e o prodigioso da "divina Emília",
essa que desmeninou entre muitos a Darío
são elas
as musas
mas não alcançaremos, oh mortal,
nem a escutar o gemido fugaz de suas gravidezes
casa de encontros
só para poetas.

Segundo João

"...pois o tempo está próximo".
Apocalipse 1.

Ninguém se salvará,
salvo quem estiver de vestidura branca.
Somente os claros de palavra e de fato,
os rebeldes contra a opressão e a rapina,
os dados a escrever contra o que é torto,
os fundos de valor e de firme cabeça,
os leais, os cordiais, os vestidos de branco.
Tratem de pôr em ordem vida e obra
todos os de Honduras-Babilônia,
pois o tempo está próximo.
O que guardou demais irá a juízo,
o que tocou no alheio, o duro de coração.
Num livro está escrito quem é quem.
Há caras conhecidas entre os que estão riscados,
nomes ilustres que deverão mostrar seu fundamento,
poderosos marcados com um signo menos.
Ali estão todos. Ninguém se salvará,
salvo os de vestidura branca.
A mão da história é segura e cortante,
cega o olho mandão, envenenado,
derruba fortes domínios
e deixado à mercê da ira pública.

Cada um correrá sua justa sorte:
sem demora achará seu lugar
o que andou por caminho torcido,
o que negou sua origem e desertou para o lado
adverso.
Somente os claros de palavra e de fato,
os que mostrem sem mancha suas folhas de vida,
os leais, os cordiais, os vestidos de branco
se salvarão.

Arcano

Algo restará de pé
deste reino de fúria: seres, brasas, sementes
guardam fresca memória de outro tempo
que hoje se estanca entre ruínas.
Sangue fértil

estala
em algum lugar da América Central.
Não tardará em chegar o verde dos dias.

Nota biográfica

Santa Bárbara, 1945-

Poeta laureado, Rigoberto Paredes, desconhecido no Brasil como quase todos os poetas reunidos nesta antologia, é querido nos países da América Latina e bem divulgado na Europa.

Obra poética: *En el lugar de los hechos* (1974), *Las cosas por su nombre* (1980) e *Fuego lento* – antologia (1989).

José Adán Castelar

Tegucigalpa

Venenos e trampas nos rumos
do dia.

Monstros nos jardins
e a canção do mar
sem um amante na cidade
de pedra

Paraíso de víboras,
cães tomando sol
e Tezcatlipoca ensanguentando
as fontes e as praças.

Poema do amor com fome

Nem bela nem feia, ela é o que é:
a minha mulher
e mais: o meu amor,
a completa ternura,
o silêncio que sabe esperar,
falar.

Ela me ama assim como eu sou:
gordo, feio, refeio,
sempre na luta, laboriosamente,
folgazão,
esquecidiço e escravo sem remédio
do café, inimigo terrível
dos pobres insetos caseiros,
da areia na cama,
na poeira das camisas.

Eu a quero assim, nem bela nem feia,
como minha mulher, é o que ela é,
meu lago doméstico,
minha paisagem humana,
a outra metade verdadeira,
a meia laranja que não espremo,
            que beijo,

que defendo,
que encho de poemas
e de fogos honrados.

E enquanto ela
ainda crê em rezas,
em santos que urinam,
em virgens que não o foram nem mesmo no deserto,
eu lhe tolero sem juízos seus tremendos defeitos
e os meus eu aconchego nas mãos dela,

enquanto me chama gordo o jantar está servido,
o café,
a cerveja (como uma onda engarrafada)

aqui está o sabão, a toalha,
a hora exata de botar da casa, da sala de jantar,
de tua impaciência, carinho,
as moscas.

Nota biográfica

Yoro, 1941-

Poeta do grupo literário *La voz convocada*, da cidade de La Ceiba. Importante figura do jornalismo de Honduras. Sua linguagem poética, serena e simples, comove pela marca pessoal do seu lirismo. Sofre com a dor do seu povo. Poesia da cotidianidade.

Alguns de seus livros: *Entretanto* (1979), *Sin olvidar la humillación* (1987), *Tiempo ganado al mundo* (1989), *Venus en el campo* (2001).

CARLOS PELLICER

JAIME SABINES

JOSÉ EMILIO PACHECO

GUILLERMO SAMPERIO

NORMA WANLESS

MARGARITO CUÉLLAR

MÉXICO

Carlos Pellicer

Desejos

Trópico, para que me deste
as mãos cheias de cor.
Tudo o que eu toque
se encherá de sol.
Nas tardes sutis de outras terras
passarei com meus ruídos de vidro tornassol.
Deixa-me um só instante
deixar de ser grito e cor.
Deixa-me um só instante
mudar de clima e coração,
beber a penumbra de uma coisa deserta,
inclinar-me em silêncio sobre um antigo balcão,
afundar-me no manto de pregas finas,
dispersar-me na margem de suave devoção,
acariciar docemente as cabeleiras lisas
e escrever com um lápis de ponta fina
a minha meditação.
Oh, deixar de ser um só instante
O Ajudante de Campo do sol!
Trópico, para que me deste
As mãos cheias de cor!.

(De *6, 7 poemas*, 1924)

Soneto postreiro

No meu gosto de ser não cabe o céu,
olha só para baixo e sem mirada.
Luz de uma tarde ou luz de madrugada?
No meu gosto de ser não cabe o céu.

Nem a penumbra de um formoso duelo
me dá nobreza à carne afortunada.
Vida de estátua, morte inabitada,
sem a jardinaria de um anhelo.

Um dormir sem sonhar cala e sombreia
O império prodigioso dos meus olhos
Reduzido aos cinzentos de uma aldeia.

Sem a ausência presente de algum véu,
Se vão os dias pobres, trabalhosos.
No gosto de me ser não cabe o céu.

(De *Hora de junio*, 1924)

Noturno

Não tenho tempo de olhar as coisas
como tanto desejo.
Elas me escorrem sobre o olhar
e tudo o que vejo
são esquinas profundas rotuladas com rádio
onde leio a cidade para não perder tempo.
Esta obrigada pressa que inexoravelmente
quer me entregar o mundo com um pequeno testemunho.
Este olhar urgente e esta voz em sorriso
para um jovem que sabe morrer pelo que sonha!
Não tenho tempo de olhar as coisas,
quase as adivinho
Uma sabedoria congênita e cuidadosa
Me dá miradas prévias e repentinos trinos.
Vivo em douradas margens, ignoro o central gozo
das coisas. Desdobro séculos de ouro no meu ser.
E acelerando rachas – quilha ou asa de ouro -,
Reponho o doce tempo que jamais vou ter.

(De *Hora de junio*, 1924)

Ceifador

O ceifador, com pausas de música,
Ceifava a tarde.
Sua foice é tão fina
Que ceifa as espigas e ceifa a tarde.

Nota biográfica

Villahermosa, Tabaco, 1889-1977

Poeta que transfigurava o que via e decifrava o que sentia, Carlos Pellicer é uma voz querida da poesia mexicana. Amava o continente americano, sua gente, sua luz, sua paisagem. Se confessava um "caçador de imagens" e principalmente o "ajudante de campo do Sol". E dele disse José Vasconcelos que pertencia "a essa família internacional que tem por pátria o Continente e por estirpe toda gente de fala espanhola". Poeta de alto voo, forjou o seu próprio idioma, inconfundível pelas suas imagens, seu comovedor lirismo. Orgulhava-se de ser um filho do trópico. Deixou viva uma obra que perdura: *Piedra de sacrificios* e *Hora de junio* (1924), *Hora y 20* (1927), *Camino* (1929), *Esquemas para una oda tropical* (1933), *Estrofas del mar marino* (1934), *Hora virginus* (1940), *Discurso por las flores* (1946), *Sonetos* (1950), *Con palabras y fuego* (1962), *Teotihuacán y 13 de agosto: ruína de Tenochtitlán* (1965) e *Obra poética* (1981).

Uma noite de 67, durante o Congresso Latino-Americano de Escritores, em Cuernavaca, Pellicer, grande anfitrião, me deu lugar num jantar com Guimarães Rosa e Alejo Carpentier. De sobremesa, nos recitou, de cor e de coração, um poema sobre o Rio de Janeiro, escrito num avião que sobrevoava a cidade ensolarada. Ali nasceu a *Suite brasileña,* incluída na antologia bilíngue de Pellicer, precioso trabalho de Everardo Norões e Sonia Lessa Norões.

Jaime Sabines

Os amorosos

Os amorosos calam.
O amor é o silêncio mais delicado,
o mais estremecedor, o mais insuportável.
Os amorosos buscam,
os amorosos são os que abandonam,
são os que mudam, os que esquecem.
Seu coração lhes diz que nunca encontrarão,
não encontram, procuram.

Os amorosos são feito loucos
porque estão sós, sós, sós,
entregando-se, dando-se a cada instante,
orando porque não salvam o amor.
O amor os preocupa. Os amorosos
vivem ao dia, não podem fazer mais, não sabem.
Sempre estão indo,
sempre, para alguma parte,
esperam,
nada esperam, mas esperam.
Sabem que nunca encontrarão.
O amor é o adiamento perpétuo.
Sempre o passo seguinte, o outro, o outro.
Os amorosos são os insaciáveis.
Os que sempre — que bom! — estarão sós.

Os amorosos são a hidra do conto.
Têm serpentes em lugar de braços.

As veias do pescoço se inflam
também como serpentes para asfixiá-los.
Os amorosos não podem dormir
porque se dormem os vermes vêm comê-los.

Na escuridão abrem os olhos
e neles cai o espanto.

Encontrem escorpiões sob o lençol
e sua cama flutua como sobre um lago.

Os amorosos são loucos, apenas loucos,
sem deus e sem diabo.

Os amorosos saem de suas covas
trêmulos, famintos, para caçar fantasmas.
Riem dos que sabem tudo,
dos que amam a perpetuidade, veridicamente,
dos que acreditam no amor como numa candeia de
azeite inesgotável.

Os amorosos brincam de colher a água,
de tatuar a fumaça, de não ir-se.
Jogam o longo, o triste jogo do amor.
Ninguém se resignará.
Dizem que ninguém se resignará.
Os amorosos se envergonham de toda resignação.

Vazios, e vazios de uma costela a outra,
a morte os fermenta atrás dos olhos,
e eles caminham, choram até a madrugada,
onde trem e galos se despedem dolorosamente.
Às vezes lhes chega um cheiro de terra parida,
de mulheres que dormem com a mão no sexo,
satisfeitas,
de arroio de água terna e a fogões.
Os amorosos vão cantando entre lábios
uma canção que não aprenderam.

E se vão chorando, chorando,
a vida, a vida que é tão bela.

(De *Horal*, 1950)

XIII.

Pai meu, senhor meu, irmão meu,
amigo de minha alma, terno e forte,
livra teu corpo velho, velho meu,
livra teu corpo da morte.

Livra teu coração como um rio,
tua fronte limpa onde aprendi a te amar
teu braço como uma árvore no frio,
livra teu corpo todo dessa morte.

Amo tuas cãs, teu queixo austero,

tua boca firme e teu olhar aberto,
teu peito vasto, sólido e certeiro.

Estou chamando, abrindo-te a porta:
Parece que sou o que morreu,
pai meu, desperta!

(De *Algo sobre la muerte del mayor Sabines*, 1973)

Não é que eu morra de amor

Não é que eu morra de amor, morro de ti.
Morro de ti, amor, de amor de ti,
da urgência de minha pele de ti,
de minha alma de ti e de minha boca
e do insuportável que sou sem ti.

Morro de ti e de mim, morro de nós dois
de nós dois, de mim,
desgarrado, liberal,
me morro, te morro, morremos.

Morremos em meu quarto onde estou só,
em minha cama onde faltas,
na rua por onde meu braço vai vazio,
no cinema e nos parques, nos bondes,
nos lugares onde meu ombro aconchega a tua cabeça
e minha mão a tua mão
e todo eu te sei como a mim mesmo.

Morremos no lugar que emprestei ao ar
para que estejas fora de mim.
e no lugar em que o ar se acaba
quando te cubro com a minha pele
e nos conhecemos em nós
separados do mundo,
feliz, penetrada, interminavelmente.

Morremos, já sabemos, ignoramos, morremos
entre os dois, agora, separados,
de um ao outro diariamente,
transformados em múltiplas estátuas
em gestos que não vemos,
em nossas mãos que precisam de nós.

Morremos, amor, morro em teu ventre
que não mordo e não beijo,
em tuas coxas suavíssimas e vivas,
em tua carne sem fim, morro de máscaras,
de triângulos obscuros e incessantes.
Morro de meu corpo e de teu corpo,
de nossa morte, amor, morro, morremos.
No poço de amor, a toda hora,
inconsolável, a grito

dentro de mim, quero dizer, e chamo,
e chamam os que nascem, os teus
ancestrais, os que a ti chegam.
Morremos, amor, e nada fazemos,
a não ser morrer ainda mais, hora mais hora,
e escrevermos e falarmos e morrermos.

(De *Poemas sueltos*, 1951 a 1961)

Tia Chofi

Amanheci triste no dia da tua morte, tia Chofi,
mas nesta tarde fui ao cinema e fiz o amor.
Eu não sabia que a cem léguas daqui estavas morta
com teus setenta anos de virgem definitiva,
estendida sobre um catre, estupidamente morta.
Fizeste bem em morrer, tia Chofi,
porque não fazias nada, porque ninguém te fazia
caso,
porque desde que morreu a avozinha, a quem te
consagraste,
já não tinhas o que fazer e a léguas se notava
que tu querias morrer e te aguentavas.
Fizeste bem!
Eu não queria te elogiar, como costumam os
arrependidos,
porque te quis na hora certa, no lugar preciso,
e sei muito bem o que foste, tão comum, tão
simples,
mas chorei como uma criança quando você morreu.
Te sinto tão desamparada,
tão só, sem ninguém que te ajude a atravessar a
esquina,
sem quem te dê um pão!
Me aflige pensar que você está debaixo da terra
tão fria de Berriozábal,

só, só, terrivelmente só,
como para morrer chorando.
Já sei que isso é tolice, que estás morta,
que mais vale calar,
mas que queres que eu faça
se me comoves mais que o pressentimento de tua
morte?
Ah, corcunda, tia Chofi,
eu gostaria que cantasses
ou que contasses a história de teus namorados.
Os camponeses que te enterraram só tinham
tragos e cigarros,
e eu não tenho mais do que isso.
Agora se fez o céu com a tua morte,
e um deus justo e benigno há de ter te escolhido.
Nunca foi tão real tudo em que acreditaste.
Tão miserável foste que te passaste dando a vida
a todos. Pedias para dar, desvalida.
E não tinhas o gesto agrio das solteironas
porque tua virgindade foi como uma prenhez de
muitos filhos.
No meio justo de duas ou três ideias que encheram
a tua vida
te repetias incansavelmente
e eras a mesma coisa sempre.
Fácil, como as flores do campo,
com que as vizinhas regaram o teu ataúde,
nunca estiveste tão bem como neste abandono da
morte.
Sofia, virgem antiga, consagrada,
devem ter te enterrado de branco
em tuas núpcias definitivas.
Tu que não conheceste carícia de homem
e que deixaste chegar a teu rosto rugas e não beijos,
tu, casta, limpa, selada,
merecias levar jasmins em teu último dia.

Exijo que os anjos te recebam
e te conduzam à morada dos limpos.
Sofia virgem, vaso transparente, cálice,
que a morte recolha tua cabeça brandamente
e que feche os teus olhos com cuidado de mãe
enquanto entoa cantos intermináveis.
Serás esquecida de todos
como os lírios do campo,

como as estrelas solitárias;
mas nas manhãs, na respiração do boi,
no estremecer das plantas,
na mansidão dos arroios,
na nostalgia da cidade,
serás como névoa intocável, hálito de Deus que
desperta.
Sofia, virgem, desposada num cemitério de província,
com uma cruz pequena sobre tua terra,
estás bem ali, sob os pássaros do monte,
e sob a erva, que faz uma cortina para olhar o mundo.

(De *La señal*, 1951)

Nota biográfica

Chipas, 1924-1999

O poeta mexicano mais querido pelo seu povo. Não sei se o maior ou o menor. Não conheço a unidade métrica usada pela crítica. A nota é informativa, real: todo mundo, é um dizer, sabe e ama Sabines, doce e valente pessoa, flor de ternura, dono humilde dos mais escondidos segredos da palavra.

Para celebrar os setenta anos do poeta, o México o chamou para um recital no Palácio de Belas Artes, cujo auditório não tinha mais lugar vazio horas antes do início do evento. Alto-falantes e telões do lado de fora. Multidão pedia mais, mais poesia. A Universidade Autônoma do México lançou no mesmo dia uma antologia de poemas selecionados pelo próprio Jaime. Tiragem: 500 mil exemplares. Um mês depois, nova edição, de 1 milhão.

O poeta, de Chiapas, morreu aos 75 anos. A seleção e a tradução dos poemas aqui reunidos é de Maria Aparecida Gori Maia.

Livros: *Horal* (1950), *La señal* (1951), *Adán y Eva* (1952), *Tarumba* (1956), *Diario semanario* (1961), *Yuria* (1967), *Tlatelolco* (1968), *Maltiempo* (1972), *Algo sobre la muerte del mayor Sabines* (1973).

José Emilio Pacheco

Goteira

Ela se mostra,
desafia o mundo inteiro a voraz umidade
e, em vez de lançar-se, destila uma gota.

Afinal a liberta
e num sussurro lhe ordena:
– Invade este lugar
onde ninguém te espera:
rompe o cárcere metálico
em que te confinaram para que lhes sirvas.

Teu leve ruído seco os enlouquece.
Tua avara chuva os ofende.
Farão o impossível
para barrar teu caminho,
como se fosses
a tempestade e não uma simples gota de água.

A casa estala por onde é mais estreita: os tubos.
Deixa-te cair com pausas breves.
Para enfrentá-los.

És o minucioso poder da água
condensado no efêmero que ninguém pode estancar.

És triunfo
do insignificante
contra o significado de sua ordem:
preso
com alfinetes ao nada e ao caos.

Coisas

À memória de José Donoso

Ternura
dos objetos mudos que se irão.

Me acompanharam
quatro meses ou cinquenta anos.
Já não voltarei a vê-los.

Hoje se encaminham
à lixeira em que se anularão como sombras.

Ninguém nunca poderá refazer
os momentos que soçobraram.

O tato dos dias sobre as coisas,
o corrente feroz na superfície
onde o pó diz:
– Somente eu
estou aqui para sempre.

Teia de Aranha

Teia de aranha: a forma em que a baba se transforma me recorda o poema. A aranha segrega os segredos e os expõe à vergonha pública.

Dura pouco a sua arte. A gente se compraz em destruí-la. Por formosas que sejam, as teias de aranha se aparentam com o esquecimento, o abandono, a ruína.
Ou coisas piores: a trampa, a tortura,
a morte.

Confessar afeição ou pelo menos respeito pelas teias de aranha é declarar-se fora do jogo, à margem da tribo. Como se aos quinze anos, quando queremos fazer parte da equipe de futebol ou da galera,
confessássemos:
– Tenho vergonha de dizer, mas escrevo versos.

Também a aranha escreve na escuridão um tecido de luz indecifrável. Ao descobri-lo no quarto que ninguém visita
há muitos anos, parece a cenografia de um drama já invisível,
os restos de uma épica
abolida.

Teia de aranha, crina de um cavalo espectral, ponte suspensa entre este mundo e a noite que sempre nos está esperando.

O Livro dos Mortos

José Luiz González, *in memoriam*

(Nossas cadernetas telefônicas,
dizia Severo Sarduy,
pouco a pouco se convertem
no Livro Tibetano dos Mortos.)

Tento a chamada
mas já ninguém me atende.

O sinal ecoa no vazio.
O nada é a única resposta.
As cifras dão acesso ao nunca mais.
Outro nome se risca no caderno,
ou da agenda eletrônica.
Assim acaba a história.

Um dia, que já consta do calendário,
alguém também apagará meu nome.

A DERROTA

O que pensa por todos proibiu pensar.
Sua palavra é a única palavra.
Ele diz tudo sobre todas as coisas.

Só existe algo que ele não pode proibir:
os sonhos.
Noite após noite
a gente sonha em acabar com o que pensa por todos.

Nota biográfica

Cidade do México, 1939-

José Emilio, poeta admirado em vários idiomas. Fundou suplementos literários e já deu vários cursos de literatura latino-americana em universidades dos Estados Unidos. Ele próprio selecionou os poemas aqui reunidos, quando nos abraçamos, na Cidade do México, uns vinte anos depois do nosso encontro no centenário de Rubén Darío, celebrado em Varadero, Cuba, Bola de Nieve cantando "Vete de mí".

Livros de poemas: *Los elementos de la noche* (1963), *El reposo del fuego* (1966), *No me preguntes cómo pasa el tiempo* (1969), *Irás y no volverás* (1973), *Islas a la deriva* (1976), *Desde entonces* (1980), *Tarde o temprano* (1985) e *La arena errante* (1994). Contos: *El viento distante* (1969) e *El principio del placer* (1972). Romances: *Morirás lejos* (1969) e *Las batallas en el desierto* (1981).

Guillermo Samperio

Plágio e desculpas ao senhor de Moraes

Eu te peço perdão por te amar de repente
Vinicius de Moraes

A Silvia e Cláudio Molina

Perdoa-me, Vinicius, por não te pedir perdão ao amá-la de repente. Entendo que foi vertiginoso e já percebi sua dor. Mas se te dissesse, se te contasse, foi fotografia, diálogo em meu solilóquio, desenho turvo, mulher nascida em umidade e logo pele e carne de minhas canções.
Entendo a doçura dos que aceitam melancolicamente, porque ela assim me ensinou na temporada de chuvas. Agora já não a amo, porque a amo tanto, porque nossa fortaleza se quebrou entre as carícias e posso reconhecer, Vinicius, concordar contigo que o afeto que lhe ofereço não tem a exasperação das lágrimas nem a fascinação das promessas.
Esgotamos o futuro em cada olhar, em cada mão que roça o seu corpo ou o meu, quando lembramos tuas baladas. Há outra coincidência, se te dissesse, eu também peço que ela repouse quieta, muito quieta, que deixe que as mãos cálidas da noite descubram, sem fatalidade, o olhar estático da aurora. Mas, Vinicius, não quero lhe pedir perdão por amá-la de repente.

Dorme e vela

Deste lado da porta, a vigília. Entro e o fulgor da penumbra me cega. Um penetrante aroma de mulher; o descanso de meus olhos. Os objetos dormem, apaziguados pelo silêncio. Sensual vertigem
no encontro de luz e sombra. Escuto o som calmo da mulher. Vejo a paisagem brumosa e seu horizonte branco, interrompido pelas linhas da mulher adormecida. Uma perna prolonga a forma do horizonte. A outra se adianta, cria um triângulo que se afasta ao fundo da paisagem. Vindo de longe se chega às nádegas e seus círculos rompem o véu. Elas são chegadas da ponte das costas, cuja borda superior se transforma em onda solitária. Os cabelos provocam as manchas mais escuras entre os grises. Sobrevém um desejo agudo de me internar. Mas permaneço aos pés
dessa mulher.

Sigilosa

A sombra do teu andar
habita um lugarejo
singelo e aprazível
na vegetação
de meu largo desejo.

Em memória dos entristecidos

Que de uma vez partam, que morram logo...
Jaime Sabines

A Isabel, Alfredo Pavón e os outros garotos

Os entristecidos são relógios descompostos
que nos olham com a torção dos ponteiros.
Os entristecidos são uma seita que nunca se reúne
para chorar.
Não se queixam – e já para quê? –

Seria uma lágrima que chora outra lágrima.
Em seu olhar e em seus gestos
está o movimento sutil de um rio.
Existem no jogo de palavras e em sua violência:
não mostres tuas lágrimas a este mundo idiota;
chora nas ruas escuras de Tuxtla
quando a canção de Cohen e Dylan seja mera
lembrança;
chora no peito de uma camisa sem corpo;
chora na hora em que estejam todos adormecidos
e o íris
do sol começa a se meter através da vidraça rota.

Os entristecidos dão para beber
porque é uma maneira de gemer pelas entranhas,
uma maneira de distrair o felino que de outro
modo saltaria,
pesaroso,
ao pescoço do sobreviver.
Assim são os entristecidos,
assim morrem.

Se lhes pedimos que deixem de chorar eles
respondergão:
a figueira do pátio tem uma rama quebrada;

hoje não tenho vontade de me levantar;
as casas crescem como vegetação sobre a vegetação;
me dá medo atravessar as avenidas;
na tarde amanheci com o pescoço torcido.

Sabem que o sem remédio é um amor por ganhar,
que do poço estéril saem cubos transbordantes de
    rock melancólico,
que na pústula interna há diminutas flores,
que do nó na garganta pode brotar um braço.
Enfim.

Os entristecidos sabem que à solidão chega sempre
    um beijo,
um grito,
uma palavra mais triste,
um copo de vinho amoroso,
um poema arrancado ao suicídio,
a mão que nos ajeita os cabelos.

(Dentre os animais que medram nos entristecidos,
o leão tem lugar predominante. Este carnívoro oferece
um silêncio e um ronco tão potentes quanto a voz.
Para dizer a verdade, aos entristecidos não lhes
    interessa sua voz;

apenas retomam os mutismos e a forma de gemer
    dos leões.
A respeito da jiboia não há qualquer dúvida.
Sobretudo no caso da espécie te amo, serpente que
tem vocação de coveiro.)

Os entristecidos levam um leão no lugar da alma
e uma jiboia no lugar da querença.

Os entristecidos querem terrivelmente
    e choram como leões silenciosos.
    Sua hora preferida começa na madrugada:
vagam sobre as telhas
no sono do próximo;
se contorcionam na escuridão vegetal;
mordem a si próprios no beco,
trocam de pele nos hospitais.
Não se ouve deles qualquer protesto autoritário:
poucos sabem de sua existência.
Confraria líquida.

Ouve-se que dançam num segundo andar
e são tomados por alegres, por ruidosos,
aves de escandaloso aleteo
Se soubessem, se observassem,
a maneira do vozerio e as voltas da dança,
os movimentos da víbora e as patas em chagas do
 felino;
se pudessem escutar
por uma frincha as palavras que proferem.
Isto só é dado a outros entristecidos.
E outros entristecidos, ao escutar a festa do pranto,
 abrem
garrafas em suas casas,
se desvestem do cansaço e permitem
que o aroma do limoeiro penetre o quarto de música.

Os entristecidos não concebem a beleza sem cicatriz,
como o presente que é também o futuro,
como a carícia que é um pouco terna bicada,
como a mão com as unhas mordidas.
Os entristecidos amam
o poema dolorido,
as aranhas do filme,
os recados na parede;
amam o traço torto,
a coceira do capim,
os ramos vencidos das árvores.

Muito fazem continuando a subir nos caminhões
lendo literatura perfeita,
muito fazem com sair às compras
e habitar casas de concreto,
muito fazem com tirar os sapatos ao amanhecer,
amando-se desnudos.
Muito, em realidade, fazem.

Mas há um assunto sobre o qual não existe dúvida:
os entristecidos são os perfeitos amorosos.

(De *De este lado y del outro)*

Moreninha

Corpo ligeiro
Confins de maus lençóis
Morena sombra
    Logo a máscara
    O cabelo a meia-face
    Pernas de beijos
    Lindeiro de aberturas
    Se vai meu espírito
Moça puta
Noturna colegial
Experta bunda
    Teus peitos
    Se empinam,
    suaves, roçam
    Me torno peitos

Puta da madrugada

Puta da madrugada
És uma sombra sem pés
Teu peito sonâmbulo
Puta de sub-reptício
És teu fantasma sem ópera
Parda silhueta destecida
Tuas nádegas sonolentas
Tomam o rumo da rua
Deixa-me a última tequila.

Nota biográfica

Cidade do México, 1948-

Poeta e ficcionista, jornalista literário. Disse dele Álvaro Mutis: "... seus relatos conseguem tal extremo e maestria e veracidade, que a intensidade chega a ser incômoda. Pouco a pouco configura outro mundo que se supõe ao primeiro e se propõe como saída ao horror que este descreve um delírio puro, um frenesi absoluto do impossível, onde nada volta a ser como antes".

Entre outros livros de ficção: *Lenin en el fútbol, Gente de la ciudad, Miedo ambiente (*Prêmio Casa de las Américas, 1977*), Cualquier día sábado, Cuaderno imaginario* (Prêmio Nacional de Periodismo Literário, 1988), *Bitácora de la quietud, Anteojos para la abstracción.* Os poemas selecionados fazem parte do seu livro *De este lado y del outro.*

A tradução é de Maria Aparecida Gori Maia.

NORMA WANLESS

MARIBÉLICA

Não iremos a essas alturas pelejar pelo Quarto de
    Virgínia
nem aludir a porcentagens com pendões da outra
    maioria
o ceibo está na clareira do mato sob a sua copa
e na raiz um triunfo reticular sem belicosidades –
meu cabelo tosado quase até as raízes casquete de
    clamor
tonsura de professa *malgré tout* voluntariosa
    Joana de Arco
persevera involuntariando-me o sonho

me cubro
    jibão de pele e calças sanguelindo
    salpicões de culpa
meu bestiário remorde
    uma voz me-diz
ergue tanto a ponta da espada em quietude
    como o florete em asas da esgrima
Pendura o aço em tua cintura
    embainha desembainha
    sonhaste com motivos e te educo
ouve-me ainda que dormida
    ensina-te a ensiná-la
    à altura do rosto

seus fios contrapostos obviam teus hemisférios
    contrariados
    embainha desembainha
    o punho se coroa e és
a imperatriz o carro da justiça
    desembainha o mundo sua outra efígie
aperta-lhe a mão e dance dance até teu parecer
    comando de cabriola com facúndia
um silvo e outro silvo embainha
no centro do touro necessitas cantar a espada

As quintas-feiras

Um saltério incorporiza o tro(m)picante oceano
congelado e renova as nostalgias
ai / uma e outra vez as mesmas sete horas
range a ossamenta de cereais junto a mel ambíguo
se irá morrendo o sorriso e o ríctus onde se aloja
uma piedade seu túmulo
presságios e orações é a desempoeiradura do
transcorrer concita o ocidente
desalação de pássaros
salmoura paranoia
aqui pusemos às quintas-feiras teu retrato para que
nos liquide.

Um exorcismo simples

Demorei em meu cadáver durante o seu gemer não
em nostalgias mas dentro do bosque
em meus ombros malpostas as virtudes onívoras
de uma criança
semelhante honradez reencarnada é enganosa porque
o verso se embarca eternamente
podia recordar ripas e envolturas
velas os anticorpos da frota
o tempo é foto fixa
um corolário sem encordoar exorcismo simples
justo para fazer plástica as regras
todos os cânones atiram pela culatra.

Mistificação

Me levas às alturas de um abismo
e te contemplo sem almejar nada;
nem luz, nem signo de intenção sagrada,
nem hora de ajudar no obscurantismo.

A subida me impôs, sua quebrada
ascensão entre quedas, são o mesmo
ver claro e confundir-se, amor e autismo,
o sonho e a atuação pela alvorada.

Em tão pouco me escondo e tenho sítio
me espesso com a vida e me dissolvo

na força das imagens mais silentes...
como dizer?... nem sabes quanto sentes.
A musa irrompe com semblante pítio
e no verso ressoa o seu tremor.

Musa e Morgana

A estreitez semeada é polpa e poma
e sofres em cada osso sua expansiva
inquietação de maçã e narrativa.
Pelos vitrais de luz e cerva assoma

no bosque uma insubstância faz que viva
o que se enfruta. Uma mulher retoma
a cantilena de água na redoma
um quê cantado... Pra onde nos ativa?

Ao revogar entre conjuro e jogo
escrevente em teus bordos, língua e graves
se lava idioma e se releem sinos.

As Deusas, alambiques de outros vinhos
Musa e Morgana moram, quando rogo
nessa linguagem próspera dos pássaros.

Nota biográfica

De Nogales. Escreve seus primeiros poemas aos cinco anos. Publicou: *El cementerio de estrellas*, *Ancestralidades-Oaxaca*, *Requiem sin responsos*, *Un dolido proceso a las ressurreciones*, *Invenciones para un mismo encuentro*, *La via láctea*, *El inventario de la Ginandra* e *En familia*, todos de poemas.

É poeta laureada, mas considera que seus verdadeiros prêmios são seis filhos, dois irmãos e os poetas.

MARGARITO CUÉLLAR

POR DRUMMOND

Sem religião, sem filhos,
sem ar para o voo do teu pulmão,
desceste ao desnível que a morte te deu.
Nunca imploraste "Deus,
prolonga a flama da minha vida".

No Rio te despediram
profundo e transparente
como o rio em que teus versos
remaram amparados pelo sol.

No México soubemos de tua partida
por uma curta notícia no jornal
    velho cansado
agora tua poesia não indica outro caminho
a não ser o disparo
    não para o ar
    não à pele
mais longe, ao trem da memória.

Quando o rumor se una às rochas
da montanha
não estarão no mapa os nossos nomes
mas os que virão, a distância dirão
"esta é a rosa que ontem Carlos acendeu".

EXTENSA COMO LAMENTO DE SAX MORENA COMO O DESESPERO

Procuro a erva colorida do seu corpo
me instalo nas cercanias de seus lunares
ela, entrelaçada lua na janela,
último som dos músicos boêmios.
    Ela, que não é extraordinária
    me oferece com suas pernas uma ponte sem vidros.
    Em homenagem ao ar e às flores
    os corpos brilham ao movimento de sua dança.
Ah, mas ela é diferente porque não é diferente
extensa como lamento de sax
morena como o desespero.

Os anos

Quando passavam uns quantos
era como carregar no ombro
a rosa dos ventos.
    Voava-se e na verdade
    acreditava na existência dos anjos.
Agora que são tantos
me doem, já não cabem
não sei como suportam o gemido do vento.
Gostaria de convidá-los para um rum
e esquecê-los no meio da noite.
    Vou seguir um longo tempo com a carga
    e os levarei ao asilo quando já não os queira.
Quem sabe
talvez os enterre no jardim
para ver se regressam ao meu princípio.

A rosa de papel

Breve como estação
e talhe de moça
De vez e quando cai
sem amadurecer.
Às vezes a encontramos
sem reconhecê-la.

Depois, já sem alma
sem olhos para buscar
dizemos
        "ah, era a vida,
a moça que um dia
levantou a saia
        no meio da noite".

Nota biográfica

San Luis Potosí, 1956-

Poeta, narrador e jornalista. Prêmio Nacional de Poesia, 1985, e Prêmio Nacional de Conto, 1997. Editor da revista *Ciência UANL*. Seus livros mais recentes são *Cuaderno para celebrar* e *Plegaria de los ciegos caminantes*, ambos de 2000.

RUBÉN DARÍO

ALFONSO CORTÉS

JOSÉ CORONEL URTECHO

PABLO ANTONIO CUADRA

CARLOS MARTÍNEZ RIVAS

CLARIBEL ALEGRÍA

ERNESTO CARDENAL

FERNANDO SILVA

GIOCONDA BELLI

BOSCO CENTENO

LUZ MARINA ACOSTA

NICARÁGUA

Rubén Darío

Eu persigo uma forma que não me encontra o estilo,
botão de pensamento que sonha ser a rosa
se anuncia num beijo que em meus lábios pousa
o impossível abraço, o da Vênus de Milo.

Adornam verdes palmas o pálido pistilo
predisseram-me os astros a visagem da Deusa
e em minha alma repousa a luz como repousa
o pássaro da lua sobre um lago tranquilo.

E no entanto só encontro a palavra que foge,
a iniciação melódica que de uma flauta brota
e o navio do sonho que no espaço vaga;

debaixo da janela da Bela Adormecida
em soluço constante a fonte sempre a fluir
e o pescoço do cisne branco me interroga.

O fatal

Feliz a árvore que é somente sensitiva
E muito mais a pedra dura que nem sente,
que dor maior não há do que a dor de ser vivo
nem mais funda pena do que a vida consciente.

Ser e nada saber, e ser sem rumo certo,
e o temor de haver sido e um futuro terror...
O espanto inevitável de amanhã estar morto,
e sofrer pela vida e pela sombra e por

tudo que mal sabemos e mal suspeitamos
e esta carne que tenta com seus racimos frescos
e a tumba que aguarda com seus fúnebres ramos
e ignorar aonde vamos e de onde foi que viemos!...

A Roosevelt

É com voz da Bíblia ou verso de Whitman,
que haveria de chegar a ti, Caçador!

Primitivo e modesto, simples e complicado,
com um algo de Washington e quatro de Nemrod!

És os Estados Unidos,
és o furor invasor
da América ingênua que tem sangue indígena,
que ainda reza a Jesus Cristo e ainda fala em espanhol.
És soberbo e forte exemplar de tua raça,
és culto, és hábil, te opões a Tolstói.
E domando cavalos ou assassinando tigres,
és um Alexandre – Nabucodonosor.
(És um professor de energia,
como dizem os loucos de hoje.)

Crês que a vida é incêndio,
que o progresso é erupção,
que onde pões a bala
pões também o porvir.
Não.

Os Estados Unidos são potentes e grandes.
Quando eles se estremecem dá-se um fundo tremor
que passa pelas vértebras enormes dos Andes.
Se clamas, ouve-se como o rugir do leão.
Já Hugo disse a Grant: "As estrelas são vossas.".
(Malmente brilha, erguendo-se, o argentino sol
e a estrela chilena se levanta...) És rico.
Juntas ao culto de Hércules o culto de Mamón;
e iluminando o caminho fácil da conquista,
a Liberdade levanta sua tocha em Nova York.

Mas a América nossa, que já tinha poetas
desde os velhos tempos de Netzahualcoyotl,
que guardou as marcas dos pés do grande Baco,
que o alfabeto pânico num tempo aprendeu;
que consultou os astros, que conheceu a Atlântida,
cujo nome nos chega ressoando em Platão,
que desde os remotos momentos de sua vida
vive de luz, de fogo, de perfume, de amor,
a América do grande Montezuma, do Inca,
a América fragrante de Cristóvão Colombo,
a América católica, a América espanhola,
a América onde o nobre Guatemoc disse:
"Não estou num leito de rosas", essa América
que treme de furacões e que vive de Amor;

homens de olhos saxões e alma bárbara, vive.
E sonha. E ama, e vibra, e é a filha do Sol.
Tem cuidado! A América espanhola vive!,
há mil filhotes soltos do Leão Espanhol.
Seria preciso, Roosevelt, ser, pelo próprio Deus,
o Rifleiro terrível e o forte Caçador
para que nos contenhas em tuas férreas garras.
Pensas que contas com tudo. Mas te falta Deus.

(De *Cantos de vida y esperanza*. Málaga, 1904)

Nota biográfica

Metapa, 1867-1916

Considerado por estudiosos e poetas o grande renovador da poesia hispano-americana, Darío é a voz que abre o caminho para o modernismo. Figuras da qualidade de um Gerardo Diego chegam a reconhecer em Darío o iniciador da poesia contemporânea na própria Espanha. Convém esclarecer, desde logo, que o modernismo na poesia hispano-americana nada tem a ver com o modernismo brasileiro, que se inicia com o movimento paulista de 1922.

A tal ponto a obra de Darío serve de marco, que o notável filólogo e crítico Pedro Henriquez Ureña afirma: "De qualquer poema escrito em espanhol se pode dizer com precisão se foi escrito antes ou depois de Darío". Octavio Paz considera que "o modernismo hispano-americano não se define por suas influências, mas por suas criações. E entre estas a de Darío é talvez a de maiores consequências".

Viajante incansável, pela América e pela Europa. Teve postos diplomáticos, inclusive no Brasil. Sua obra poética: *Epístolas y poemas* (1885), *Abrojos* (1887), *Rimas* (1887), *Azul* (1888), *Prosas profanas* (1896), *Cantos de vida y esperanza* (1905), *El canto errante* (1907), *Poema del otoño y otros poemas* (1910) e *Canto a la Argentina* (1910). A poesia completa de Darío foi editada pela Biblioteca Ayacucho, de Caracas, em 1968, com prólogo de Angel Rama.

Alfonso Cortés

Janela

Uma nesga azul tem maior
intensidade que todo o céu,
eu sinto que ali vive, à flor
do êxtase feliz, o meu anelo.

Um vento de espíritos passa
bem longe, de minha janela,
trazendo um ar em que despedaça
sua carne angélica diana.

E na alta alegria dos Gestos,
ébrios de azul, que se derramam...
sinto bulir loucos pretextos,
que se estou aqui, de lá me chamam.

Passos

Quando, no tumulto da Terra,
sintam os seres sua solidão,
dará uma trégua eterna à guerra
do Ruído; nos tempos fundirão

seus passos a Mulher e o Homem,
sulcarão a ruga da fronte
de Deus, onde o antigo êxtase
se ergue vapor incessantemente.

E restarão os enamorados
— como despertos — e dois a dois
a mirada fixa nos Sagrados
poros, de eterno suor banhados,
da fronte enrugada de Deus.

Almas sujas

Abro para o silêncio a inércia dessa fluida
distância que não vemos, entre uma e outra vida,
atrás da qual as coisas que olhamos, observam...

Elevarei as vastas essências que conservam
seu segredo de sonhos dentro do peito enorme,
e unirei os detalhes de Forma, Luz e Acento
que unifica a distância tão pálida do vento;

porque debaixo, entre e sobre os céus, essa distância
de que vos falo, é a Ideia que levanta a fragrância
de unidas relações sutis como se lousas,
um silêncio, uma inércia do espírito das coisas!

A canção do espaço

Essa distância que vai daqui
a uma estrela que nunca existiu
porque Deus não chegou a alcançar
a beliscar tão distante a pele da
noite! E pensar que ainda acreditamos
que é maior ou mais
útil a paz mundial do que a paz
de um só selvagem...

Este afã de relatividade de
nossa vida contemporânea - é -
o que dá ao espaço uma importância
que está somente em nós,
- e quem sabe até quando aprenderemos
a viver como os astros -
livres no meio do que não tem fim
e sem que ninguém nos alimente.
A terra não conhece os caminhos
por onde anda cada dia — e
porventura esses caminhos são a
consciência da terra... — Porém se
não é assim, que me permitam fazer uma
pergunta: — Tempo, onde estamos
tu e eu, eu que vivo em ti e
tu que não existes?

(1927)

Nota biográfica

Leon, 1893-1969

Antes dos trinta anos enlouqueceu. Mas a poesia viveu com ele na cordura e na loucura. Por mais de 25 anos viveu num manicômio, encerrado numa cela miserável. Recolho esses dados da antologia à poesia nicaraguense, *Flor y canto*, organizada por Ernesto Cardenal, quem melhor conheceu e divulgou a obra poética do seu compatriota, de quem diz: "Alfonso Cortés foi considerado entre nós o poeta mais importante de Nicarágua depois de Darío". Já estava louco quando escreveu o poema *Ventana*. No manicômio, *La canción del espacio*.

José Coronel Urtecho

Nihil Novum

Nada novo acharás, minha canção;
nada se esconde sob um arranha-céu,
nada na máquina que sobe ao céu,
nada de novo desde Salomão.

O homem, antigo como a sua paixão,
no dia novo guarda o antigo anelo
dentro da noite nova o igual desvelo
e o mesmo palpitar de coração.

Não te enganem os novos continentes
com suas plantas, bestas, outras gentes,
nem as suas canções de novo acento.

Tudo o que algo diz já ficou dito,
nos fica apenas o ar e seu capricho
de vagos sons levados pelo vento.

(De *Pól-la D'Anánta Katánta Paránta*, 1970)

Hipótese de teu corpo

I.

Sei que não vão me crer como a espelho sem fundo
que o movimento crava teu vórtice de armadas
onde momentos milhares primeiros segundos
em rochedo a pique
já me esperavam em ti girando.

Embora dissesse que não tinhas mar
nem que toda tua espuma habitasse o teu interior de pedra
nem por sangue espumoso esculpida menos viva
nem carcomida,
senão pela frequência de tuas sardas se congregava.

Porque esperavam a que eras visível
se é que alçavas as mãos de concreto
posto roupa de lavrador já não cartão de visita

enquanto há chamamento de flores a piano
e com tua pena gigantesca gastas outra violeta
tão solitária
que não se pode ainda que possível.

Tudo isso em brisa regular composta de sentimento...
porque esperavam com medo que te clamara a morte:
"Eu te comparo a farol"
explicando os teus cabelos devagar de noite.

Não é comparando.

II.

Eu te projeto desnuda por dentro
como pomba leoa íntima da terra
sem outra substância marinha que tormenta.

Morte vida.

Seja ou não passageiro por tua fronte
(não em pensando aqui nem com veneno
que já serpente riu ao pé descabeçado
não deixa a praia crespa a cantos de sereia
que foca feda espuma se desfie
nem úmida lua em bramido de animais
comprimento de arca, dentro ficas mansa
de leoas de pombas de elefantes)
por tua carne de pedra a teu peito de leite
Mito em resumo, porém toco.

Vida morte.

Quanto caminho dá a teu umbigo
se feito raízes te ancoro a fundo porto de terra
porta de minha terra tua sagrada a ferrolho.

Tesomos-me, Mesomos-te.

Cavo-te sepultura em meu outro sexo.
cava-me sepultura em outro sexo.
Morre-me. Vivo-te. Vive-me. Morro-te.
Não nos distingo.

Sésamo.

III.

Confesso que te arribo porto subterrâneo
como ao rochedo em sonho vegetal dormida viva
tenho minha casa ali onde minha aranha espero cego
o mesmo vivo ou morto que teu segredo como silêncio.

O TIGRE ESTÁ NA MENINA

Tiger! Tiger! Burning bright
In the forest of the night
(William Blake, "The Tiger")

O tigre está nos olhos
Preso entre curvas mansas, preguiçosas
Despertando do lodo como vegetações
Entre panais e gorjeios à beira da cama
O grito aberto, o rumor, o vapor da banheira
O sumo da laranja, as torradas
Tudo o que se aponta com a língua do lápis
O gesto da mão que solta uma pomba
Os peitos como ninhos ocultos nos ramos
E uma serpente doce como um canto
Entre velhos consoles e entre jaulas de flores
Bons dias, moça faz tempo esquecida
Não despertes de todo na visita
Segue em tuas infalíveis linhas equatoriais
Sempre adormecida, virginal, obscena

Conheces tu a dama da mão no peito?
O tigre está na menina do olho da mulher.

Nota biográfica

Granada, 1906-1994

Poeta, romancista, teatrólogo, jornalista e crítico literário. Urtecho esteve à frente de notável movimento renovador da poesia nicaraguense, fundador da revista *Vanguardia*.

Inovador talentoso de uma sintaxe poética, influenciou toda uma geração. Desde jovem, foi um homem marcado por funda inquietação social. Autor de tantos poemas, não teve a preocupação de editá-los. Já entrado em anos é que reuniu os seus trabalhos num único volume: *Pól-la D'Anánta Katánta Paránta* (1970).

Pablo Antonio Cuadra

Juana Fonseca

Rogai a Deus
pelo eterno descanso
    da alma
de Juana Fonseca
    Seus filhos:
Emérita, Fidelina, Juan Ramón,
Justo Pastor, Camila e Pedro
    estão aqui
    de negro
Dobram os sinos e Emérita soluça.
    Emérita
foi a última a deitar-se.

Passou a roupa dos varões
e o vestido de Camila
Chorou pensando na mãe

– Um dia como hoje estava partindo

Porém pensou nas flores
nas rosas do barro:

– Fidelina, molha as flores para que amanheçam frescas

(Os pobres não temos tempo de chorar,
    porém chorava)
e viu que Pedro estava com os sapatos sujos
e sacudiu os sapatos do menino com a ponta do manto
    e os olhos vermelhos
    enquanto os sinos dobravam.
    A viva estampa da mãe
    abandonada, como ela, do marido
    com seus três filhos
    com seus cinco irmãos
    passadora de roupa como ela
    Joana Fonseca.

    Livra, Senhor, a alma de tua serva Juana
    como livraste a David
    das mãos de Saul
    [*e das mãos de Golias*]

Vínhamos essa tarde fugindo e os soldados
nos esperavam na entrada da rua.
Juan me puxou, enfiou-me em sua tesoura debaixo
da jaqueta de lã
e deitou Emérita no chão – ela então era formosa –
e ouvi as vozes do Sargento
e a voz de Juana:
Aqui não tem ninguém; só minha filha enferma
que devem respeitar!

E Emérita se ria; mas agora chorava.

Apartai-vos de mim todos
os que obrais maldade
porque ouviu o Senhor a voz de meu pranto.
Senhor, Deus meu, em Ti esperei;
salva-me de meus perseguidores e me livra

Juana Fonseca
te recordo
debaixo da lâmpada e tu de repente chegando,
demudada:

– Mataram meu Pedro! (Tão estupendo
carpinteiro, mas bêbado.
Meu ropeiro de cedro
jamais terminava
até que um dia chegou com o móvel
e era como um altar) ... Mataram meu Pedro!
E não temos nem roupa para vesti-lo
porque tudo empenhava
até suas ferramentas.

E fui procurar os amigos
e reuni para fazer seu caixão e o enterramos
com dignidade. E ela me quis pagar.
Restituiu-me passando e lavando.
– Juana Fonseca
não é assim que se paga
a amizade do pobre é a honra
da minha casa –

Oh Deus, de quem é próprio
o compadecer-se e perdoar,
humildemente te rogamos
pela alma de tua serva Juana
que madrugava para aprontar os rapazes
e acendia o fogo e botava as primeiras brasas no fogareiro
quando se apagavam as últimas estrelas

e cozinhava o café da manhã e já estava passando a ferro
golpeando o ferro sobre a tábua de passar desde a aurora
e ordenando
a Emérita, seu ofício
a Fidelina, seu ofício (e ralhando com ela:
  — Esse rapaz que vem se chegando
  não tem ofício nem benefício —)
A Juan Ramón: — "Me fez queixa o Professor,
  Filho, não há que ser divagado."
A Justo Pastor — meu companheiro — o que ia comigo
aos arroios para matar iguanas:
  — "Justo Pastor o dia em que eu saiba
  que não vais à escola eu te mato."
E Camila, a que ia e vinha
da casa à mercearia
da mercearia à casa
  com a torta
com a garapa e os feijões e o sal e as velas
e Pedrito no chão,
  dando guerra no chão
  sempre com fome
Agora estão todos olhando o humilde catafalco
  e os quatro candelabros
  e chorando a finada

  Dá-lhe o eterno descanso,
  a luz perpétua brilhe para ela
  Emérita, se soubesses
  que pedaço de mundo
  que território vasto e dulcíssimo
  está cedendo ao golpe
  desses sinos!

Nota biográfica

Manágua, 1912-2002

A obra de Cuadra é considerada um dos grandes voos da literatura nicaraguense. Já aos dezoito anos fazia parte do movimento *Vanguardia*. Fundou e dirigiu várias revistas, a mais famosa, *El Pez y la Serpiente*. Aos 22 anos publicou o seu primeiro livro, *Poemas nicaragüenses*, considerado o iniciador de uma poesia autenticamente nativa. Outras obras de Cuadra: *Canto temporal* (1943), *La tierra prometida* (1952), *Libro de horas* (1956) e *La jaguar y la luna, cantos de cifar* (1971). É também autor de obras para teatro, contos e estudos folclóricos.

Carlos Martínez Rivas

Indo para o sepulcro

Quando já não me queiras,
Quando já não me queiras e nada mais possamos estragar
Porque nada estará vivo e confiado.

Quando tenhas partido e eu tenha partido
E todos tenham ido,
Diremos: – Algo se perdeu. Não muito,
Mas algo essencial – um culto, uma linguagem,
Um rito – está perdido.

Quando deixemos de ser isto que somos:
Um casal exposto ao dardo
Desnudo e apressado
Não bem dado, mas bem enlaçado
E nos dispersemos em outros círculos
E nos dissipemos em outras conversas.

Haverá quem diga: – Aqui dois seres avermelhados
Se atracaram. Vimos balançando-se,
Estremecidos, voltar à segurança
E cair.

Para então, o zumbido do trator
Voltará a ouvir-se no fundo do campo,
As orelhas das mungubeiras cairão
Com um golpe seco defronte do portal.
Mas esses rumores da vida nos chegarão por separado
E outro sol será o teu sol e outra lua será a minha lua.

Quando já não me queiras
Quando na reunião os teus olhos
Ao encontrar os meus já não digam: – Espera
Que se acabe com estas gentes. Mas meu coração te pertence.

Quando nas incessantes fases
De tua errabunda busca feminina
Ames a outro
E te desveles sob outro facho
E te descalces diante de outro cetro,

Quando transmitas a outro o poder que eu te transmiti,
Pensarei agudamente – "Já se esgotará.
Então virá a mim e não lhe darei mais".

E assim siga pelo mundo e através dos dias
Rumiando-se no ástero desterro
Esmigalhando-me em minha frustração e meu orgulho
Como um mendigo sobre um pedestal.

Percorrendo o obstruído passado
Como o sujo canal fedorento do crepúsculo:
"Aqui estive brutal. Aí começou o deserto.
Naquele banco tratou de ferir-me. Tal dia...".

Quando já não me queiras
E eu já não te tema,

Quando contentadiço, trivial, inadequado
Para a solidão e a amargura
Eu mesmo tenha esquecido quando
Já não me queiras – que me quiseste

Mantos e mangas de mulheres
Erínias disfarçadas de monjas
Me depositarão na obscura e gelada tumba quc procurei.

Canção de ninar sem música

Dorme, futuro cidadão da Nicarágua.
Arrurú, filhinho, *arrurú*.

Uma lua de cobre lança sobre La Loma seus manchados raios.
Dorme agora, quando ainda não tens que esperar
dessa colina a assinatura todo-poderosa; o salvo-conduto,
a isenção de imposto, o indulto para o sobrinho
rebelde,
o lugar na lista, o galardão, o mérito...
Tudo!

Arrurú, meu menino, *arrurú*.

Uma nova agita a casa. Desperta o alvoroço
entre a parentela, teu pai ganhou a nomeação:
Porteiro, Advogado do Banco, Guarda-costas, Embaixador...
Ele soube como. Provou não ser noviço algum o velho.

Tu, porém, a dormir. Enquanto ainda ajaz no limbo
Tua consciência e não podes sentir vergonha de teu pai.

Arrurú, meu menino, *arrurú*.

Já crescerás. E vais agarrar em pleno voo o sentido da vida
nesta linda terra de Darío. Aprenderás a fechar

o punho, deixando o polegar entre o dedo do coração
e o indicador; a insígnia heráldica de tua Pátria.
Não é visível no triângulo do escudo
mas está ali, debaixo do gorro frígio;
como haverás de levá-la, oculta no bolso.
Enquanto
com a outra mão estreitarás a mão que se te estenda
confiada, rubricarás os decretos e a carta de recomendação
para a viúva, a moverás persuasiva nos discursos.

Mas dorme, dorme depressa, agora
quando ainda não começaste a ser desonesto.

Antes que tenhas empanado a Mitra, erguendo-a
entre teus trêmulos dedos pastorais em defesa da Opressão;
antes que tenhas estendido a ordem de captura
contra o esposo
de tua irmã, e chutado no calabouço o camarada
dos dias de colégio; antes que escrevas
teu pobre nome na lista de adesões;

dorme, porque ainda estás incontaminado
dorme, enquanto ainda és inofensivo
dorme, agora que ainda não te vendeste,
futuro Arcebispo, Tenente, funcionariozinho.

Perdoa-me, esta noite não te contei nenhuma história.
Vim te importunar com a verdade.

Como tens sono! Tuas pálpebras caem...

Dorme, futuro cidadão de Nicarágua.
Arrurú, meu menino, *arrurú*.

Nota biográfica

1924-1998

Revelou-se poeta na adolescência. Aos dezoito anos escreveu um extenso poema, "El paraíso recobrado", considerado um dos grandes voos da poesia nicaraguense. Viveu vários anos na Espanha, na França, nos Estados Unidos e atualmente vive em sua pátria. Ernesto Cardenal, seu compatriota, considera seu livro *La insurrección solitaria* (1953) um instante de grandeza para a literatura de Nicarágua. Depois desta obra a maior parte dos poemas de Carlos Martínez está inédita. Diz Cardenal: "Esta renúncia a publicar é razão pela qual este poeta — de grande talento e gênio criador — não seja conhecido no estrangeiro — como deveria. Quando for mais divulgado terá em outras partes a preeminência que tem no seu país".

Claribel Alegría

As amendoeiras florescem

As amendoeiras florescem
em Mallorca
e não estás para vê-las.
De noite, do meu balcão
eu vi quando floresceram.
Te chamei por teu nome,
conjurei teu fantasma,
te perfilei de pétalas caídas
e uma rajada de ar
te rasgou.

Mundo marinho

Às vezes tenho a sensação
de que vivo submersa
num mundo marinho:
tudo é verde em Deyá
e há cipós
e musgos
e rochas verticais
e se ouve a água
respirar,
ouve-se quando ela canta
e corre
e se fatiga
e é preciso muito esforço
para ouvir os ecos
que nos chegam de fora.
A quem importa
em Deyá
o que faz o ditador
ou a Ângela Davis
ou o que acontece no Chile?
é tão forte a voz
impetuosa do mar
que às vezes
é preciso gritar
para que alguém nos abra uma fenda
e possamos falar
dessas coisas que sucedem no mundo.

Mas o ar lá de fora
está viciado
e a mais leve pressão
de uma suspeita
fecha de novo a abertura
e ficamos sozinhos
com o carcoma dentro
enquanto a água murmura
entre as pedras.

The American way of life

Se tu arranhas dia e noite a montanha
e espreitas atrás dos arbustos
(a mochila-fracasso vai crescendo,
abre gretas a sede na garganta
e a febre da mudança
te devora)
se escolhes a guerrilha,
tem cuidado,
te matam.
Se combates teu caos
com a paz,
a não violência,
o amor fraternal,
as longas marchas sem fuzis
com mulheres e crianças
recebendo cusparadas na cara,
tem cuidado,
te matam.

Se tua pele é morena
e vais descalço
e te roem por dentro as lombrigas,
a fome,
a malária:
lentamente te matam.

Sou os outros sou eu

São enormes as ondas
abro os braços
minhas dobradiças
não rangem
sou pássaro
sou peixe
sou um peixe-voador

que se liberta.
Quando sairás daí?
teu sorriso me fere
tua alegria selvagem
a curva ascendente
de tua vida
que agora tropeça
com as grades.
"Não me digas adeus,
é até logo
até a pátria
libertada
tu ficas aqui
eu parto para a luta
tu enterrando tuas dúvidas
eu carregando pistolas
tu escondendo
o irmão
eu de vigia
no monte."
Já não é só uma voz
é todo um coro de vozes
sou os outros
sou eu
é um rio de vozes
que se ergue
que me fala do cárcere
do adeus
da dor
do até logo
as vozes se confundem
e os rostos se apagam,
quem tirou desta criança
a alegria?

Nota biográfica

Estelí, 1924-

Salvadorenha, vive faz tempo na Nicarágua. Poeta, romancista, autora de contos para crianças. Vários livros de poemas. *Acuario* (1955), *Huésped de mi tiempo* (1961), *Pagaré a cobrar* (1973), *Sobrevivo* (1977), Prêmio da Casa de las Américas, de Cuba. Dois romances: *El detén* e *Álbum familiar*. Com a participação de seu marido, Darwin J. Flakoll, escreveu um estudo histórico sobre a revolução sandinista: *Somoza: expediente cerrado* (1993).

Ernesto Cardenal

Oração por Marilyn Monroe

Senhor,
recebe esta moça conhecida em toda a terra pelo
nome de Marilyn Monroe
embora este não fosse seu verdadeiro nome
(mas Tu conheces seu verdadeiro nome,
o da orfãzinha violada aos nove anos
e a empregadazinha de loja que aos 16 anos quis se matar)
e que agora se apresenta diante de Ti sem maquiagem alguma
sem seu Agente de Imprensa
sem fotógrafos e sem dar autógrafos
solitária como uma astronauta dentro da noite espacial.

Ela sonhou quando menina que estava desnuda numa
igreja (segundo conta o *Time*)
diante de uma multidão prostrada, com as cabeças
no chão
e tinha de caminhar na ponta dos pés para não pisar
as cabeças.
Tu conheces nossos sonhos melhor do que os
psiquiatras.
Igreja, casa, cova, são a segurança do seio materno
mãe também algo mais do que isso...
As cabeças são os admiradores, claro
(a massa de cabeças na escuridão sob o jorro de luz).
Porém o templo não são os estúdios da
20th Century Fox.
O templo de mármore e ouro — é o templo do seu corpo
no qual está o Filho do Homem com um látego na mão
expulsando os mercadores da 20th Century Fox
que fizeram de Tua caca de oração uma cova de ladrões.
Senhor,
neste mundo contaminado de pecados e radioatividade
Tu não culparás tão só uma empregadazinha de loja.
Que como toda empregadazinha de loja sonhou em
ser estrela de cinema,
E seu sonho foi realidade (mas como a realidade do
tecnicolor),
Ela nada mais fez do que atuar de acordo com o script
que lhe demos.

– O de nossas próprias vidas –. E era um script
absurdo
Perdoa-a, Senhor, e perdoa a nós todos
por nossa 20th Century
por esta colossal Superprodução na qual todos trabalhamos.
Ela tinha fome de amor e lhe oferecemos tranquilizantes.
Para a tristeza de não ser santos
recomendou-se-lhe a Psicanálise.

Recorda, Senhor, seu crescente pavor pela câmara
e o ódio à maquiagem – insistindo em maquiar-se a
cada cena –
e como foi ficando maior o horror
e maior a impontualidade aos estúdios.

Como toda empregadazinha de loja
sonhou em ser estrela de cinema.
E sua vida foi irreal como um sonho que um
psiquiatra interpreta e arquiva.
Seus romances foram um beijo com os olhos
cerrados
que quando os olhos se abrem
se descobre que foi sob refletores
e apagam os refletores!
e desmontam as duas paredes do aposento
(era um *set* cinematográfico)
enquanto o Diretor se afasta com o seu caderno
porque a cena já foi filmada.
Ou como uma viagem em iate, um beijo em
Cingapura, um baile no Rio,
a recepção na mansão do Duque e da Duquesa de
Windsor
vistos na salinha do apartamento miserável.

O filme terminou sem o beijo final.
Encontraram-na morta em sua cama com a mão no
telefone.
E os detetives não souberam a quem ela ia chamar.
Foi
como alguém que marcou o número da única voz
amiga
e ouve somente a voz de um disco que lhe diz:
WRONG NUMBER.
Ou como alguém que ferido pelos gângsteres
alonga a mão para um telefone desligado.

Senhor, quem quer que fosse que ela ia chamar
e não chamou (e talvez não era ninguém
ou era Alguém cujo número não está na Guia de Los Angeles),

atende tu o telefone.

(De *Oración por Marilyn Monroe y otros poemas*, 1965)

Cantiga 5

Estrelas e pirilampos

A energia de sua união
    transformada em calor e luz
isso são elas.
    O universo aceso
por milhares de galáxias de milhares de milhões de
    estrelas!
    Eu contemplo o universo
    e sou o universo que se contempla.
A finíssima retina ao universo vendo-se a si mesmo,
isso somos.
Aquela primeira vez que se viu aqui da Terra
através de vidros o céu,
quando com areia convertida em lente
Galileu viu Vênus em quarto crescente e as crateras
    da Lua
o mundo vendo-se a si mesmo.
    Pirilampo no chão.
    inútil lume de fêmea no solo,
    sem que o companheiro de luz
    desça ao céu.
Está muito clara a Via-Láctea
esta noite de verão em Solentiname.
    (300.000 milhões de estrelas)
cardume de peixes prateados.
    Nossas estrelas vizinhas!
Mas das estrelas ninguém observa a Terra,
o que a tornam como inexistente.
Quem está sozinho neste planeta Terra
quisera de algum modo elevar-se para essas luzes
e nunca mais voltar.
    Ele tinha 20 anos.
    Pirilampo no chão.
E terá sido, depois de tudo, um matrimônio com um
    ser impessoal?

Só, num raio de 100.000 anos-luz
    ardendo de amor.
Nenhum corpo a seu lado na cama
nem na areia.
    Ansiando a vinda do reino dos céus à terra.
    E no final do espaço-tempo
    o coito eterno.

Seres essencialmente cósmicos:
    Não podemos excluir a terra da eternidade.
    Essas luzes lê no alto, a Jerusalém celestial.
Se em matemáticas são infinitos os números,
os pares e os ímpares,
por que não uma beleza infinita e um amor infinito?
É uma constante na natureza
a beleza.
Daí a poesia: o canto e o encanto por tudo quanto existe.
A terra poderia ter sido igual
de funcional, de prática,
sem a beleza. Por quê, então?
Todo ser é suntuoso. — Necessário acaso
que desses tão luxuosíssimas joias
    a tão efêmeros peixes
    pulando neste entardecer no fundo do bote.
Me ama, e se nada sou,
serei um nada com tua beleza nele retratada.
Ao fim e ao cabo do nada nasceu tudo, nada vazio,
    mas repleto
da urgência de ser.
Amor certamente fora deste mundo sublunar.
Com esta vocação de alguns para um amor sem
    cromossomos...
    Tua beleza te permite ser tirano.

Olhando na noite esses mundos distantes
distantes também no passado.
Estrelas do passado. (E o tempo
    é diferente para cada uma delas.)
Alfa de Orion 5.000 vezes mais brilhante do que o
    sol.
    Talvez estrelas que já nem existam.
Alfa da Lira a 5.000.000 anos-luz.
    E a 200 milhões as nebulosas do Boieiro.
    A viagem da luz nas trevas.
Por que viaja a luz? E para onde vai?

Olhando na noite.
A imensa quantidade de Terras lá em cima.
A coincidência do estar o homem em tamanho
intermediário
entre o planeta e o átomo.
E que num planeta do tamanho do nosso
seja impossível um ser ágil maior que o homem.
Ou a pergunta por que é tão grande o universo:
não haveria inteligência humana
num universo menor ou mais jovem.
"Um cientista é a maneira que tem o átomo de
entender o átomo",
e eu que odiei tanto a física com o padre
Muruzábal,
e mais ainda a álgebra do Padre Stella.

Habitantes deste corpo celeste,
os gigantescos espaços cósmicos
atuam sobre nossas células. Como toda molécula da
Terra
atrai a Lua, o Sol e as estrelas.
Até nas pedras na marés da lua
imperceptíveis.
Poeira de muito distantes pontos ao cosmo cai
sobre nós.
Gazes da terra vão por todo o cosmo.
A fraternidade de tudo.
Elementos de nossas lágrimas existiram em outros
seres.
A unidade de todos.
O caracol copia a espiral da galáxia.
"Um ser vivo sem constante troca com o meio
é impensável".
Como o rumor ao mar ficou na orelha ao caracol?
Mas não foi o ritmo ao mar que enrolou o caracol?
Como os coqueiros, dizem, necessitam ouvir
o rumor do mar
para crescer.

Na noite as olhamos, e talvez já nem existam.
Um dia o sol não existirá
e sua luz ainda chegando a estrelas longínquas.
Porém
como cada molécula atrai outra molécula do universo

todo o universo é uma única estrela.
Como os astros são simplesmente concentração de
matéria intersideral, tudo é uma estrela.
A matéria é movimento.
O universo, transformação.
As velocidades dentro dos átomos são como
as do céu.
Em contínua dança a matéria.
As nuvens de hidrogênio em rotação
engendrando estrelas em rotação
que engendram planetas em rotação,
e as galáxias em discos, esferas ou espirais,
também girando.
Expandindo-se tudo (ademais)
ao mesmo ritmo.

E qual é a sua razão de ser?
Como foi sua criação?
E nós por que estamos?
E quem somos?
Terá o universo uma alma
e somos nós essa alma
com todo o cosmo por corpo,
até mesmo os gazes mais distantes, nosso corpo?
Assim o cosmo se conhece a si mesmo por nós.
"Conhece-te a ti mesmo."
Consciência de si mesmo, cada um também pertence
ao todo.
O segredo da ciência ultrapassa o cientista.
(A unidade e inter-relação de tudo,
do Avatamska Sutra).

"Durante uma hora tratou de chamar a atenção dela
que comia diligentemente sem sequer olhar para ele.
Afinal parou de comer e pareceu olhá-lo.
Animado, ele começou a dançar diante dela.
Ela ainda comia aos poucos
e ele acelerou a dança, foi se aproximando.
Ela, hipnotizada, contemplava o dorso azul dele.
Ele acariciou suavemente com sua perna a perna dela
e ela fez a mesma coisa.
Separaram-se um momento. Ele voltou a acariciá-la.
Ela parecia seduzida.
Ele se afastou um pouco dela. Ela o seguiu.
E já não os vimos mais."

O fogo que criou as estrelas nos criou.
O que na terra chamamos a natureza humana
filha de processos de reações nucleares.
Não se crê que as estrelas nascem sozinhas.
Ainda que agora se veja só o sol, o sol sozinho,
(nós com ele)
surgimos como membros de um grande grupo.

O céu em Solentiname era claro nessas noites
e eu me deitei com a cabeça cheia de estrelas
cismando em ser filho do criador de todas elas.
Porém
um vaga-lume na relva tinha mais companhia
e ante um amor físico na areia da enseada
o firmamento de nada vale, valeria um relógio
Seiko
de números fluorescentes,
valeria o que vale um relógio SEIKO de números
fluorescentes
no pulso de um amante com sua amada na enseada.
Eu solitário entre as estrelas.

Igual a Safo e aquelas Plêiades dela.
A corrente do tempo vai do passado para o futuro
ou do futuro para o passado?
Ou o tempo não flui e tudo é presente?
É a outra dimensão que vemos lá em cima no
firmamento?
O tempo não passa.
Tão somente espaço, tão somente um espaço
permanente
compreendendo a totalidade do tempo.
O tempo não é como um relógio em constante
tique-taque
presente-passado presente-passado, o tempo
é como um relógio que ficou parado.
O tempo não passa,
mas nós passamos.

Ah, companheiro Santo Agostinho.
São nossas vidas que passam
o que parece dar movimento ao tempo
como os postes que de um trem parece que passam
(postes daquele trem para Nápoles, aos 25 anos que

passaram
e nunca mais voltaram).
Luzes da pista do aeroporto que correm velozes
e depois as vemos imóveis lá de cima, o avião já
voando.
O cowboy a galope, o disparo, o beijo,
tudo imóvel enrolado no carretel.
Um lugar no espaço é o tempo.
Como os horários de trens...
Diferentes horas em diferentes estações para o
mesmo trem!
Vamos no espaço-tempo como num trem da noite.
E com telescópios olhamos o passado no espaço:
2.000 milhões de anos atrás de trás do cristal,
galáxias como existiram há esses milhões de anos.

Aquele velho relógio de La Merced semi-iluminado
que marcava as 8, a hora de visitá-la
– e hora em que a velha Maria Cabezas no fundo
da casa
em sua velha poltrona começava seu primeiro
rosário –
agora que escrevo estes versos, tantos anos depois,
estará marcando esta hora de agora ou estará
escangalhado
parado em qualquer hora, talvez às oito da noite
de muitos anos atrás
inutilmente?

Olhando este céu estrelado tão calado
e sem embargo povoado de milhões de civilizações.
250.000 milhões de sóis somente em nossa galáxia
num raio de cem mil anos-luz.

Milhões ali de civilizações, planetas companheiros.
Os céus.
Estrelas muito mais antigas do que o sol,
sociedades muitíssimo mais avançadas do que a
nossa.
Ou quem sabe como os monstros extraterrestres de
Hollywood?
Ou astrônomos viram muito longe no espaço
e muito longe no tempo,
15.000 milhões de anos-luz.

Fazendo agora de nossa terra um corpo celeste.
Um conjunto de galáxias, a metagaláxia.
Acaso a metagaláxia tenha forma de disco
e gire em torno do seu eixo,
e haja agrupações de metagaláxias...
Atrás ao mundo mais distante outro ainda mais
distante,
o passado mais remoto ainda tem outro passado,
e todo futuro outro futuro.
A luz de uma estrela visível pode ser 1.000 anos-luz,
mas aquela espera defronte da casa iluminada
era um tempo longo por demais.
O relógio redondo de La Merced enchendo toda
a noite
e não dando nunca as 8.

Nós, seres vivos ainda, com a habilidade de exportar
entropias.
Palavra que não é ao nosso falar cotidiano:
Entropia.
Ainda perdura esse vago rumor no cosmo
que vem desde a criação.
A Segunda Lei: que o frio não passa a ser quente.
O sol poente ao Solentiname banhava de luz uns
cabelos castanhos
que castanhos serão só por uns anos.
O meu era negro.
Sobre nós esses buracos negros aos quais não se
volta.
Onde o espaço e o tempo se acabam. Será mesmo
inevitável
o colapso gravitacional total ao universo
para o esquecimento?
Seja como seja:
o grande cisco côncavo,
a gigantesca antena, localizemos
na direção ao Amor.

(De *Cántico cósmico*, 1990)

Nota biográfica

Granada, 1925-

Poeta, prosador, editor, memorialista. Sacerdote católico. Graduado em Filosofia e em Letras no México e em Literatura inglesa na Columbia University. De volta a Manágua, funda, em 1950, as Edições Hilo Azul. Inicia sua entranhável amizade com o poeta seu compatriota José Coronel Urtecho. Em 1957 ingressa na Trapa, em Gethsemani. Thomas Merton é seu orientador e mestre. Deixa o convento e funda a comunidade Nossa Senhora de Solentiname, no lago da Nicarágua, onde (até hoje) passa a viver. Só a abandonou durante os últimos anos da luta sandinista, à qual deu apoio aberto e militante, contra o governo de Somoza, que ordenou a invasão e o bombardeio da ilha. De sua convivência com camponeses e pescadores resultou o notável *Evangelho segundo Solentiname* (2006) e a criação de uma escola de pintura, dita primitiva, da qual, anos decorridos de trabalho constante, nasceram artistas hoje consagrados e valorizados até na Europa.

Apaixonado pela floresta amazônica: nos últimos anos já passou duas boas temporadas comigo em Barreirinha. Seus livros: *La ciudad deshabitada* (1946), *Proclama del conquistador* (1947), *Hora O* (1960), *Gethsemani, Ky* (1960), *Epigramas* (1961), *Salmos* (1964), *Oración por Marilyn Monroe y otros poemas* (1965), *El estrecho dudoso* (1966), *Homenaje a los indios americanos* (1969), *Vida en el amor* (1970), *En Cuba* (1972) e *Oráculo sobre Managua* (1975).

Vários de seus livros estão publicados no Brasil: *Salmos e Oração por Marilyn Monroe* (1979), *A vida no amor* (1980), *Civilização brasileira* e *Cântico cósmico* (1995), publicado pela Hucitec. Cardenal concluiu em 2004 os três volumes de suas memórias, já traduzidos para vários idiomas.

Fernando Silva

Velório

Estão os índios no velório,
os cachorros cheiram os *caites* novos.

No café negro se suavizam
    as roscas de milho.

A índia moça
    esfrega os olhos vermelhos.

Sobre umas tábuas está rijo o morto,
    com um lençol em cima.

No velório
os índios têm os caites no assento
    dos tamboretes.

Chegam ao velório os índios,
todos chegam escuros,
não se sabe quando chegam,
vê-se a cara deles
quando acendem os charutos no candeeiro.

Estão no velório,
    ninguém fala.

Os pescadores

Umas cores muito limpas
umas árvores frondosas e verdes
e a calmaria deste lago
cheio de algas que lá das ilhas
todas manhãs as correntes as levam para longe.
Os pescadores conhecem que debaixo das águas
no lugar em que a *bocana* faz rebojos
viajam os *guardúmenes*
e voam baixo, as gaivotas e as andorinhas
Então jogam suas tarrafas
para recolhê-las cheias de *guapotes*.
Quando o sol começa a sair do horizonte

a manhã parece um pátio cheio de flores.
Jalacates parecem os chapéus
dos que estão no porto.
Girassóis parecem as brasas nos fogões.
Jasmins as velas das lanchas.
Heliótropos os pátios com as roupas estendidas
e Orquídeas os copos de espuma
que flutuam na margem.
Os pescadores são muito velhos
e nunca deixaram de pescar.

O SILÊNCIO

Abaixo da quebrada
numa poça profunda
onde a água é muito clara
um pedaço de céu
se funde entre círculos
de luz amarelada
até o plano da poça
onde se vê mover-se
a barbatana de um peixe
que vem à flor da água
e logo afunda,
enquanto ficam
em cima umas borbulhas
que logo se desfazem.

Nota biográfica

Granada, 1927-

Dele diz Ernesto Cardenal: "É o escritor nicaraguense que melhor conhece a fala do povo e o que mais fielmente a reproduz na obra literária e se pode dizer, neste sentido, que é o mais nicaraguense ou o mais popular de nossos escritores". É poeta, contista e romancista. Publicou *Barro en la sangre* (1952) e *Água arriba* (1968), de poemas. Seu romance *El comandante* é por muitos considerado o melhor até hoje escrito em seu país. Fernando Silva é médico de renome.

Gioconda Belli

E Deus me fez mulher

E Deus me fez mulher
de cabelo comprido,
olhos,
nariz e boca de mulher.
Com curvas e pregas
e suaves profundidades
e me cavou por dentro,
me fez uma oficina de seres humanos.
Teceu delicadamente meus nervos
e balanceou com cuidado
o número de meus hormônios.
Compôs meu sangue
e me injetou
para que irrigasse todo meu corpo;
nasceram assim as ideias,
os sonhos,
o instinto.
Tudo o que criou suavemente
a marteladas de sopros
e as perfurações de amor,
as mil e uma coisas que me fazem mulher todos os dias
pelas quais me levanto orgulhosa
todas as manhãs
e bendigo o meu sexo.

Esperando por ele

Pela manhã
me ergo como gazela
gozosa entre o monte
        te esperando.

Ao meio-dia
fundida entre flores,
vou desenhando
teu nome no ventre de água do rio.

No crepúsculo,
cheia de amor, me dobro

e logo vou te esperar
para que venhas de noite,
para que venhas pousar em mim como um pássaro
e ondeies teu corpo
como bandeira
sobre meu corpo.

Grávida

Vais ficando gorda
tomando a forma do teu filho,
arredondando-te como a terra,
protegendo com teu corpo
a semente.

Vais ganhando a cara contente
da mulher grávida
fazendo-te mãe todos os dias
através de teu sangue
enquanto esperas
enquanto o mundo espera contigo
o milagre.

Parto

Recordo
quando nasceu minha filha.

Eu era toda uma só dor medrosa,
esperando ver sair de entre minhas pernas
um sonho de nove meses
com cara e sexo.

Nota biográfica

Manágua, 1948-

Muito jovem deslumbrou Nicarágua com o seu primeiro livro, *Sobre la grama.* Ganhou o Prêmio Casa de las Américas, de Cuba. Militante da Frente Sandinista. É também romancista. Seus principais livros: *Línea de fuego* (1978), *Truenos y arco iris* (1982), *Amor insurrecto* e *De la costilla de Eva* (1987) e *El ojo de la mujer* (1991).

Bosco Centeno

Os patos

Os patos-agulhas com o
bico longo e negro
grasnam e sacodem as asas,
pegam as sardinhas da água.
E os machos brigam.
As patas mais estilizadas e finas
de cauda mais comprida,
que estão nos ramos
com as asas abertas ao sol, dormem.
E os filhotes negros e peludos
abrem o bico esperando sua comida
no ilhote
o dia inteiro.

Como o salto rápido do sábado

Como o salto rápido do sábado nas tardes de maio
e as estrelas fugazes nas noites de verão:
assim foi o nosso amor.

Confundidos na noite

Na noite confundidos pela noite
como tigres na espreita
ouvindo o latido acelerado do nosso coração
mosquitos passando com roncos de aviões
não se sentem as suas picadas
o fuzil bala na agulha, sem seguro
com pulso firme decidido
e passam sombras de capacete e fuzis uma e outra e outra e outra...
e o disparo, seguido de muitos outros, cala os sons da montanha
e vivas a Sandino e Monimbó
de Pátria Livre ou Morrer
a pólvora que seca a garganta,
alongando-se o tempo e o silêncio rasgados por
gritos pedindo clemência
saindo dos matagais sempre vigilantes
recolhendo fuzis, documentos
curamos os guardas feridos
e silenciosos desaparecemos na montanha.

Nota biográfica

Jinotepe, 1954-

Depois dos estudos secundários na cidade natal, se decidiu pela vida camponesa, foi viver no arquipélago do lago da Nicarágua e logo se incorporou à comunidade de Nuestra Señora de Solentiname. Participou da luta armada da Frente Sandinista. Prêmio de Poesia do Ministério da Cultura, com seu livro *Puyonearon los granos* (1984). Foi oficial do Exército, chegando a tenente-coronel, mas voltou à vida civil e camponesa de Solentiname.

Luz Marina Acosta

A Juan Acosta, um combatente solitário

Me contaram tua decisão de ficar sozinho,
sem minha mãe e meus irmãos para a Ofensiva Final
e que te deixaram dinheiro para que sobrevivesses.
Depois me contaram que tinhas ficado louco:
– Imagina – me diziam – gastar
    toda a prata em sacos de sal
em vez de comprar alimentos.
    Está com a casa cheia de sacos de sal!
Mas eu, tua filha tão louca como tu,
me disse: "é a melhor inversão que ele fez".
Eu sabia para que guardava esse sal.
Te imagino então ouvindo a clandestina Rádio Sandino
esperando o sinal, expectante, seguindo
dia a dia a insurreição de Massaya,
seguramente quase escutavas os tiroteios de León,
os bombardeios de Estelí, os combates
dos bairros orientais de Manágua.
Descansavas de dia, para que o chamado
não te agarrasse dormindo.
    Em vão esperaste
o Atabal com seu toque de guerra,
convocando todo o povo para a insurreição.
Nem sequer a Lucila vende-atol
gritou, chamando a cidade à peleja.
Nenhum vizinho te disse cagado: "Don Juan já estão aqui".
Só tu estavas sozinho em Granada,
entre teus quintais de sal,
com teus sacos de sal, pronto
para levantar a barricada de tua rua.
O sal só serviu para manchar os tijolos de tua casa.

A Revolução triunfou sem necessitar de Granada,
mas tu, Juan Acosta, como um solitário soldado da
    Frente Sandinista,
disposto na espera de teu combate, cumpriste.

(De *Flor y canto*, [s.d.])

Mensagem

O que passou conosco, companheiros?
Já há dois anos do triunfo
e ainda não ouvi pelo rádio
as mensagens que nos prometemos.

Quantas promessas nos fizemos então!

Quando triunfemos, dizíamos,
– e estávamos seguros do triunfo –
os que fiquemos vivos nos chamaremos pelo rádio.
Quando triunfemos
    – e estávamos seguros do triunfo –
nos uniríamos de novo,
Omar com a Chavela,
Carlos com a Mirna,
a Chela com Orlando.

Quando triunfemos
e estávamos seguros do triunfo,
vamos fazer uma festa.
A festa não me importa:
já a celebramos com o povo.

Mas não me conformo: quero vê-los de novo.
Quero tê-los de novo.
(Se ouvem estes versos
ainda que não seja pelo rádio,
respondam minha mensagem!)

Nota biográfica

Granada, 1955-

Luz Marina Acosta nasceu em Granada em 1955. Em 1974 ingressou na clandestinidade da guerrilla sandinista, e esteve exilada no México. Com o triunfo da revolução passou a trabalhar no Ministério de Cultura. Seus primeiros estudos acadêmicos realizou-os na Universidad Nacional Autónoma de Nicaragua, León. Cursou a Licenciatura em Ciências da Cultura na Universidad Centroamericana de Managua, graduando-se com o maior índice acadêmico. Morou no México e viajou pela América e pela Europa. Desde menina conheceu e cuidou do poeta José Coronel Urtecho e desde 1979 é assistente de Ernesto Cardenal, mantendo sob sua responsabilidade vários projetos culturais. Seu primeiro livro: *Obra primigenia de Ernesto Cardenal, Carmen y otros poemas* (Anama Ediciones, Manágua, Nicarágua, 2000). Tem cultivado a poesia, a narrativa e o testemunho. Publicou seus primeiros trabalhos em suplementos culturais e revistas e antologias. Foi traduzida para diversos idiomas. Promotora de arte, diretora da Galería Casa de los Tres Mundos, membro do Centro Nicaraguense de Escritores, editora de livros, jurada de diferentes eventos culturais dentro e fora do país. Assinou com o poeta Julio Valle-Castillo um volume de entrevistas com José Coronel Urtecho: *Libro de conversaciones sobre libros* (Manágua: Editorial Nueva Nicaragua, 1994). Foi selecionada por Ernesto Cardenal para *Flor y Canto*, sua antologia da poesia da Nicarágua. Dessa antologia selecionei os poemas de Luz Marina aqui publicados.

DEMETRIO HERRERA SEVILLANO

HOMERO ICAZA SANCHEZ

ARISTIDES MARTÍNEZ ORTEGA

HECTOR COLLADO

DIANA MORÁN

PANAMÁ

DEMETRIO HERRERA SEVILLANO

TU SEMPRE DIZES QUE SIM

Conterrâneo meu,
panamenho,
tu sempre respondes: sim.
Não porém para lutar.
Que não para protestar
quando és ultrajado, tu.
Conterrâneo meu,
panamenho,
tu sempre respondes: sim.
Te dão um centavo diário,
sim, sim, sim.
Se te governa um tirano,
sim, sim, sim!
Conterrâneo meu,
panamenho,
tu sempre respondes: sim.
Aprende a lhe dizer: não...
aprende a dizer não
ao que tu dizes que sim.
Porém não, dizes que não,
quando necessitas sim.
E ao dizer sim quando não
e não quando dizes sim,
pois o teu sim vale não,
como o teu tu vale sim.

(De *Poesia panameña contemporânea*,1982)

Por favor!
Que não se diga
que tu não tens consciência.
Não, não, não!

Nem que tu só digas sim,
quando necessitas não.
Nem que esse ultraje te agrade.

Não, não, não!
Nem vagar pela miséria...

Porém, não, que dizes não
quando necessitas sim.
E ao dizer sim quando não
e não quando deves sim,
o teu sim é como um não
e tu próprio não és sim.

Tu sempre respondes: sim,
porém não para lutar.
E menos para ultrajar
a quem te ultrajam: a ti.

Patrício meu,
panamenho,
tu sempre respondes sim.

Quartos

Zonzos
de calor e noite
passam quartos,
quartos, quartos...

Quartos dessa gente pobre
com suas crianças descalças.
Quartos onde o sol não entra,
que o sol é aristocrático.

Mulheres semidesnudas
estão lavando no pátio
e os fogões alardeiam
um silêncio quadrilátero.

Quartos onde, néscia, dá
a tosse, fúnebre chiado.
Quartos de caras tão murchas,
exposição de farrapos.

A enferma aparece e chama...
a enferma aparece e chama
o vento, que não faz caso.
Aperta o saguão escuro.
A bofetada na tina.

E zonzos de calor e noite,
passam quartos,
quartos,
quartos...
quartos dessa gente pobre com suas crianças descalças,
quartos onde o sol não entra,
que o sol é aristocrático.

(De *Antología poética*, 1945)

Nota biográfica

Cidade do Panamá, 1902-1950

Demétrio não chegou a concluir o curso primário. Autodidata, se fez um mestre na ciência do idioma e na arte da criação literária. Publicou o seu primeiro livro mal entrava na casa dos vinte anos. Eram os seus *Primeros trinos*, de inclinação ultraísta. Mas a madureza e o coração fizeram dele o cantor da vida do seu povo, atravessada de sofrimento, injustiça e submissão.

Morreu moço, mas a sua poesia perdura viva, na esperança do coração panamenho.

Livros de Demétrio: *Mensaje en verso* (1934), *Kodak* (1937), *Los poemas del pueblo* (1938), *Antología poética* (1945) e *La canción del esclavo* (1947) e *Ventana* (1950).

Homero Icaza Sanchez

Carta à minha mãe

É tão funda e tenaz a desconfiança
de não te haver envolto na mais pura
ternura, quando a alma tão inocente,
que te quero com culpa e me tortura
o temor de saber que talvez nunca
te possa eu dar o amor que te mereces.

Teu filho brincalhão está morrendo
de tão magoado por tua lembrança
e há um sabor amargo que alimenta
meus atos conscientes de homem adulto.

Senhora: estou morrendo. Já sou outro.
Mas há um eco antigo que me traz
tua voz de veludo, tua voz
de tranquila doçura ante minha ânsia
e tua mão segura de pastora
conduzindo o rebanho pela vida.

Perdoa-me esta ruga que te marco.
Perdoa-me este amor sem estatura.
E me perdoa se com este grito
de cordeiro ferido eu te desvelo.
Andando vou, Senhora, e sem remédio.
Mesmo sabendo que só em teu regaço
encontro minha voz, minha poesia,
avanço para o abismo, resignado.

(De *Las arras del amor*, 1998)

Serenata

Não disfarces com luzes de tragédia
esses acordes de ternura clara
que em teus gestos fulgura sempre que amas
sem nem pensar nas coisas desta terra.

Não reconhece amor esses valores
que apregoam o número e o pêndulo

e há mais poesia numa flor noturna
que num verso de dom Luís de Góngora.

Vem sem medo. Vivamos como crianças.
Um e um podem ser cinco e por teus olhos
corre um rio coberto de amapolas

Deixa eu te beijar sem nostalgia.
E deixa que eu te queira até que o pranto
brote de tanto amor enamorado.

(De *Poemas para cuerdas*, 1958)

Canção para uma negra

Por teus olhos se perdeu
um molusco de cristal,
por tua boca a água corre,
nasce o fogo, cresce o pão.

Cobre teus dentes de giz,
guarda teu seio de areia
não me ofertes a cereja
tua língua de sabão.

Em tuas ancas se enrosca
uma serpente de azeite
e o mistério em tuas coxas
lhe conjuga a direção.

Dá-me teu corpo de corça,
dá-me teu riso com eco,
e me dá a profunda graça
de pecar sem inocência.

(De *Poemas para cuerdas*, 1958)

Poema necessário

Talvez por estar longe, tua presença
mais próxima me esteja que nos dias
em que eu brilhava de sapatos novos
com teu sorriso maternal de escudo.

Talvez por estar longe, agora sei
que teu amor virou ressentimento,
porque não te guardei quando te davas
sem de mim reclamar a inocência.

Talvez por estar longe. Só por isso
dóieza de te saber próxima
no entanto inalcançável a meus gestos,
a teu chão me agarrando na distância,
alimentando-me este amor com lágrimas.

Pátria que não me deixas. Pátria humana.
Me guarda uma palmeira e uma praia,
de minha mãe o rosto na janela
e eu poderei morrer imaginando
que te amei com amor de água calmada.

(De *Las arras del amor*, 1998)

Nota biográfica

Cidade do Panamá, 1925-

Em 44 veio para o Brasil, assumir o consulado do seu país. Deixou a diplomacia, naturalizou-se brasileiro. Sem jamais abandonar a poesia, acabou por tornar-se um profissional respeitado, verdadeiro bruxo, em matéria de comunicação de massa. Foi aluno, amigo (e poeta traduzido) de Manuel Bandeira, que muito marcou a sua formação. De seus livros: *Poemas para cuerdas* (1958) e *Las arras del amor* (1998).

Aristides Martínez Ortega

Palavras antes do final

Antes que destruas a terra
procurando a paz
com tuas bombas atômicas,
procurando a paz
com tuas bombas de hidrogênio,
procurando a paz
com teus foguetes
lançados como fogos de artifício em honra de teus
deuses,
escuta-me Tio Sam!
atende, velho do Rio Grande, gigante
metido em fraque de palhaço.

Estamos contentes com os incomparáveis e fornidos
rapazes da Army
percorrendo-nos em jeep ao compasso de chicletes;
não duvides, os incomparáveis e fornidos rapazes
da Army:
atentos, engomados, engraxados, penteados
e cômicos. Deixam-se fotografar
com seu traseiro sobre nossos monumentos,
o quepe de lado, seu uísque Kentucky na mão
e a puta mais filha e neta de puta.

Oh os incomparáveis rapazes da Army!
atentos, engomados, engraxados, penteados.
E cômicos. Nos chegam pelo ar ou por mar
sem passaporte mas com o seu M1.
Não discuto: são teu orgulho
e o do por ti tão ajudado mundo.

Ao César o que é de César!
O por ti tão ajudado mundo não pode esquecer
que nos ajudas a te manter poderoso.
O por ti tão ajudado mundo não pode esquecer
que nos tens aliados para o teu progresso.
O por ti tão ajudado mundo não pode esquecer
que com pagamentos facilitados nos vendes nossas
riquezas.

O por ti tão ajudado mundo não pode esquecer
que socorres nossas catástrofes com excedentes.
O por ti tão ajudado mundo não pode esquecer
tuas minas em nossa terra.
O por ti tão ajudado mundo não pode esquecer
que te desvives por nossos corpos de ordem.
O por ti tão ajudado mundo não pode esquecer
que financias as caças às bruxas.
O por ti tão ajudado mundo não pode esquecer
que premias com dólares os espinhaços de borracha.
O por ti tão ajudado mundo não pode esquecer
que sendo teu canal concedes a dá-la como se de
Panamá nos postais para turistas.
O por ti tão ajudado mundo não pode esquecer
que combatendo a barbárie – como demonstram os teus filmes do Oeste –
exterminaste os selvagens Peles Vermelhas.
O por ti tão ajudado mundo não pode esquecer
que para apaziguar fúrias divinas ofereces deuses a
teus negros.
O por ti tão ajudado mundo não pode esquecer
que assiná-las nossa rota como o bom cowboy faz
com o seu gado,

A César o que é de César!

Então, por que diabos gritam nas ruas
"Go home, yankee! Get out! Son of a bitch!"
Eu esquecera: são os malditos comunistas.

Tio Sam, não serás tu o que aparece num romance de
William Faulkner com o nome de Benjy?

Que me trague o inferno se eu sou o Benjy!
Tu és Benjy!

Era tudo o que tinha a te dizer
antes que destruas a Terra
procurando a paz
com tuas bombas atômicas,
buscando a paz
com tuas bombas de hidrogênio,
buscando a paz
com foguetes
lançados como fogos de artifício em honra de teus
deuses.

(De À *manera de protesta*, 1972)

Nota biográfica

1936-

Dos poetas principais de sua pátria. Jornalista, crítico literário, educador.

Catedrático de espanhol da Universidade do Panamá. Autor do *Diccionario de la literatura panameña*, tem vários livros de poemas: *Retoños* (1956), *Poemas de sentido comum* (1959), *A manera de protesta* (1972) e *Protesta sin maneras* (1997).

Hector Collado

Todo o amor do mundo

Todo o amor do mundo
cabia em minha casa.
Mas o ódio reclama os seus espaços
e a orfandade exige sua ração
de morte.

Todo o temor do mundo
se instala debaixo da sombra
no lugar destinado à podridão...

Solitários na noite
irmãos pela última vez,
encolhidos no amanhecer,
surpreendidos pelo milagre da vida
ao meio-dia.

Todo o rancor do mundo
chovendo,
estalando,
matando...
Até onde, Senhor, até quando?

Todo o amor do mundo cabe numa bala.

(De *Poesia panameña contemporanea*, 1982)

Agora

Agora,
cansado da idade
e do trajeto;
do dia, cheirando a
derrota,
que se alimenta de
espectros
e negações;
cansado do adeus

dessangrando
mão de mulher
em algum porto
cansado de desviver,
de malversar os dias
outorgados para acumular
filhos
e avós mortos;
aferrado à minha sede de
eternidade,
torno a começar.

(inédito)

Não é fácil falar de amor

Se a morte caiu
em teu solar, teu pátio
e lhe põe bombas nos testículos,
no peito de teus mortos
e te desfez a casa,
os beijos da madrugada,
se te morreu sem nascer
o filho que não fizeste.

Não é fácil falar de amor
se te humilharam a argila e o sal
e a bandeira amanheceu muda
descorada
à meia hasta
envergonhada.

Não é fácil falar de amor
se a luz
surpreendida pela morte em pleno voo
murcha, tornando tudo cinzento,
incertidão, tudo sombra.

Não é fácil
mas meu beijo renasce
de novo, no coração da manhã.

(De *Mártires y poetas*, 1999)

Nota biográfica

Cidade do Panamá, 1960-

Poeta, narrador, documentarista. "Verde infinito comandante" (1982) é um vasto poema que dedica ao general Torrijos. Autor de *Trashumancias* (1982) e *El gênio y las tormentas* (1883). Fundou o Taller Literario José Martí. Em 1990 recebeu o mais alto prêmio das letras do Panamá.

Diana Morán

Eva definida

Mulher... Eva de sede esperançada,
irrompo em tuas ondas materiais,
para beber as águas sindicais,
as cabeças de carne desgarrada.

E assim, tão simplesmente enamorada,
ser noiva de doçuras corporais,
esposa de limoeiros verticais
em êxtase de terra liberada.
Quero beber a aurora coletiva,
quebrada de ternura combativa
de tuas mãos em concha perfumada.

Nutrir o istmo novo dos meus filhos
com a revolução de beijos fixos,
síntese das bocas e dos grãos.

II.

Homem-Istmo, Adão de barro verde!
De teus úmidos olhos de cilantro,
Tua pele silvestre de hortelã,
Brota a alvorada de uma pátria pura,
Pentagrama sensual de clorofila.

Forjam-me as notas revolucionárias
– o proletário coração triunfante –
a sinfonia social dos homens.

Cântico guia dos trabalhadores,
rente às margens de tua boca espero
o avermelhado resplendor sonoro
que fará florescer minhas pupilas.
Deixa... deixa que eu seja junto a ti.

(De *Eva definida*, 1957)

Soberana presença da pátria

Em janeiro nas ruas onde rolam os gritos,
Na carne nove ou dez, na súplica radial
de um rubro arroio para soldar os nervos,
é a data de um povo que encontrou o seu caminho.
Escutem o que eu digo,
com uma brasa de ódio
no pássaro doce que habita meu seio,
ainda que a barba de Walt Whitman fale
de famílias de erva e moral de maçãs.
A Pátria se foi, como faz tempo se vai,
com sua camisa branca
e a gravata azul da adolescência,
com o civismo azul do seu passo
e o fértil batalhão de suas artérias
e a desfraldar o voo ali onde cortaram
as asas tricolores de seus emblemas.
Escutem o que digo...
Com a capela ardente do rancor mais ancestral:
Minha Pátria, cântaro de amor de todo idioma,
que oferece sua água boa ao peregrino,
arrastou sessenta calendários
sem direito à fruta, a árvore do seu horto,
a cintura sagrada na bondade.
Em cada lugar do meu corpo punge uma dor de sempre-vivas
Para contar ao mundo a parábola do bom vizinho
Que esmagou a luz recém-nascida.
Jovenzinha de paz,
existe a fruta, o horto, a haste do teu nome
e o muro, o muro branco... o muro rubro
— sua carta fraternal... Punta del Este
desalinhavou tua essência, derramou teu caudal,
na úmida intempérie de gases lacrimogênios,
gemias, Panamá, como um milharal em chamas.

Quem me pede cortinas
para azular a pele queimada dessas faces
que jamais pensaram em atirar um jasmim nas calandras?
Quem reclama a sílaba final de um cordeirinho
para ensaiar um aperto de mãos,
aqui, onde ficou sem gaze um hospital
para cobrir a fuga de amapolas?
Quem, quem se atreve a rezar
Tio Sam, Santa Claus, Corpo de Paz
— Arca de Alianças, Consolo do Afligido —

o coração esburacado
cicatriza com verdes empoados

Quem me pede que sofra, que soframos de amnésia,
que lhe demos a Fleming três medalhas
que com Bogart bailemos ao tambor
pela amizade do tubarão
e o anzol para as sardinhas?
Não! O sol não desperta para vocês,
usuários do ar.
Esse disfarce de ovelha, irmão lobo,
já não engana o candor das violetas.
Agora, como batizarás essa manobra?
Jogos de patos?
Operação antiga na Zona do Canal?
Pilulazinhas Johnson para o subdesenvolvimento?
Estes abraços que buscam uma forma de menina,
um latido de noiva, uma fronte nos livros,
filmes não são para soldados morfinômanos.
A viuvez destes quartos não se vende em coca cola.
O salitre escapado da ferida em desvelo
não é negócio de chicletes ou sapatos.

Este nove de janeiro não é cera de museus,
não é moeda de câmbio,
não tem a assinatura de Bunau Varilla.
Eu tenho que gritar
– Oh, a garganta amarrada de meus mortos,
com seu pólen de incêndio! –
Eu tenho que gritar,
nas quatro pontas da rosa do ar,
onde a UPI soltou seus vampiros.
Qual palavra,
que palavra por mais suja que seja,
não resulta em flor para cuspir no rosto
do búfalo em conserva?
Que adjetivo não é anjo para te pintar abutre,
Se por uma pomba que a mão te oferece,
assassinas a mão, o sal e a pomba!

Não há lago, fronteira, axila que não leve
a tatuagem de teus colmilhos roedores de estrelas.

*****

Eu tenho que gritar:
meus mortos são vivas semeaduras,
ataúdes que nutrem a esperança
com o ritmo ascendente de luta.
Nas órbitas de Rosa as espigas rebentam,
nas costas de Ascânio se aramam as legiões,
os fêmures de Alberto, Teófilo e Rogelio,
são hastes invencíveis outra vez no muro.
Os olhos de Ricardo, os bicos de Rodolfo,
as células de Victor, os dedos de Carlos,
as pernas mordidas, seus núcleos roxos,
substâncias nacionais, viraram patrimônio.
O sangue dos homens é história que vive,
seiva que da morte
ganha corpo,
soberana presença da pátria.

(De *Soberana presencia de la patria*, 1964)

Nota biográfica

Panamá, 1932 – México, 1987

Poeta e professora. Seus poemas são cantos de amor e de clamor pela justiça no seu agredido Panamá. Perseguida, exilou-se no México em 1969, onde exerceu sua profissão de pedagoga. Numerosos livros. O primeiro, de 1957, *Eva definida*. Seguiram-se: *Presentimiento de la carnal corola dilatada* e *Soberana presencia de la patria* (ambos de 1964), *En el nombre del hijo* (1966), *Al Che, superlativo salvador del impensado* (1972) e *Reflexiones junto a tu piel* (1979).

ELVIO ROMERO

PARAGUAI

Elvio Romero

Água forte

Preso a madeiros em cruz,
um homem quieto,
sobre os dois paus de uma cruz
e cordas entre os ossos.

E, abaixo, o vento.
Minha terra acaso atada
como um tambor de couro
sobre os dois paus de uma cruz.

Em frente, o vento.

A pátria inteira no chão
sobre os dois paus de uma cruz.

E, em cima, o vento.

(De *El sol bajo la maderas*, 1955)

O corpo de madeira

Pátria, as tuas mãos são de madeira,
todo o ferido corpo de madeira,
          madeira e resplendor,
o suor é como chuva de madeira
e de madeira os ossos, de madeira
          disposta a ressoar.

          De madeira teu sangue
          (aguaceiro de madeira!)

          Os olhos de madeira
          (O cristal da madeira)

          De madeira os teus gestos
          (os sesgos da madeira).

Florestal comandante da madeira:

És feita com guitarra de madeira,
caixas de percussões pura madeira se rompem ao
teu andar
teu próprio andar é praia de madeira,
e praia para as ondas de madeira, de madeira e calor.

São de madeira as unhas
(os fios da madeira)
e de madeira os olhos,
de madeira.

E fibra e comandante de madeira
o punho vesperal, de uma madeira
difícil de quebrar,
a mais clara esperança de madeira
de madeira acesa, e de madeira teu duro coração.

(De *El sol bajo las maderas*, 1955)

Aqui entre todos

Entre os homens crescido. Entremovido
pelos bosques, pelo vento soprando
ali, pelo ar. Amor em movimento
de ventos e de bosques. Que botei
em seu peito, queimado por meu peito.

Amor de verão só. Não solitário
amor. Mas de um homem compartindo
com os outros a vida. Amor de vida
e de mulher: de varão a mulher,
compartindo entre todos pela vida.

Impregnado de fogo e desejos. De
apetências. Cheira a penumbra e fêmea. Cheira
a verão e montes, a madeira queimada
e a orvalho. Se assim não fosse,
não teria este aroma de mortes seu desejo.

O levaria na mão se
não o levara na fronte ou no sangue,
porque como uma mão que toca
plenamente uma pele ou uma fruta, assim eu sinto
em seu sangue. Assim eu o dou como uma mão
plena.

Quisera às vezes repousar sob uma árvore
de sombra, viajante fatigado.
É amor de viajante, nem mais nem menos.
Brioso e fatigado, e que requer uma árvore
e ali ficar à sombra que o espera.

E mais ainda: Ligeiramente
toca o chão. E se não voa tanto
é porque pedra e terra imantaram
lá embaixo, ao que fazer entre todos, ao estar
diariamente pisando terra e pedra.

Ama a liberdade, as coisas
amadas pelos homens. Seu senhorio
é ser entre os homens. Ama a luz
na intempérie. E de varão a mulher
este amor que gestou a intempérie.

(De *El viejo fuego*, 1975)

A HISTÓRIA DO MEU CORAÇÃO

A história do meu coração
é simples, assim o veem, como a vasilha de barro,
trazida daquele barranco vermelho,
como os frutos
    radiantes
de meu país: um sucesso calado e sobrelevado
como o punhal arriscado que se esconde no peito,
aprazível às vezes e outras vezes amarga
como todas as coisas do amor: um eco
de guitarra tangida ao amanhecer e no entardecer
    da terra.

A história do meu coração
contém um largo rio com canoas e fogueiras,
recônditos remansos com reflexos de peles sigilosas
de jaguares ou pumas que se aproximam respirando
    por suas margens;
um ar antigo impele sem pausa os seus latidos
e um vento de verão sopra em suas cicatrizes;
vigia um alto céu que testemunhou as danças
rituais de uma rua calada e destruída.

Abarca a de meu povo
o pergaminho de sua longa via-crúcis,
guarda sua velha crônica de esplendor e violência,
seus segredos de guerra e acampamentos;
estão aqui. Com seu vigor de sangue e sua escritura
de fogo, seus feitos silenciosos de vitória e
catástrofes.

Assim é meu coração,
assim suas encruzilhadas, seus atalhos dourados
se refletem nele — como uma nuvem na correnteza —
sendeiros percorridos, amores falecidos e esquecidos,
feitos fundos
que o moveram, de uma lua a outra lua, de uma magia
a outra magia,
intensa, interminavelmente
para um estranho sonho de cor aturdida.

Mil vezes tive que caminhar a teu lado
e regressar mil vezes. Teria acaso a predestinação
desta terra, a de todos os homens, e as coisas
deste solar. Mudar de lugar sempre, trasladar-se e
voltar
à querência, sair e retornar à entranha, à matriz
dcsolada,
desmemoriado e memorioso, intacto, ferido,
com espadas dispostas a outra intensa jornada.

Agora o Velho fogo estremece de novo,
fogueira sem extinção, diamantes destes dias
profundos,
reanimando seus fulgores. E é então quando
compreende que já não retrocederá em seus
arrebatamentos, em sua reiteração
de saber-se na música do querer, de entre tantas coisas
sair airoso para a plenitude, para o orvalho,
para o ato invencível com que o
amor encara a morte.

(De *El viejo fuego*, 1975)

Nota biográfica

Yegros, 1926-2004

"Poucas vezes" – escreveu Gabriela Mistral sobre a poesia do ainda jovem Elvio – "senti a terra como se estivesse deitada sobre um livro". Miguel Angel Astúrias: "Poesia invadida chamo eu a esta poesia, poesia invadida pela vida, pelo jogo e pelo fogo da vida". Aos vinte anos inicia sua carreira literária com *Días roturados.* Seguiram: *Resoles áridos* (1949), *Despiertan las fogatas* (1952), *El sol bajo las raíces* (1955), *De cara al corazón* (1955), *Esta guitarra dura* (1960), *Un relámpago herido* (1963) *Destierro y atardecer* (1972), *Los Innombrables* (1973), *El viejo fuego* (1975) e *Libro de la migración* (1964). Elvio Romero é autor de uma excelente biografia: *Miguel Hernández, destino y poesía.*

CESAR VALLEJO

CARLOS GERMÁN BELLI

WASHINGTON DELGADO

ARTURO CORCUERA

CESAR CALVO

ANTONIO CISNEROS

PERU

CESAR VALLEJO

OS ARAUTOS NEGROS

Há golpes nesta vida, tão fortes... Eu não sei!
Golpes como do ódio de Deus; como se diante deles
a ressaca de todo o sofrimento
se empoçasse na alma... Eu não sei!

São poucos, mas são... Abrem fendas escuras
no rosto mais fero e no dorso mais forte.
Serão talvez os potros de bárbaros átilas;
ou os arautos negros que nos manda a Morte.

São as quedas profundas dos Cristos da alma,
de alguma fé adorável que o Destino blasfema.
Esses golpes sangrentos são as crepitações
de algum pão que se queima na boca do forno.

E o homem... Pobre... pobres! Volta os olhos, como
quando alguém bate as mãos por trás de nós!
Vira os olhos loucos, e tudo que foi vivido
se empoça, como charco de culpa, no olhar
.
Há golpes nesta vida, tão fortes... Eu não sei!

(De *Los heraldos negros*, 1919)

NOSTALGIAS IMPERIAIS

III.

Como velhos caciques, vão os bois
caminho de Trujillo, meditando...
Pelo ferro da tarde, fingem reis
que por domingos mortos vão chorando.

Junto ao muro, de pé, penso nas leis
que a alegria e a mágoa vão trocando:
nas viúvas pupilas desses bois
se estragam sonhos que não têm mais quando.

A aldeia, quando passam, se reveste
de um rude gris, em que um mugir de vaca
se unge de sonho e de emoção de huaca.
E no festim do céu azul iodado,
no cálice do sino triste geme
um velho coraquenque[1] desterrado.

(De *Los heraldos negros*, 1919)

Penso em teu sexo

Simplificando o coração, penso em teu sexo,
perante o maduro ventre do dia.
Apalpo o botão do gozo, está de tempo

e desfalece um sentimento antigo,
degenerado em prudência.

Penso em teu sexo, sulco mais prolífico
e harmonioso que o ventre da Sombra,
conquanto possa a Morte conceber e parir
o próprio Deus.

Oh, Consciência,
penso, sim, no bruto livre,
que goza onde quer, onde pode.

Oh, escândalo de mel dos crepúsculos
Oh, estrondo mudo.

Odumodneurtse!

(De *Trilce XIII*, 1937)

Considerando a frio, imparcialmente

Considerando a frio, imparcialmente,
que o homem é triste, tosse e, sem embargo,
se compraz em seu peito avermelhado;
que ele nada mais é do que composto
de dias;
que é lúgubre mamífero e se penteia.

---

[1] Coraquenque: ave de rapina dos Andes.

Considerando
que o homem procede suavemente ao trabalho
e repercute se é chefe, sua se subordinado,
que o diagrama do tempo –
é constante diorama em suas medalhas
e, mal se abriram, seus olhos estudaram
desde tempos remotos,
sua forma famélica de massa.

Compreendendo sem esforço
que o homem de repente fica pensativo,
como querendo chorar,
e, sujeito a se estender como objeto,
se faz bom carpinteiro, sua, mata
e logo canta, almoça e se abotoa...

Considerando também
que o homem na verdade é um animal
e, não obstante, quando se vira, me dá com sua
tristeza em pleno rosto...

Examinando, enfim,
suas peças que se encontram, sua latrina,
sua desesperação, ao fim do dia atroz, apagando-o...

Compreendendo
que ele sabe que o amo,
que o odeio com afeto e que é, em suma, um
semelhante...

Considerando seus documentos gerais
e olhando com lente aquele certificado
que prova, que nasceu bem pequenino...
faço-lhe um sinal,
ele vem,
e lhe dou um abraço emocionado.
Que importa! Emocionado... Emocionado...

(De *Poemas humanos*, 1937)

Pedra negra sobre uma pedra branca

Eu morrerei em Paris, com aguaceiro,
um dia que não sei, mas já recordo.

Morrerei em Paris, talvez — não fujo
numa quinta de outono, igual à de hoje.

Quinta-feira há de ser. Hoje, que proso
estes versos e mal me tenho os úmeros,
é quinta, e, como nunca, hoje voltei
com todo o meu caminho a me ver só
Morreu César Vallejo, o que apanhava
de todos sem que nada lhes fizesse;
lhe davam duro com um pau e duro

com a corda também; são testemunhas
as quintas-feiras, os meus ossos úmeros,
a solidão, as chuvas e os caminhos.

(De *Poemas humanos*, 1937)

Intensidade e altura

Quero escrever, porém me sai espuma,
quero dizer muitíssimo e me atolo.
Não há cifra falada sem ser soma
nem pirâmide escrita sem cogoilo.

Quero escrever, porém me sinto puma,
quero ter louros, porém me encebolo.
Não há tosse falada além da bruma,
nem deus nem filho seu sem desabrolho.

Vamos, então, por isso, comer erva,
carne de pranto, fruta de gemido,
nossa alma melancólica em conserva.

Nos vamos, vamos, porque estou ferido;
vamos beber o que já foi bebido,
e vamos, corvo, fecundar a corva.

(De *Poemas humanos*, 1937)

Massa

Ao fim da batalha,
e morto o combatente, veio até ele um homem

e disse: "Não morras, te amo tanto!"
Mas o cadáver, ai, continuou morrendo.

Aproximaram-se dois, lhe repetiram:
"Não nos deixes! Coragem! Volta à vida!"
Mas o cadáver, ai, continuou morrendo.

Chegaram então vinte, cem, mil, quinhentos mil,
clamando: "Tanto amor, e não poder nada contra a
morte!"
Mas o cadáver, ai, continuou morrendo.

Rodearam-no milhões de indivíduos,
com um único pedido: "Fica, irmão!"
Mas o cadáver, ai, continuou morrendo.

Então, todos os homens da terra
o rodearam: o cadáver triste os viu, emocionado;
levantou-se lentamente,
abraçou o primeiro homem, e pôs-se a andar...

(De *España, aparta de mí este cáliz,* 1937)

Redobre funeral pelos escombros de Durango

Padre pó, tu que sobes da Espanha,
Deus te salve, liberte e coroe,
padre pó, tu que sobes das almas.

Padre pó, tu que sobes do fogo,
Deus te salve, te calce e dê um trono,
padre pó, tu que estás lá nos céus.

Padre pó, que és bisneto do fumo,
Deus te salve e te eleve ao infinito,
padre pó, que és bisneto do fumo.

Padre pó, em que acabam os justos,
Deus te salve e devolva-te à terra,
padre pó em que os justos se acabam.

Padre pó, tu que cresces em triunfo,
Deus te salve e te dê peito humano,
padre pó, que és assombro do nada.

Padre pó, todo feito de ferro,
Deus te salve e te dê forma de homem,
padre pó, que caminhas ardendo.

Padre pó, sandália do pária,
Deus te salve e jamais te desate,
padre pó, a sandália do pária.

Padre pó, que sacodem os bárbaros,
Deus te salve e te cinja de deuses,
padre pó protegido por átomos.

Padre pó, sudário do povo,
Deus te salve do mal para sempre,
padre pó espanhol, padre nosso.

Padre pó que vais para o futuro,
Deus te salve, te guie e te dê asas,
padre pó que vais para o futuro.

(De *España, aparte de mi este cáliz,* 1937)

Espanha, afasta de mim este cálice

Crianças do mundo,
se a Espanha cai – digo só por dizer –
se cai
do céu abaixo seu antebraço que amarrem
pelo cabresto duas lâminas terrestres;
crianças, que idade a das frontes côncavas!
Como é cedo no sol que vos dizia!
Que veloz o ruído antigo em vosso peito!
No caderno que é velho o vosso 2!

Crianças do mundo, está
a mãe Espanha com o seu ventre às costas;
está nossa mestra com suas palmatórias,
está mãe e mestra,
cruz e madeira, porque vos deu a altura,
vertigem e divisão e soma, crianças;
ela está com ela, pais processuais!
Se cai – digo só por dizer – se cai
a Espanha, da terra para baixo,
crianças, como cessareis de crescer!

Como o ano vai castigar o mês!
Como os dentes se reduzirão a dez,
a garatujas o ditongo, o pranto, a medalha.
Como vai o cordeirinho continuar
preso pela pata ao grande tinteiro!
Como descereis as grades do alfabeto
até a letra em que a pena nasceu!

Crianças,
filhos dos guerreiros, entretanto,
baixai a voz, que a Espanha está neste momento
repartindo
a energia entre o reino animal,
as florezinhas, os cometas e os homens.
Baixai a voz, que está
com o seu rigor, que é grande, sem saber
o que fazer, e está em sua mão
a caveira falando e fala e fala,
a caveira, aquela que tem tranças,
a caveira da vida.

Baixai a voz, vos digo!
baixai a voz, o canto das sílabas, o pranto
da matéria e o rumor menor das pirâmides, e ainda
e das frontes que andam com duas pedras!
Baixai a respiração, e se
o antebraço desce
se as férulas soam, se é a noite,
se cabe o céu em dois limbos terrestres,
se há ruído no som das portas,
se eu tardo,
se não vedes ninguém, se vos assustam
os lápis sem ponta, se a mãe
Espanha cai — digo só por dizer —
crianças do mundo, andai, a procurá-la!

(De 1937)

Nota biográfica

Santiago de Chuco, 1892-1938

Este peruano genial nasceu num março de Santiago de Chuco, um povoado chamado Libertad, na cordilheira dos Andes. Suas avós eram de sangue inca. Conclui os estudos secundários e tenta, em Trujillo, a Faculdade de Letras. Depois, já em Lima, a de Medicina. Abandona as duas por falta de recursos.

Escreve os seus primeiros poemas em 1912. Mas só em 1919 aparece o seu livro de estreia, *Los heraldos negros*. Ganha em 1921 um concurso literário com o conto "Mais além da vida e da morte". Com o dinheiro publica *Trilce*, livro de poemas que não se entregam com facilidade, rico de invenções formais e metáforas perturbadoras.

Em 1925 viaja para a França, nunca mais volta ao Peru. Vive em Paris (onde morreu) tempos de pobreza extrema. Em 1957 comove a Espanha inteira, sob o fogo e o sangue da Guerra Civil, com os versos agoniados de "Espanha, afasta de mim este cálice". *Poemas humanos*, póstumo, mostra o poeta solidário com o sofrimento humano. Poeta de uma raça, de um povo, de uma cultura. Vallejo é acima de tudo o atormentado cantor do homem ferido pela ferocidade do mundo contemporâneo. Termino o prefácio da *Poesia completa de César Vallejo*, 1984, cuja tradução me consumiu três anos de infatigável trabalho, sem descanso domingueiro, com a afirmação serena e segura de que a obra do peruano, florescida numa existência atormentada, redime e dá grandeza à condição humana. Publicou: *Los arautos negros* (1919), *Trilce* (1922), *Poemas en prosa* (1923-1929), *Poemas humanos* (1932-1937) e *España, aparta de mí este cáliz* (1937). É de grande valor a sua obra literária em prosa, inclusive para teatro. *Escalas melografiadas*, relatos (1923); *Fabla salvaje*, romance (1923); *Variedades*, ensaios (1927); *Teatro* (1930); *Russia en 1931*, ensaio (1931); *El Tungsteno*, romance (1931); *Contra el secreto profesional*, ensaios críticos (1934) e *Paco yunque* (1935).

Carlos Germán Belli

Cepo de Lima

Como crista de galo apunhalado
uma vasta, pelanca granulada
excessiva lhe pende da garganta

e na sola das minhas duas plantas
cascões, que não de gesso, mas de carne
como murchos escombros de uma casa.

Mas por que estes cascões, ásperos montes
e tão feia pelanca, mal meu grado
se magro nem curvado velho sou?

E por teu cepo, ai Lima, muito sei
que tanto berço quanto tumba é sempre
para quem nasce, vive e morre aqui.

(De rev. *Hispamérica*, 1975)

Alimentícios bolos

Alimentícios bolos testemunham
que a gula não se dá por finda mesmo
quando próxima esteja a carne humana.

Que acaso cruéis fados inimigos
que a rodeiam governam dia a dia
bolos alimentícios testemunham.

Pois carne humana e deliciosos figos,
da traqueia esquivando a grande via,
e alimentícios bolos testemunhas.

Ansiar em vida é sempre coisa vã
que ao fim há nada quanto mais se anseia
mesmo se perto esteja a carne humana.

Entre seres estranhos nunca amigos
nos autos fico de uma região fria

alimentícios bolos testemunham
mesmo se perto esteja a carne humana.

(De *En alabanza del bolo alimenticio*, 1979)

O ar, o solo e água

O ar, o solo e a água são testemunhas
de que prosseguem minhas penas, mesmo
quando de perto esteja bela dama.

Que acaso cruéis fados inimigos
aos redores governam dia a dia
e o ar, o solo e a água são testemunhas.

Assim cada vez mais muito distante
por alheia a ventura nunca é minha
nem quando perto esteja bela dama.

Pois seus cabelos de dourados trigos
que inalcançáveis como solar via,
e o ar, o solo e a água são testemunhas.

Ansiar em vida é sempre coisa vã,
tanto mais nada quanto mais se anseia
mesmo se perto esteja bela dama.

Entre seres estranhos nunca amigos
me cabem astros de uma noite fria
e o ar, o solo e a água são testemunhas,
ainda que perto esteja bela dama.

(De *En alabanza del bolo alimentício*, 1979)

Amanuense

Todo me dissolvendo e já em soluços
até o pescoço de cansado já
imensos montes todo o dia alçando
daqui para acolá de bofes vou,
fora cem mil palmos minha língua
me caindo aos pedaços, tal meus pais,
conquanto eu vá por meu juízo raro
mesmo por vendas, tretas, capatazes,
que lá detrás me vão deixando estável

e já sem poder mais até a garganta
ao pé do que me tenho envergonhado
como um pobre amanuense do Peru.

(De *¡Oh hada cibernética!*, 1971)

FADA CIBERNÉTICA

Oh Fada Cibernética,
quando farás que os ossos das minhas mãos
se movam alegremente
para escrever por fim o que eu deseje
no momento em que me cheguem ganas
e os encaixes de meus órgãos secretos
tenham feições sossegadas
nas últimas horas do dia
enquanto o sangue circule como um bálsamo
ao longo do meu corpo.

(De *Oh hada cibernética*, 1971)

Nota biográfica

Lima, 1927-

Poeta, prosador, tradutor. Professor de Literatura, Universidad de San Marcos, Lima. Viajou meio mundo. Fui seu companheiro no Congresso Mundial de Poetas na Índia, em 1987, guardo, cristal intacto, a forma de suas palavras no silêncio noturno de Agra. defronte do mármore rosado do Taj Mahal banhado de lua. Os seus livros se reúnem na antologia *En alabanza del bolo alimentício* (1979). Marcado pelo ferrão da vida desde cedo, a poesia de Belli, percorrida por vibrações de Vallejo, é caprichosa, se entrega devagar e profunda. Obras: *Poemas* (1958), *Dentro & fuera* (1960), *¡Oh hada cibernética!* (1961), *El pie sobre el cuello* (1967), *En alabanza del bolo alimenticio* (1979), *Boda de la pluma y la letra* (1985), *Más que señora humana* (1986), *Los talleres del tiempo* (1992), *La miscelânea íntima* (2003) e *El alternado paso de los hados* (2006).

Washington Delgado

Um cavalo em casa

Guardo um cavalo na minha casa.
De dia pateia o chão
junto da cozinha;
De noite dorme ao pé da minha cama.
Com sua bosta e seus relinchos
incomoda a vida
de uma casa pequena.
Mas que outra coisa posso fazer
enquanto caminho para a morte
num mundo ao borde do abismo?
O que fazer senão guardar este cavalo
como pálida sombra dos prados abertos
debaixo do ar livre?
Na cidade morta e anônima,
entre os mortos sem nome, eu caminho
como mais um morto.
As pessoas me olham ou não me olham,
tropeçam comigo e se desculpam
ou me maldizem e não sabem
que guardo um cavalo em casa.
De noite, acaricio suas crinas
e lhe dou um pedaço, de açúcar,
como no cinema.
Ele me olha brandamente, umas lágrimas
parece que estão a ponto de cair
de seus olhos redondos,
É a fumaça da cozinha ou talvez
o desespero de viver num pátio
de vinte metros quadrados
ou dormir numa alcova
com soalho de madeira.
Às vezes penso
que deveria deixá-lo livremente
em busca de sua própria morte.
E os prados distantes
sem os quais eu não poderia viver?
Guardo um cavalo em minha casa
desesperadamente acorrentado
a meu sonho de liberdade.

(De *Historia de Artidoro*, 1994)

Sobre o traslado dos restos de Cesar Vallejo

Antes de morrer disse Cesar Vallejo:
"Não voltarei ao Peru enquanto lhe reste
pedra sobre pedra", E não voltou.
morto ficou em Paris, enterrado
no velho cemitério de Montparnasse
Seus ossos errabundos
ali repousam, desde mil novecentos
e trinta e oito.
Quase cinquenta anos
passaram, em mil novecentos e oitenta
e seis estamos. No Peru ainda restam
umas pedras sobre outras pedras.
As pessoas ilustradas de uma distante Lima
discutem se vão trazer os ossos
ou se não vão trazê-los.

Escrevem-se artigos,
fazem discursos, apresentam
moções, circulam manifestos,
lá no seu canto continuam os ossos de Vallejo
em Montparnasse, onde às vezes chega
um nostálgico estudante peruano
para meditar sobre o Peru ou a poesia
ou em seu próprio melancólico destino;
ou assim escreve depois, e isso
também há de levar-se em conta.

Têm importância essas viagens,
traslados, artigos, discursos,
a propósito de uns ossos? o que dizer,
então deste livro, desse relógio,
daquele chapéu? Em velhas fotografias
estão registrados. Vallejo os usava
suportava ou lia em Paris
dos frondosos castanheiros na primavera,
junto a sua morte querida e seu café.
Com desairado gesto escutaria Vallejo
este relógio de peruana prata, em suas horas
de inquietude ou saudade, agora
estará já desfeito ou não haverá
de funcionar ou acaso alguém
contemplará intrigado
as iniciais de sua tampa:
C A V M.

Aquele chapéu
hoje comido pelas traças
ou já em pó convertido,
alguma vez foi novo e Vallejo o passeava
pelos bulevares de Paris.
Este livro terá notas à margem,
palavras sublinhadas
ou tampouco existirá.

Relógio, chapéu, livro,
pertenceram a Vallejo como
seus tristes ossos. Mais tristemente ainda:
seus ossos se conservam
numa escura tumba de Montparnasse
para a qual, as vezes, alguém
se encaminha ou pensa neles e um dia
acaso voltem ao Peru. Quem, no entanto,
se lembra do chapéu, do relógio, do livro? Quem
os trará ao pedregoso Peru, à inóspita
Lima, às entranháveis alturas de Santiago?
Guardados ou perdidos, feitos pó
ou cheirando a naftalina, este livro,
esse relógio, aquele chapéu, não têm
também certa importância?

Se me dirá: os ossos de Vallejo
nasceram com ele, viajaram com ele
por mar e terra, a muitos países
e cidades, morreram com ele
e foram sempre dele. O chapéu,
o relógio, o livro, ele os adquiriu
quando era um homem maduro ou cansado.
Quem sabe esse relógio foi um presente
de seu irmão mais velho, no Peru perdido.
Comprou talvez o livro na livraria
Rosay, de Lima, e o chapéu
numa loja do bulevar Haussmann,
talvez não comprou nada, não
lhe regalaram nada, simplesmente se apropriou
dessas coisas por um motivo oculto
ou sem maiores razões. Em todo caso,
não nasceram com ele como seus ossos,
nem morreram com ele. Não foram sempre dele,
desde que abriu os olhos para a luz
nas serranias do norte do Peru

até que os fechou para sempre
na Clínica Arago de Paris.

O argumento é bom, porém não serve.
Muito antes dessas histórias
de ossos e relógios, de livros e chapéus,
numa cálida tarde trujillana
ou nas frias alturas de sua terra natal,
César Vallejo escreveu: "Todos os meus ossos
são alheios, eu talvez os roubei". Invadido
por uma delicada tristeza, ainda
acrescentou: "Vim para me dar o que acaso
estivesse destinado a outro". Escritas
e lidas estas palavras, de que coisa
podemos afirmar que pertenceu a Vallejo,
de uns ossos guardados na terra
hoje fúnebre, outrora laboriosa
de Montparnasse? Ou de um relógio e um chapéu,
de uns livros, uma bengala e umas luvas
perdidas ou desfeitas sob o peso
impalpável do tempo?

De Vallejo só é um pouco de ar lânguido
quando se leem seus versos, um pouquinho
de luz quando se lê, por exemplo,
Enquanto a onda vai, enquanto a onda vem,
quão impunemente se está morto.

Nota biográfica

Cuzco, 1927-

Já publicou mais de dez livros, os mais recentes são *Para vivir mañana* e *Un mundo dividido.* É Prêmio Nacional de Poesia.

Arturo Corcuera

Tarzan e o paraíso perdido

Aaauaúaaa... Aaauaúaaa...

Tarzan (Johnny Weissmuller) é internado num
manicômio porque pensa que é Tarzan.

Seu grito, que assusta médicos e enfermeiras, não é mais o clarim com o qual
fazia sua vitoriosa aparição na tela. O grito de Tarzan não lhe pertencia. Era
uma colagem de sons confeccionada e patenteada pela Warner Bros.:
decantaram em laboratório os
grunidos de um porco e as notas de um tenor.

Tarzan no sanatório para artistas (aposentados) de
Hollywood,
abatido e vencido pela camisa de força
(ele que encarnou a força sem necessidade de
camisa).
Hoje vivendo na penumbra, ontem mimado pelos
refletores.
Tarzan vítima de uma doença cardíaca
põe a mão no peito e pensa em Jane.
Desamparado chama Chita no seu desespero
(entre sombras vê e beija Chita como se fosse sua
mãe. Chita limpa a boca, faz caretas e dando
pulinhos desaparece)
chama Chita
para que leve um recado pedindo ajuda a Jane.
Mas Chita não poderá acudi-lo. Chita nunca existiu
na vida real.
(Eram oito macacas chipanzés, oito macacas que
pariram sua estampa cinematográfica).

E Jane
a bela silvestre dos níveos braços
já não vai luzir sua silhueta ao lado de Tarzan,
porque Jane já não filma. Faz muito tempo
que venceu o seu contrato com a Warner:
as pernas de Jane já não são mais aquelas rijas e lisas
como a gente gostava de ver incluídas no elenco.

(Ah, Jane, paraíso perdido, divino tesouro,
já te vais (para não voltar)
quando quero chorar
penso em ti, minha doce Jane.
Quanto daria eu para te ter em meus braços,
para te confessar meu amor: Eu querer muito a Jane.
Silêncio insensato que guardei por culpa de minha
teimosa timidez.
Por culpa das espinhas precoces da minha
adolescência.
Ah, Jane, já não adoro os teus seios beijados pelos
cipós,
Teus seios assediados a centímetros por flechas e
lanças.
Não adoro mais teu rosto
que o tempo implacável foi modelando a seu
capricho.
Teu rosto que acariciei, furtivamente, em todos os
cartazes.

Que nunca digam que tiraste a maquiagem.
Que nunca me mostrem teus cabelos de prata
desfalecida.
Para mim serás sempre a linda moça que eu amei
assim como não se quer nada,
que ajudei a inventar com meus sonhos nos
arruinados cinemas do meu bairro,
minha Jane inesquecível.

Em seu quarto Tarzan anda e anda como um
condenado
e em seu alienado papel de louco se vê no espelho
do banheiro e quer se atirar,

Tarzan tantas vezes campeão olímpico de natação.
Amor, juventude e dinheiro, a caprichosa glória:
tudo caiu n'água, da altura de um trampolim.
E tudo foi devorado com voracidade pelas feras.

Entre paredes pálidas que sua insônia decora de
trepadeiras por sentir-se livre (no final do
filme) se aferra a seus sonhos:
sonha que vai no dorso dos seus elefantes e sorri.
Sonha vencendo os seus ferozes jacarés de papelão.
Vê que se aproximam os seus leões de felpa (pura
juba) e Tarzan sente medo

e treme e grita como uma criança de peito:

Aaauaúaaa...! Aaauaúaaa...!

Pobre Tarzan indefeso e desnudo,
retirado do écran por inservível,
louco, completamente só no meio de loucos,
uivando perdido em seu paraíso perdido,
sem Jane, sem Chita, sem forças, sem grito,
sozinho com sua solidão e sua tanga.

(De *Prosa de juglar*, 1992)

O surrealismo

Não foi um terremoto.
Só significou um movimento
Muito importante.

Os surrealistas enchiam os teatros
De pulgas que aplaudiam a função
Enquanto afiavam o dente
Engolindo o mais gordo da sala.

Os surrealistas eram capazes
De lançar ao espaço os olhos
De André Breton e por em órbita
Os desorbitados olhos do Quixote.

Os agentes da ordem impediram
Que incendiassem o Museu do Louvre
E passeassem de braço dado com a Vênus
De Milo sob o Arco do Triunfo.

Eram capazes de disparar ao público
Um rato amassando o gatilho,
De brincar de amarelinha sobre um tigre,
De pôr o enforcado de uma árvore
Como gravata numa festa de bodas.
Eram inteligentes,
Incomparáveis,
Indomáveis,
(in, in, muitos in)
capazes de tudo.

(De *Poesía de clase*, 1968)

A lua e seu antigo habitante

A lua não é um astro,
a lua não é branca,
a lua não sai de noite,
a lua não é redonda,
a lua não será habitada, a lua nada tem a ver com as
　　marés
　　nem com os cosmonautas,
a lua é uma flor amarela feita de vapor niquelado,
a lua é o inquietante de Narciso desorbitado e louco,
a lua em sua mansidão só lhe falta o cisne
nos crepúsculos a lua funde seu metal para achatar a
　　cauda das sereias,
uma mulher desnuda submersa num tanque é a outra
　　cara da lua,
pela cascata sabemos que a lua precipita suas
　　represas,
as bestas engolem a lua quando bebem água nos açudes
presa de pânico a lua aceita que os lobos afiem o
　　canino em suas escamas
a lua é o olho do náufrago no tremor supremo do
　　sobressalto,
os barqueiros decapitam a lua com seus remos,
a lua é a sombra arroxeada do afogado perseguindo
　　sem sossego os navegantes,
a lua ronda os sonhos,
a lua é o atalho por onde fogem os namorados

(De *Noé delirante*, 1997)

A dama de Ampato

A donzela do Altiplano,
a diva dos Andes
(único vestígio humano da região),
é apresentada ao mundo em função de gala como uma Barbie
como uma modelo estrela que tivesse ficado
　　dormindo na passarela.
A imprensa internacional lhe cobre os farrapos com a
　　luz de seus refletores.
Não sabe como chamá-la: se Juanita,
Virgem do Sol
Ou a Dama de Ampato.

Enroupada de gelo permaneceu escondida
Até nos revelar que nem tinha quinze anos
Quando foi sacrificada para aplacar a iracúndia dos
deuses.

Seus olhos formosos
(há indícios de que o foram)
tornaram-se grumos de cinza,
duas órbitas vazias nos olhando com pavor.

Emudecida, nos conta como foi sua morte.
Por que, em que circunstâncias e quando.

Existe a certeza de que antes de matá-la lhe deram
uma beberagem
privaram-na e a golpearam
arrojando-a depois aos abismos,
como sucede em muitos lugares
com tantas criaturas indefesas.

A menina de Ampato
Não chegou a festejar seus quinze anos.
Seus peitos recém-nascidos como beija-flores
Não tiveram tempo de provar os méis do Sol
Nem de oferecer seus néctares à Lua.

Hoje celebra suas núpcias forcadas com a Ciência,
Missa negra na qual é desnudada:
Exploram os seus órgãos, examinam-lhe as células
e submetida a mil olhos e mil pinças
continua seus padecimentos
cinco séculos depois de haver sido assassinada.

(De *Puertas de la memória*, 2001)

Balada da última oferenda

Me nego a que apodreçam estas veias
pelas quais meus pais e outros meus
navegam vindo de tão longe;
não quero um final assim para estes olhos
com os quais vejo e choro;
para estes pés
que bebem fatigados sobre a terra
a sede dos caminhos;

não se volverão carniça nem merenda
de vermes este cérebro
nem este coração quando fiquem sem irrigação
imóveis;
nasceram meus braços para abraçar. Chegará o dia
de se abraçar; incinerai o que reste
deste corpo.
Não sabe fazer outra coisa senão arder,
Este é o seu destino,
Este será o incenso que oferecerei aos deuses

(De *Balada de la piedra,*
Del amor y de la muerte, inédito)

Nota biográfica

1935-

Reconhecido como uma das vozes mais luminosas da poesia peruana contemporânea. Arturo é autor de quase vinte livros, todos reeditados. O mais celebrado de todos é *Noé delirante* (1977), recentemente divulgado em jornal, o *Periolibros*, com tiragem de 40 mil exemplares, vai para a 12ª edição. Em 1995 seu poemário *Declaración de amor o los derechos del niño*, em formato de tabloide, foi publicado por 25 países iberoamericanos, sob patrocínio da Unesco, do Fundo de Cultura Económica e do Unicef. Seus outros livros: *Primavera triunfante* (1964), *Las sirenas y las estaciones* (1967), *Poesía de clase* (1968), *La gran jugada* (1974), *Puente de los suspiros* (1971), *Prosa de juglar* (1992), *Canto y gemido de la tierra* (1995), *Sonetos del viejo amador* (2001), *Parajuegos* (2004), *El bazar de los letreros* ((2004), *A bordo del arca* (2009).

Premio Nacional del Peru, Premio Atlântida (Espanha, 1902), Premio Trieste (2003), Prêmio Casa de las Américas (2006), Premio de la Crítica (2006).

De nossas tantas afinidades, festejo o dom da amizade e o amor ao futebol. Seu livro *La gran julgada* celebra a arte do magnífico artilheiro peruano Cubillas, com um texto que nos leva à reflexão sobre a fugacidade da glória e da própria vida.

Cesar Calvo

A porta

Alta gasta já que ela antecede
à sua própria madeira, à nossa bisagra, se abre
para as mesmas ruas que são outras
os mesmos destinos que são outros
e as mesmas perguntas.

por esta porta, ninguém.
Súplicas inúteis oxidam suas bisagras: os jovens
calçados com erva de relâmpago
nem a seus umbrais como –
uma onda moribunda chegam.

> – Nós respondemos com a escura
> mão na despertada
> dos que viverão amanhã, dos que
> atrás da Porta nos aguardam.

Ai, então (agora) de ti, de nossa mão,
que como peixe agônico no ar
dos altos desejos – fisga e
cai, cai sem encontrar
já não a fechadura
mas o fundo, já não a chave,
mas a água em ruínas, já não a Porta
senão o lugar dela, o mais distante
indício, o sangue seco
do tempo que ainda não chega!

(De *El cetro de los jóvenes*, 1969)

Meu pai chegou ontem

Meu pai chegou ontem. Parecia
mais uma partida este regresso.
A meu pranto subi para vê-lo
perder-se pela costa mais profunda.

Que ganas de dizer-lhe que estivemos
esperando os seus passos
para seguir morrendo!

Que ganas de que nada, que suas cartas
nunca escritas nos chegaram sem falta.
Mas a casa
cala.
E todos caminhamos
na ponta dos pés, para não despertá-lo.

Meu pai chegou ontem. Não sei quem desce
a meio-pau os dias de fevereiro.

Meu pai chegou ontem.
E está muito mais longe.

(De *Pedestal para nadie*, 1970)

Absolvição

Não se pense que tudo foi amargura
na minha vida.
Quando ainda nem olhava, já sorria.

Fui um moço distante
como o vento.
E passeei minha palidez cantando.

Amei,
fui amado.

Se foram espelhismos
os dias e os mares
que me perdoem todos os culpáveis.

(De *Poemas bajo la tierra*, 1963)

Yaravi

Não tenho nenhum começo,
alguns tive, mas perdi:
um poço de ouro na noite
como o mar em um jasmim.
A luz que brotou cantando
só no silêncio bebi.
Nada me resta nos lábios.
Não sou nem o que já fui.
Não tenho nenhum consolo,
se tive algum, lhe senti.

Um outono impiedoso
em todos os bosques fui...
Fiz que caísse dos ramos
sonhos que não mereci,
amores inolvidáveis
que sem amar despedi.

Nada me resta na vida
de tudo o que já vivi:
uma casa sem palomas,
uma janela sem fim.
e correndo entre salgueiros
o menino que não fui.

Nenhuma lembrança tenho.

Se algo tenho, já perdi.

(De *Cancionario*, 1967)

A RECORDAÇÃO

Outrora fomos outros.
Fatigados ou heroicos, ou contentes, eram nossos os braços
que abraçavam a terra, os filhos, as batalhas.
E na praça do reboliço e de mantos jogados
sobre a relva (Festa do Sol, contempla-nos!)
dançávamos, amávamos, apagávamos as luas.
Depois chegou o sangue.
Além do mar, como outro mar, o sangue.
Ondas de sangue nosso derrubaram plantações e cidades.

Manos II, *taytachay*, contigo
como guiados por um relâmpago,
depois do incendiado tecido do teu peito
marchamos para o Cuzco.
Não arraste o coração, a cólera, o Império,
quando a infame morte
— por mil moscas azuis precedida —
golpeou nossos olhos em busca dos teus.

Não houve mão nem amor que detivera
teu belo corpo entrando pela terra.

E cem mil vezes fomos, sem trégua, assassinados.
Deixamos de ser livres. Deixamos de ser donos.
Deixamos de ser deuses.
Às tochas baixaras a voz até dar sombra.

Só a fria erva cresceu sobre os campos,
cobriu os corações, o sol, os altos muros,
o vento, as idades.

Outros foram os homens desde então
e desde então outra foi a História!
manancial de traições, anos que somente
afugentaram a sede de covardes.

(De *El cetro de los jóvenes*, 1966)

Ronda das cores

Pelo Campo de Marte
        verde, verde, verde,
eu vi uma arvorezinha
        verde, verde, verde,
e numa de suas ramas
        verde, verde, verde,
o sol era uma fruta
        verde, verde, verde.

Pelo Campo de Marte
        branco, branco, branco,
eu vi menino negro
        branco branco branco
que espinava ao vento,
        branco, branco, branco,
seu papagaio em fogo,
        branco, branco, branco.

Pelo Campo de Marte
        rubro, rubro, rubro,
vi um menino branco,
        negro, negro, negro,
que alçava papagaio
        verde, verde, verde,
mais acima do céu
        branco, branco, branco.

Vamos todos contigo,
    menino, meu menino,
pelos campos do céu
    nosso, nosso, nosso,
já não está no céu
    menino, meu menino,
está é mesmo na terra
    nossa, nossa, nossa.

(De *Cancionario*, 1967)

Para Elsa, pouco antes de partir
(fragmentos)

Porque escrevo estas linhas não somente com minha
    vida
mas com o respiro de todos os fantasmas
    que me amaram,
de todos os fantasmas que morreram e renasceram
com o rosto voltado para uma feroz desolação
    culpando-me

Porque com culpa escrevo, com o lento rumor
    de tuas roupas
caindo na penumbra de Genebra, quando ainda era
    tempo
e os relógios ignoravam o perigo, suas agulhas
como o abraço de um náufrago na feliz profundidade,
minha boca perseguindo teu ventre no silêncio
que precede os incêndios
e as almofadas úmidas e os olhos que não verei nunca
    mais
girando nos espelhos na noite infinita.
(...)
Já me esquecera de algo tão simples e verdadeiro
como beber um vaso de água, levantar-se na sombra,
dos quartos emprestados, deixar correr o tempo
ainda entre sonhos e logo acordar com a sede de
    teu pescoço

Eu me esquecera que a vida também está feita de
todos esses ínfimos, esses heroicos acontecimentos
    que se cumprem mal sabendo
entre um corpo desnudo e outro corpo desnudo,
entre o leito do rio e o vaso da boca.
(...)

Me esquecera de escrever simplesmente,
como quem bebe
ou ama, sem que o Olimpo me suba à cabeça.

Me esquecera de que um poema se prepara
    com minuciosa alegria
como um presente que já ninguém espera,
e se modela com urgência
e violência, com irrepetível, com irremediável
    ternura,
como fazer o amor com uma mulher
que vai morrer amanhã.

(De *Para Elsa pouco antes de partir*, 1971)

Nota biográfica

Iquito, 1940-2000

De Iquitos, filho da floresta amazônica. Poeta, jornalista, antropólogo. Membro da geração de 60, compartiu com Javier Heraud (guerrilheiro fuzilado na chamada flor da idade) o primeiro prêmio do concurso El Poeta Joven del Peru, com *Poemas bajo tierra (*1960). *El cetro de los jóvenes* (1970) foi premiado pela Casa de las Américas, de Cuba. *Pedestal para nadie* (1970) lhe valeu o Prêmio Nacional de Poesia. Publicou depois: *Cancionário* (1970) e o famoso *Para Elsa poco antes de partir* (1975). Dois grandes ensaios: *Las três mitades de Ino Moxo y otros brujos de La América* (1981) e *Edipo entre los Incas*, em três tomos, edição póstuma, de 2001.

Apaixonado pela arte popular e pelo folclore de seu país, dirigiu durante alguns anos o famoso grupo de canto e dança Peru Negro, que emocionou plateias de vários cantos do mundo. César é autor de letras (mas *letras* que são poemas: vivem também sem melodia) de canções populares, algumas delas na voz de Chabuca Granda, de Pablo Milanés, Silvio Rodrigues e Mercedes Sosa. Perdi cedo demais o meu amigo encantado.

Antonio Cisneros

Antigo Peru

Com ramos de huarango
espantavam as moscas que cresciam
sobre o peito dos seus mortos.
Nas pedras ao templo
velhos caciques faziam o amor
com as viúvas, e um sol avermelhado
esturricava
os ossos dos seus filhos.

(De *Comentarios reales*, 1967)

Os conquistadores mortos

I.

Pela água apareceram
os homens de carne azul,
que arrastavam sua barba
e não dormiam
para conservar o couro.
Negociantes de cruzes
e aguardente
começaram as cidades
com um templo.

II.

Durante este verão de 1526,
derrubou-se a chuva
sobre seus diários deveres e cabeças,
quando nenhum havia remendado
as velhas armaduras oxidadas.
Cresceram, também, negras figueiras
entre bancos e altares.
Nos telhados
uns beija-flores fechavam o bico
das campanas.
Depois, no Peru, ninguém foi dono
de mover seus sapatos pela casa
sem pisar nos mortos

nem deitar-se junto às cadeiras brancas
ou pântanos,
sem compartir o leito com alguns
parentes cancerosos.
Cagados pelas aranhas e escorpiões
poucos sobreviveram a seus cavalos.

(De *Comentários reales*, 1967)

A ARANHA SE PENDURA MUITO LONGE DA TERRA

A aranha se pendura muito longe da terra,
tem oito patas peludas e rápidas como as minhas
e tem mau humor e pode ser grosseira como eu
e tem um sexo e uma fêmea – ou macho, é difícil
descobrir nas aranhas – e dois ou três amigos,
desde faz alguns anos
almoça tudo o que se enrede em sua teia
e seu apetite é quase como o meu, ainda que eu pele
os animais antes de mordê-los e sou desordenado,
a aranha se pendura demasiado longe da terra
e há de morrer em sua redonda casa de saliva,
e eu pendo demasiado longe da terra
mas isso me preocupa: quisera caminhar alegremente
uns quantos quilômetros sobre os gordos pastos
antes que me enterrem,
    e essa será minha habilidade.

(De *Canto ceremonial para un oso hormiguero*, 1972)

UMA MOCINHA EM DOMINGO

Os antigos rodeiam o altar
como a um lombo de rês.
Nada celebram. Esperam um milagre.

Eu corro à praia,
para caçar caranguejos
antes que suba a maré.

Sou maracajá e ramo de arroz
(diz meu avô).

Algum dia serei corvo que espera
chuvas no altar
e um amante passados os 50?

A mãe fala do seu filho

É meu filho menor. Quem tenha olhos de ver não
tenha dúvida.
As pestanas aborrecidas, a boca de peixe-rei, a
mesminha casca do ouriço.

Não é belo, mas caminha com suma dignidade e tem
catorze anos.
Nasceu no deserto e nem pode sonhar
com os passarinhos nos canaviais.
Sua infância foi uma frota de farinha de peixe atrás
do horizonte.
Nada conhece da "Irmandade da Criança".
A memória dos antigos é um reino de loucos e
defuntos.
Serve num restaurante de San Bartolo (80 libras ao
mês e dois pratos quentes por dia).
Despeço-o todos os dias depois ao café da manhã.
Quando volta, corta caminho entre os guindastes e
os tratores da Urbanizadora.

Tem medo dos mastins da meia-noite.
Aperta uma pedra em cada mão e assovia uma
guaracha (ladram os cachorros.)
Então lhe faço sinais com a lamparina e recordo
como posso as antigas orações.

(De *Crónica del niño Jesus de Chilca*, 1982)

Nota biográfica

Lima, 1942-

Peruano de Lima. Graduou-se em Literatura na Universidad de San Marcos. Doutor em Letras, professor universitário. Prêmio de Poesia, 1968, da Casa de las Américas, o mais respeitado do continente. Importante atividade no jornalismo literário, dirigiu a revista *Cuadernos* do Conselho da Universidade Peruana. Obra poética: *Destierro* (1961), *David* (1962), *Comentarios reales de Antonio Cisneros* (1967), *Canto ceremonial para un oso hormiguero* (1968), *Agua que no has de beber* (1971) e *Como higuera en un campo de golf* (1972). Seus poemas estão traduzidos para vários idiomas.

EVARISTO RIBERA CHERMONT

LUIS PALÉS MATOS

JULIA DE BURGOS

FRANCISCO MATOS PAOLI

PORTO RICO

Evaristo Ribera Chermont

O menino e o candieiro

I.

Pelo jardim de flores
de sombra, o menino,
um candieiro lustrado
brilha na sua mão.

Iluminada, a cara
da criança resplandece.
Em seu cabelo os anos
docemente sorriem.

O menino levanta
o candieiro na mão,
ilumina lugares
do jardim sem ninguém.

Vai em busca da graça
de alguma fantasia,
segue o jardim o menino
de verdes agitados.

II.

O menino, a luz densa
do candieiro descobre
troncos enegrecidos
e caiadas paredes.

Pelas manchas de verde
o jardim serpenteia
o caminho dourado
de velhas fantasias.

O caminho que, em sábio
madurar do tempo,
reaparece e reparte
suas mágicas línguas.

Ir por esse caminho
é se encontrar na glória
de um pretérito pródigo
de ilusivas substâncias.

III.

Por onde sobe ou desce
pelo jardim, o menino
leva o candieiro. As flores
de sombra desmaiam.

Dentro do emaranhado
de mansos vegetais,
leves bailam figuras
de imaginário mundo.

Um jorro só de cores
enche o jardim. A criança
potente de mistério
domina essa beleza.

Mas lá fora das grades
do bosque, já é a noite
um tecido monstruoso
de trevas e de astros.

IV.

Nada adormece. As coisas
em um vasto desvelo,
ao retirar a máscara
ardem imensamente.

Com o pulso ligeiro
de um demônio nas mãos
mágicas do menino,
todo o candieiro dança.

O jardim, desfolhado,
sem flores de sombra,
suaviza na poeira
os passos do menino.

Errabundo e sonâmbulo,
anda o menino. Arco-íris
de lendas e de contos
fulgura a sua fronte.

V.

E agora ouve as árvores
que chamejam, esplêndidas,
um rumor conhecido
de remotas palavras.

Quem lhe fala? Um gênio,
arrancando raízes
e excitando ramagens,
desnuda suas vozes?

A terra e a mãe lhe tocam
com seus dedos untados
de ternuras, o sangue
vibrante que se inflama.

Mas outra vida o move,
uma vida que nasce
entre os musgos e o ar,
entre o ar e as nuvens.

VI.

Nem brinquedos, nem danças,
nem confeitos, nem tortas
valem mais que este rumo
de contente alvoroço.

O jardim, cheio de olhos,
se inventa no menino
que, bêbado de fábulas,
impõe seu domínio.

Fica enorme o menino,
também cresce o candieiro
e ambos cobrem a noite
com um azul de fogo.

Recobertas de estrelas,
as ruas se prolongam.

Um silêncio as vela,
mística sentinela.

VII.

Pela noite impregnada
de orvalhado perfume
chocavam-se os insetos,
tanta a febre da música.

Enquanto os homens dormem
com prolongados roncos
e enquanto ladram cães,
a noite é do menino.

O candieiro balança
nas mãos do menino,
derramando a cascata
de sóis e de auroras.

Já nunca mais a morte
vai levar o menino!
Seu fulgor milagroso
para sempre arderá.

(De *Color*, 1838)

Nota biográfica

San Juan, 1896-1976

A infância e a vocação do infinito são os temas-chave da criação poética de Evaristo Ribera, diz dele Federico de Onis, em belo texto sobre esse poeta cada dia mais amado em sua pátria. A sua obra, marcada pelo amoroso gosto do idioma e do verso castelhano, revela a sua devoção pela exuberância da natureza de sua ilha, o fulgor de suas cores. Lateja nela a inquietação perante os enigmas e os milagres da natureza humana e sua transcendência.

Obra essencial: *El templo de los alabastros* (1919), *Los almendros del paseo de Covadonga* (1928), *Pajarera* (1929), *Tierra y sombra* (1930), *Color* (1938), *Tú, mar, y yo y ella* (1946), *La llama pensativa, Los sonetos de Dios, del Amor y de la Muerte* (1955).

Luis Palés Matos

Topografia

Esta é a terra estéril e madrasta
de onde brota o cacto.
Salitral alvacento que atravessa,
roto de sede, o pássaro;
com marismas secas e espaçadas
a extensos intervalos
e um céu fixo, inalterável e mudo,
cobrindo o âmbito inteiro.

O sol esquenta nas marismas vermelhas
a água como um caldo
e arranca do areial caliginoso
um brilho áspero e seco.
A noite finda logo e no lúgubre
silêncio rompe o sapo
seu grito de água oculta que as sombras
absorvem como tragos.

Medo. Desolação. Asfixia. Tudo
dorme aqui sufocado
sob essa linha morta que recorta
a pele rígida e firme dos campos.

Algumas cabras amarelas medram
no restolho escasso
e na distância um boi rumina seu sonho
turvo de solidão e cansaço.

Esta é a terra estéril e madrasta.
Sobe um tufo malsão
de coisa decomposta na marisma
pelo fogo que desce das alturas;
fermento tenebroso que na noite
lança o fogo-fátuo
e dessas longas formas fantasmais
que se arrastam caladas pelo páramo.

Esta é a terra onde cheguei ao mundo.
Minha infância se gastou

como uma cabra arisca pelo ermo
rancoroso e misantropo.
Esta é toda minha história:
sol, aridez, cansaço,
uma vaga tristeza indefinível,
uma imóvel fixidez de pântano,
e um grito, lá no fundo,
cogumelo terrível e obstinado,
encolhido entre fofas carnações
de desejos inúteis apagados.

Dança negra

Bambu e calambô.
O Grande Cocorocó diz: tu-cu-tu,
A Grande Cocoroca diz: to-co-tó.
É o sol de ferro que arde em Tombocotu.
É a dança negra de Fernando Póo.
O porco na lama funga: pru-pru-pru.
O sapo no charco sonha cro-cro-cro.
Calambô e Bambu,
Bambu e Calambô.

Rompem os *jujus* em furioso u.
Os gongos trepidam com profundo ó.
É a raça negra que ondulando vai
No ritmo gordo do maryandá.
Chegam os botucos para a festa já.
Dança que te dana a negra se dá.

Calambô e bambu.
Bambu e Calambô.
O Grande Cocorocó diz: tu-cu-tu.
A Grande Cocoroca diz: to-co-tó.

Passam terras vermelhas, ilhas de betume:
Haiti, Martinica, Congo, Camarões:
as papiamentosas Antilhas do *ron*
e as patualesas ilhas do vulcão,
que em grave *son*
do canto se dão.

Calambô e Bambu.
Bambu e Calambô.
É o sol de ferro que arde em Tombocotu.

É a dança negra de Fernando Póo.
A alma africana vibrando está
No ritmo gordo do maryandá.

Calambô e Bambu.
Bambu e Calambô.
O Grande Cocorocó diz: tu-cu-tu.
A Grande Cocoroca diz: to-co-to.

(De *Tuntún de pasa y grifería,* 1937)

O chamado

Me chamam desde lá...
longa voz de folha seca,
Mão fugaz de nuvem
que no ar do outono se dispersa.
Por cima o chamado
me arrasta com tênue fio de estrela,
abaixo, a água em labirinto,
com soluço de espuma entre a névoa.
Faz tempo ouço vozes
E descubro as senhas.

Hoje me lembro: é um dia venturoso
de despejado céu e terra clara;
andorinhas erráticas
ponteiam o calmo azul.
Estou defronte do mar e na lonjura
se vai perdendo a asa de uma vela;
vai-se indo, esfumando-se,
e eu também me apago nela um pouco.
E quando enfim retorno
por um leve resquício de consciência
que longe já me encontro de mim mesmo!
que mundo tão estranho me rodeia!

Agora, dormindo junto a mim, repousa
Meu amor sobre a erva.
O seio palpitante
sobe e desce tranquilo na maré
do ímpeto calmado que dilui
espectrais azuis em sua olheira.
Olho essa doce fábrica rendida,
corpo de trampa e presa

cujo ritmo essencial como brincando
manufatura de carícia aérea,
o seu arrulho narcótico, e o beijo
— véspera ardente de amorosa queixa —
e me digo: Já tudo terminou...
Mas, de pronto, desperta,
e na fundura negra das pupilas
que são um despedir-se e uma ausência,
algo me chama à sua remota margem
e docemente, sem querer, me leva.

Me chamam desde lá...
Disposto e aparelhado está meu barco.
A seu redor, em grupos de silêncio,
Surdamente coagula uma treva.
Um mar oco, sem peixes,
água vazia e negra
Sem veia de fulgor que lhe penetre
nem pisada de brisa que a comova.
Fundo imóvel de sombra,
limite gris de pedra...
Oh, solidão que à força de andar só
se sente de si mesma companheira!

Emissário solícito que vens
à minha porta com recado inculto,
sei o que te propões
e não me engana tua missão secreta;
me chamam desde lá,
porém o amor dormindo aqui na relva.
ainda é belo
e banha a terra um júbilo de sol.
Que teu poder implacável me deixe
uma hora, um minuto mais com ela.

(De *Poesía*, 1950)

Nota biográfica

Guayama, 1898-1959

Pelo seu canto negro afro-americano, o poeta Luis Palés é o irmão porto-riquenho do cubano Nicolas Guillén. Margot Arce Vasquez distingue em seus versos evocações da mitologia africana, ritos e superstições mágicas, visões da paisagem e da geografia negra, com poderoso sentido do ritmo e de procedimentos verbais.

Palés achava *que escrever é uma das funções humanas mais penosas.* Como tudo que dá felicidade.

Obra essencial: *Azáleas* (1915), *Tuntún de pasa y grifería* (1937) e *Poesía* (1950).

Julia de Burgos

Rio Grande de Loiza

Rio Grande de Loiza!... Cresce no meu espírito
e deixa que minha alma se perca em teus riachos,
para buscar a fonte que te roubou de criança
e num ímpeto louco te devolveu à senda.

Enrosca-te em meus lábios e deixa que te beba,
para que te sinta por um breve momento,
e te esconder do mundo e em ti mesmo esconder-te
e ouvir vozes do assombro pela boca do vento.

Apeia-te um instante da lombada da terra
E vê das minhas ânsias o íntimo segredo;
Segue o voo de ave da minha fantasia
E me deixa uma rosa de água nos meus sonhos.

Rio Grande de Loiza! ...Meu manancial, meu rio,
desde que me deu ao mundo a pétala materna;
contigo desceram desde as rudes costas,
a buscar novos sulcos, meus pálidos anelos;
minha infância foi toda um poema no rio,
e um rio no poema de meus primeiros sonhos.

Chegou a adolescência e a surpresa da vida
me levou presa à tua larga viagem eterna;
e fui tua mil vezes, e num belo romance
despertaste minha alma e me beijaste o corpo.

Para onde tu levaste as águas que banharam
minhas formas, espiga de sol recém-aberto?
Quem sabe em que remoto país mediterrâneo
algum fauno na praia estará me possuindo?

Quem sabe em que aguaceiro de terra distante
me estarei derramando para abrir sulcos novos?
Ou se acaso cansada de morder corações
Me estarei transformando em gelados cristais.

Rio Grande de Loiza!... Azul. Moreno. Rubro
espelho azul, caído pedaço azul do céu;

desnuda carne branca que se torna negra
cada vez que a noite em teu leito penetra;
rubra franja de sangue, quando a chuva desce
torrencial seu barro te vomitam os montes.

Rio homem, mas homem com pureza de rio,
que dás tua alma azul ao dar teu azul beijo.

(De *El mar y tu y otros poemas*, 1954)

A Julia de Burgos

Muita gente murmura que sou tua inimiga,
porque dizem que em verso dou ao mundo quem és.

Mentem, Julia de Burgos. Mentem, Julia de Burgos.
A que se ergue em meus versos não é a tua voz, é a minha,
porque és o vestuário, a essência sou eu;
e o mais profundo abismo se estende entre nós duas.

Tu és fria boneca de mentira social,
E eu, viril fulgor da honestidade humana.

Tu, mel de hipocrisia cortesã, eu não;
que em todos os meus poemas desnudo o coração.

Tu és como o teu mundo, egoísta, eu não;
que inteira me atiro para ser o que sou.

Tu és somente a grave senhora senhorona;
eu não, eu sou a vida, a força de mulher.

Tu és de teu marido, de teu amo; eu não;
eu de ninguém, de todos, porque a todos, a todos,
em meu limpo sentir e em meu pensar me dou.

Tu frizas teu cabelo e te pintas; eu não;
a mim me friza o vento, a mim me pinta o sol.

Tu és a dama caseira, resignada, submissa,
Atada aos preconceitos dos homens; eu não;
o Rocinante eu sou correndo desbocado
farejando horizontes de justiça de Deus.

Tu em ti mesma não mandas; a ti todos te mandam;
em ti mandam teu esposo, teus pais, teus parentes,
o padre, a modista, o teatro, o cassino,
o carro, os anéis, o banquete, o champanha,
o céu e o inferno e o que de ti dirão.

Em mim, não, que em mim manda o meu coração,
só o meu pensamento, quem manda em mim sou eu.
Tu, flor aristocrática, eu sou a flor do povo.
tu em ti tens de tudo e a todos tudo deves,
enquanto o meu nada a ninguém devo, nada

Tu, cravada no estático dividendo ancestral,
eu sou uma só na cifra do divisor social,
somos o duelo a morte que vem vindo fatal.
Quando as multidões corram alvoroçadas
deixando atrás cinzas de injustiças queimadas,
e quando com a tocha das sete virtudes,
atrás dos sete pecados, corram as multidões,
contra ti todo o injusto e o desumano,
no meio delas vou com a tocha na mão.

Nota biográfica

Carolina, 1914-1953

Poeta e professora. Enfrentou preconceitos sexuais e injustiças sociais, em sua condição de mulher portorriquenha nos Estados Unidos, onde morreu. Suicidou-se. Obra poética essencial: *Poema en veinte surcos* (1938), *Canción de la verdad sencilla* (1939), *El mar y tu y otros poemas* (1954), *Obra poética* (1961). Os poemas aqui incluídos são do livro de 1954.

Francisco Matos Paoli

PORQUE SOU o poeta,
de quem a palavra burla,
preparo o céu para este mundo vão.

E quando chocam os seres,
que impassível evasão, que pavio de chama
enterrada,
que decisão baldia
querer que todo poema se levante do ruído
e possa representar a ideia,
o fantasma infinito dos voos,
a eucaristia que se reconhece
pela maneira de partir o pão.

Sei que o vizinho faz um esforço
grande
para ser homem,
sei que devo falar com harmonia,
apaziguar o leão que devora o crepúsculo.

De repente me enterneço,
me lanço na corrente nobre,
espanco os astros com a mão e digo:
melhor é o silêncio quando se está morto
e nem podemos melhorar o dia
comum
preso à nossa lágrima.

Mas tenho que lutar e lutar.

Lúcifer é a incomunicação,
o fácil soletrar que idiotiza,
o sedente que
por abundância de atmosfera
põe a perder o pranto,
essa tatuagem do esquecimento
que ainda fica no encarnado.

Quisera viver
sem ter de ser profeta,
estar aberto na água como a flor de lótus,

perder o rastro da noite,
não sustentar mais a pérola do abismo,
fugir para o cafezal florido
que louva em simplicidade.

Mas é impossível, Deus meu.

Se não enlouqueço agora,
O que será do sêmen da imagem?
Para que desejo o endurecido
símbolo dos grandes congelados da história?

Para que sou o farsante
Que se desvive na memória fugidia,
Todo rodeado de margens,
Todo povoado de insubstância,
Todo clamante no deserto.

(De *Canto da Loucura*, 1961,
selecionado por Maria de Lourdes Santiago)

HÁ UM NINHO SUTIL, há um contacto
de rosas e de estrelas:
talvez o gratuito do homem,
a aceleração frutal do mundo,
a carne rediviva
nos cruentos adeuses.

Sei que a palidez engana
que a brutalidade estafa:
estrela para despertar,
rosa para dormir,
estrela para cantar
arrebatado dos séculos irredentos,
rosa para cair na madura esfera,
tão abolido de caminhos.

E tudo se reduz
a um resplendor natural que se desgasta
se olhamos atentamente
possuídos de realidade, loucos
de cair.

É preciso voltar à inocência,
Despencar do nada,

Agarrar-se num fio,
Tombar nos ocasos
Os punhos acesos,
Até que a rosa seja estrela
Até que a estrela seja rosa.

(De *Canto da Loucura*, 1961)

PARÁBOLA

Fundamos uma casa
sobre uma rocha dura.
Cantos, árvores, céu,
serão sua arquitetura.

De crianças, com a alma
e o silêncio também.
Ergamos uma casa
que não saiba cair.

Que no vento se talhe
a ilha de coral.
Façamos uma casa
que dure a eternidade

Uma única morada
com o campo e o céu.
Uma pátria, uma pátria
e dentro dela, Deus.

(De *Isla para los niños*, 1945,
escrito em parceria com a poeta
Maria Isabel Freire, sua mulher)

POR QUE desapareço?
Depois da sutil loucura
cresce o meu Deus nos lírios,
começo a me iluminar nas esquinas
e se paralisa o pólen dos mortos
no que de mim está selado.

Me chamam.
O que fazer se os braços ocos
Ainda repetem o aroma?

O que fazer se a desnudez não é completa
e os narcisos voam
desde o delicioso ocaso
até a humilde aurora?

Não, desdobrar,
acabar,
deter,
não impulsionar o que resta de mim
na estultice do minuto único.

Sei que estou desprendido de névoa,
pronto para o silêncio terrenal,
pronto a não ter coração
com aura de beleza.

A ignição
do sonho
começa a crescer.

O limite abandona,
como a serpente,
sua pele radiosa.

(De *O Canto da Loucura*)

Nota biográfica

Lares, 1915-2000

O poeta é uma das vozes mais belas, fortes e martirizadas da luta pela liberdade da sua pátria.

"Mattos disse que a poesia é a palavra levada a uma situação de impossibilidade. Boa parte de sua obra foi escrita durante a sua prisão chama La Princesa, onde também esteve encarcerado Don Pedro Albizu Campos, *o maestro.* Privaram-lhe o acesso ao lápis e ao papel. Escrevia com o que encontrava, na cal da parede. É considerado como o nosso principal poeta místico, mas sem abandonar as tarefas do reino deste mundo. Chamava Don Pedro de um Cristo puertoriqueño." Estas são palavras de sua amorosa leitora Maria de Lourdes Santiago.

Raiz y Ala (2006), antologia em dois volumes, reúne toda a obra de Paoli publicada de 1930 a 1993. Incluindo o famoso *Canto a la locura* (1962). Numerosos livros permanecem inéditos.

MANUEL DEL CABRAL

REPÚBLICA DOMINICANA

Manuel del Cabral

Poesia

"Não conheço melhor definição da poesia
do que este poema de Cabral".
Paul Eluard

Água tão pura que quase
não se vê no copo d'água.
Do outro lado fica o mundo.
Deste lado, quase nada...
Uma água pura, tão limpa,
que para olhar dá trabalho.

Água

A do rio, como é branda!
Porém como é dura esta:
a que cai das pálpebras
é uma água que pensa!

Menino morto num Pátio

Talvez não diga nada, nem sequer do pátio.

Tudo está naquele lugar.
Sua queda levanta todas as minhas qualidades,
porque sei que estas coisas
são as que bem obrigam a não me desperdiçar.

Talvez a ninguém fale sobre este menino morto.

Chegarei à minha casa como todos os dias;
me sentarei à mesa, tomarei meu gengibre,
quem sabe acariciarei o pelo do meu gato,
e talvez duas palavras comigo ou com meu irmão
sobre a chuva ou sobre a colheita.

Talvez não conte a ninguém...

O que pode fazer a idade da palavra
onde a eternidade se parece a um menino?

Fala compadre Mon

O que ontem eu disse aqui
quero de novo gritar:
terra no mar?
Não, senhor,
aqui a ilha sou eu.

Algo levo no meu cinto
porque vou como a ilha está,
rodeada de perigos.
Sim, senhor, meu cinturão:
onda de pólvora e chumbo.
Aqui a ilha sou eu.

E cabe o que disse já,
sempre aqui, tal como cabe
o dia no bico da ave.
Que bem me levam a voz
todas as balas que mando!

Não está distante o homem
de terra adentro e dormido
a verde fera que sempre
anel raivoso nos põe...
Estou falando do mar
porque há nele algo meu...

Mas será que estou falando
de uma Antilha, terra em água?
Não, senhor
com a cintura entre balas
ao mapa digo que não.
Aqui a ilha sou eu.

Não caminhes

Não caminhes comigo,
não caminhes.
Mas quem és tu
que me odeias tanto?
Quem?
Não vês que sou a tua voz?

Ar

Numa esquina está o ar
de joelhos...
Dois sabres analfabetos
o vigiam.

Eu sei porém que é do povo
minha voz bem levantada.
Dá fala a mortos sem cruzes
minha guitarra.

Pedro se chamam os ossos
daquele que cruz não teve.

Mas agora a terra inteira
se chama Pedro.
Aqui está o ar em seu lugar
e está inteiro...

Aqui...
Madeira de carne alta,
terra solta,
minha guitarra.

O hóspede dos pássaros

Eu bem sei que se fere quando silva.
Compreendo que a tarde vai fazendo o seu canto.
Sei de memória que sua garganta põe
mais azul nos charcos que pisam os obreiros; e põe
umas terras estranhas nas bárbaras guitarras
dos pinheiros.
Compreendo que na pele do mar escreve cartas
que os marinheiros só leem quando dormem
compreendo que seu bico
empurra a manhã como o rio seus crespos, a leva
com o calor de um vento até os homens.
Compreendo
que só quando ele move as palavras, as coisas
vão caindo na terra com a sagrada inutilidade
que tem sempre a árvore para deixar cair
seus profundos frutos, inevitáveis de ser um pouco Deus.
E no entanto se não o vira, se não o tocasse,
me seria difícil compreender sua presença.

Não sempre
desce à terra, porém sempre
bebe no olho livre de um orvalho

Nota biográfica

Santiago de los Caballeros, 1901-1999

"Estranho e formidável este grande poeta", diz de Cabral o crítico espanhol Gerardo Diego, "em cuja voz, fundida à temperatura de alto-forno do homem novo, parece que marcaram encontro todos os homens da América".

Cabral foi embaixador do seu país no Chile durante a década dos 60, quando tive a dádiva de frequentá-lo, pela mão de Neruda. O dominicano criava uma atmosfera encantada a seu redor quando dizia os seus versos, que viajavam pela sua voz, timbre de madeira nobre.

Seus livros principais: *Trópico negro* (1942), *De este lado del mar* (1948), *Sangre Mayor* (1945), *Los huéspedes secretos.*

"Poucas vezes", escreveu André Gide, "nos chega do outro lado do mar uma voz tão humana, tão vital e americana como a de Cabral."

JULIO HERRERA Y REISSIG

JUANA DE IBARBOUROU

FERNANDO PEREDA

IDEA VILARIÑO

MARIO BENEDETTI

JORGE ARBELECHE

URUGUAI

Julio Herrera y Reissig

Tertúlia lunática
vésperas

Em túmulo de ouro vago
cataléptico faquir
se trasmontou a dormir
a unção de um Nirvana vago.
Objetiva-se o aziago
suplício de um pensamento
e como um remordimento
pulula um surdo rumor
de algum pulverizador
de músicas de tormento.

O céu abre um gesto verde,
e ri o desequilíbrio
de um sátiro de ludíbrio
enfermo de absinto verde...
Em hipóteses se perde
pelo horizonte errabundo,
e o campo meditabundo
de informe turbilhão se enche,
e como que tudo é treva
na consciência do mundo.

Pirilampos — raros bruxos
da joia de Salambô —
piscam a *marche aux flambeaux*
de um concerto de bruxas...
Dá tristezas de Cartuxas
o cipreste de veludo,
e de teu lenço revoam
em fragrantes confidências,
as interjeições de ausências
e olheiras de ritornelo.

Tudo é póstumo e abstrato
e se intimam de monólogos
os espíritos ideólogos

do Incognoscível abstrato...
Arde o bosque estupefato
em um êxtase de luto,
e se eletriza o hirsuto
labirinto do proscênio
com o fósforo do gênio
lôbrego do Absoluto.

Tudo suscita o cansaço
de algum país psicofísico
no seu polo metafísico
de silêncio e de cansaço...
Um vapor de tempo ágrio
historia a unção plenária
e penetra, ante a arbitrária
lógica dessa extensão,
a materialização
de visagem planetária.

E do insonoro interior
de meus escuros naufrágios,
zune, viva de presságios,
a Babilônia interior...
Um pitagorizador
horóscopo de ultranoite
enquanto, em autorreproche
de umas contrições estáticas,
rondam as múmias hieráticas
do Escorial da Noite.

Fogos-fátuos do exorcismo
ilustram-me a dupla vista
como uma malabarista
rutilação de exorcismo...
o Subconsciente do Grande
Todo me dá calafrios
e na multidão sombria
de uma grande treva afônica
fermenta uma cosmogônica
trombeta de profecia.

Como num rapto de neve
se agudiza a ermida gótica,

e em cima a agulha hipnótica
enfia estrelas de neve...
O bosque na sombra move
fantásticos descalabros
e nos arbustos macabros
brande o cajado um pastor,
como um leigo apagador
de tétricos candelabros.

Dorme, de orelha na espreita,
como um lobo montaraz,
o silêncio suspicaz
do precipício que espreita.
Franze o agreste o seu despeito
e então dissolve e recusa
o borbulhar de uma exclusa
monólogos de esquimó
em gárgulas de cristal
e festas de cornamusa.

Adaga em riste, o sonâmbulo
moinho metaforiza
um dom Quixote na liça,
encavalgado e sonâmbulo...
Tortura o fumo um funâmbulo
guinhol de caleidoscópio,
e para uma noite de ópio
abrem os pântanos da Ciência
o olho de uma consciência
profunda de espectroscópio.

Sobre a torre, enigmática,
coruja de olhos de enxofre
seu canto insalubre sofre
como um muezín enigmático...
Diante do augúrio lunático,
capciosa, espectral, desnuda,
toda aveludada e muda,
descende em sua teia inerte
como uma aranha de morte
a imensa noite de Buda...

II.
Ad Completorium

Em um bocejo de horror
torce o charco folgazão
sua boca de Leviatã
tornassolada de horror...
Dita o Sumo Redator
à grande Sombra Profeta
e obsediando, a glorieta
como uma insana cravelha
manipula a ideia fixa
a turvadora veleta.

Ri o vento confidente
sua cauda feito mola,
tersa de gato de Angola,
perfumada e confidente...
O mar inauditamente
se encolhe de submissão
e o farol vidente, em som
de taumaturgas hombrias,
traduz ao turvo Isaías
hipnotizando um leão.

Estira aplausos de brasa
o fogo pelos estábulos:
raivosa ereção de diabos
com o seu tridente em brasa...
Um bruxo espanto de Páscoa
de Marisápalo assedia
e uma espectral Idade Média
dança epilepsias abstrusas,
como um horror de Medusas
da Divina Comédia.
Em uma burla espantosa
o túnel do terrapleno
boceja como Gwynplaine
a gargalhada espantosa.
Incha a corcova a unciosa
súpula, e com seus perversos
malefícios de hicocervos
conjetura o santuário
o mito de um dromedário
carcomido pelos corvos.

As coisas se fazem fac-símiles
de minhas doidas visões
e são como associações
simbólicas de fac-símiles...
Em fumos inverossímeis
se alinha o canavial
com a postura marcial
e seus penachos de glória,
as armas de uma vitória
em um bivaque imperial.

Um arlequim doidivanas
num toc-toc insensato
o tonel do Fortunato
no meu rosto doidivanas...
Percebo surda a campana
que em meu pensamento intui;
e num eco que reflui
minha voz, outra, me chama
e persigo em minha sombra
a identidade que foge.

A realidade espectral
passa através de uma trágica
e turva lanterna mágica
de minha mente espectral...
Saturno infunde o fatal,
de zarolho humor, o influxo
e a lua em seu reflexo
se rompe, foge e se integra
como por magia negra
de um escamoteio bruxo.

E na canteira fantástica
grava Doré sua careta
fosca, saturnina e oca
de pesadelo fantasma...
E no Cemitério pasma,
canhota, a Morte, um *can-can*
ladra, em cachorro, Satã
e um professor *rascahuevos*
toca em soluços avessos
o carnaval de Schuman.

Nota biográfica

Montevidéu, 1875-1910

Poeta, contista e caudaloso missivista. Autor de um único livro de poemas, *Los peregrinos de piedras*, dividido em vários segmentos, a maioria ultrapassando a centena de versos, construídos com esmero, inaugurando ritmos, neologismos, metáforas audaciosas, um autêntico autor, quer dizer, acrescentou algo de novo ao que se vinha fazendo no seu tempo.

Uma edição da Biblioteca Ayacucho, de Caracas, 1978, reúne uma seleção de contos, artigos e a *Poesía completa de Herrera*, com admirável texto de abertura de Idea Vilariño. Diz ela: "Este homem de tão breve vida, este poeta de tão curta duração, esta personalidade de uma só e clara peça, este escritor que parece meter-se em tão francas categorias, este Julio Herrera y Reissig é quase um desconhecido. A verdade é que ainda não se escreveu a biografia que merece esta grandiosa figura das letras uruguaias e americanas".

Depois de ler *Los peregrinos de piedra*, Rubén Darío não se conteve: "Admirável e estranha personalidade, poeta de exceção, artista exacerbado".

Recordo Manuel Bandeira me pedindo que ouvisse, um fim de tarde no apartamento da avenida Miramar, a sua leitura de uma estrofe do *Tertúlia Lunática*, entremeando a música dos versos com a do seu riso de puro encantamento.

Juana de Ibarbourou

Amor

Primavera
Em graça de olor
Primavera
Em graça de amor.

Sonho desvelado,
Rara sensação.
Que abelha se agasalha
no meu coração?

Inquieta,
como e durmo intranquila,
Ansiedade secreta,
Chama na pupila.

Estou embruxada.
Antes não era assim.
Fiquei enfeitiçada
No instante em que o vi.

Língua que não canta,
não é bom sinal.
Boca que não janta
vai gritando o mal.

Sigo pela via
Sozinha, não sei
se encontrei alegria
ou se angústia achei.

Já estou embruxada.
Não era antes assim.
Fiquei enfeitiçada
No momento em que o vi.

(De *Las lenguas de diamante*, 1919)

Te dou minha alma

Te dou minha alma desnuda
como estátua à qual nenhum manto escuda,

Desnuda como o puro impudor
De um fruto, de uma estrela, de uma flor.

De todas essas coisas que têm a infinita
Serenidade de Eva antes de ser maldita.

De todas essas coisas,
frutos, astros, rosas.

Que não sentem vergonha do sexo sem folhagem
A quem ninguém ousara fabricar roupagens.

E sem véus, como o corpo de uma deusa serena,
Que tivera uma intensa brancura de açucena,

Desnuda e toda aberta de par em par
Pela ânsia de amar.

A cisterna

Minha vida presente se parece a um poço,
uma estreita cisterna profunda e circular
que de sua fundura estendo as tuas mãos
suplicantes, ávidas, ao externo alentar.

Inútil é que alongue hieráticos os braços
que em gritos e orações eu me fatigue a voz.
A sombra é tão espessa, tão funda a cisterna
que em mim nunca há de dar a mirada de Deus.

(Poemas de *Las lenguas de diamantes)*

O rio andarilho

Sobre a água,
Suspendem os salgueiros o colar de ervas
Se suas ramas.

Um zigue-zague verde e fugitivo
Ondula
Pelo flanco delgado do rio.

Ao passar debaixo dos ceibos
o Tacaurí fica purpúreo
E ao galopar contra os jasmineiros
Toma um branco lunar e noturno,

Meu rio nativo leva em sua entranha
Todas as cores do mundo.
Os que provaram de suas águas
Ficaram sonhadores e vagabundos.

Porque este rio de minha aldeia
Bebeu o crepúsculo e a alvorada.
O meio-dia e a noite
Para acalmar não sei que ânsias
E sua água ficou encantada.

Eu que dela bebi sendo pequena
Conservo o seu feitiço dentro da alma.

A NOITE

A fábula do dia
Termina na garganta da tarde
De túnica roxa. Somente arde
A última palavra desmedida,
A do amor que não se acaba nunca,
Final mentira.

A noite, besta triste.

Chega insone e calada.
Nem um anjo a acompanha,
Nem a esperança sabe a sua medida.
Quando a luz retorna
E a aljôfar adoça as graminhas
Da aurora, sempre desesperada,
Se enforca no cipreste da manhã.

A noite, besta ávida.

E de sua morte se alça o novo dia
Fatigado de dores e de enganos.

(De *La pasajera*, 1967)

Nota biográfica

Melo, 1895-1979

Quando publicou o seu primeiro livro, aos 24 anos, *Las lenguas de diamante*, a voz desta mulher de radiosa beleza se espalhou além das fronteiras de seu país: ela passou a ser chamada *Juana de América*. Mulher misteriosa e cândida. Plantou-lhe a formosura, a um só tempo, o terror à impiedade do tempo e o fascínio da sensualidade. Toda sua poesia é marcada pelo sortilégio do amor e a muralha do mistério da morte. A sua impressionante maestria técnica muitas vezes trabalha a própria luz de suas imagens.

Vale a pena transcrever o que dela disse a Mistral, quem, de moça professora primária, já sabia das coisas em matéria de criação poética: "Seu mistério é o pior de todos; o do luminoso e não o do sonho, e burlaria o próprio doutor Fausto. A simplicidade, o instinto, a candura e a pureza das potências são mais difíceis de entender do que a escuridão, o pecado".

No prólogo que redigiu para as *Obras* de Juana, editadas pelo Ministério de Educação e Cultura de Montevidéu, 62, diz o poeta Jorge Arbeleche:

"O que outorga maior coerência a seu universo poético é sua unicidade. Sua obra evidenciou, desde o começo, um nítido e diferenciado perfil. E é a maneira de expressar esse universo, de comunicá-lo e de conquistar a imediata adesão emocional e sensível do leitor o que constitui o selo de sua personalidade artística".

Obras: *Las lenguas de diamante* (1919), *Raíz salvaje* (1922), *La rosa de los vientos* (1930), *Perdida* (1950), *Azor* (1953), *Mensaje del escriba* (1953), *Romances del destino* (1955), *Angor Dei* (1967), *Elegía* (1968), *Obra completa (Acervo del Estado)* (1992, cinco volumes ao cuidado de Jorge Arbeleche), *Obras escogidas* (Seleção, prólogo e notas ao cargo de Sylvia Puentes de Oyenard. Santiago de Chile: Editorial Andrés Bello, 1999).

Fernando Pereda

Os desencontros

1.
Adiantou-se o relógio.
O dia veio sozinho.
Não sei se vai ou volta
sua luz indiferente.
Não sei se já passaram
esses carros opacos.
Vão porém voltar
de novo, suas rodas,
com ruído de coroas:
coroas, corações,
coroas gota a gota,
coroas pouco a pouco,
até cerrar os olhos,
coroas incolores.

2.
Esta noite, esta noite,
perdura até a aurora?
Quantos preparativos
por detrás das guitarras!
Quantos preparativos
pela tarde insegura!
Alguém mistura os trinos,
acústica de tumbas

3.
Altivo o tempo aperta.
É uma firme fúria:
primeiro cristalina,
e cada vez mais turva,
que por fim nos derruba.
Mas quando ela entreabre
a pálida saída
é certo que se torna
de novo cristalina?

(De *Pruebas al canto*, 1990)

Saladino

A Thiago

Saladino está sozinho
sob o mormaço da sesta,
sem paraíso
na sesta.

Deixai, paredes temíveis,
sua coroada cabeça:
espelhismo ante suas mãos
estendidas sobre cinzas.

Porém as ruas dão sede,
com a sede se ouvem trinos,
e com os trimos as bocas
sustentadas em delícias.

Sozinho está Saladino
e sem o calor da sesta,
só os nuncas infinitos
visitam sua caveira.

(De *Pruebas al canto*, 1951)

Sucessos reais

A José Bergamim

Essa hora que não sabemos
pode chegar a desoras,
e de uma aurora a outra aurora
chegar quando não sabemos.

Quando a alma já nem suspira
para saber se está ouvindo
notícias que vêm da cinza.

Cantar e ressuscitar?
Quem cantando assim esquecera
passos de sua caveira!
Não basta ressuscitar.

Não basta. Cuidado, amor:

porque essas cores finais
não parecem naturais.
E entre contigo, entre amor,
minutos inventaremos
se nem a hora sabemos.

Se coberta ou descoberta
pode ela chegar mais cedo,
diz adeus com tua mão
o fogo que mais desperta,
como estar queimando alerta?
que de uma aurora a outra aurora
pode chegar a desoras.

(De *Pruebas al canto*,1955)

CONTRAPONTO

A Maurício Ohana

Abraçando brotam abraços:
moviam-se dentro de um céu,
e amanhecidos abraçados
seu fluir de amor não vê seu véu.

Véu contínuo o contraponto
busca as luzes do concerto,
chama as bocas dessas fontes,
carícias queima com adeuses,
madura o fogo no vazio,
seu fogo chega ao frio impuro,
ao frio andante da morte,
e anoitecidos abraçados,
num domínio assim os funde.

Quando essa mão apaga luzes
um deserto gira em coro.

(De *Pruebas al canto*, 1957)

Quase como está escrito

A Sérgio Castro

Transfigurante túnel passam
e sobem as canções.

Graves, até pensar pressentimentos,
em ávidos cantores,
os pensamentos têm as suas cores
que não são pensamentos.

E em mágicos mais ávidos sabores
roçando terras, mares,
e as cores têm os seus manjares
que não são as cores.

Um esperado túnel passam
e entram a canções.

(De *Pruebas al canto*, 1959)

Últimos convidados

A Onetti

Eu os vejo,
de longe se desvelam.
Estão ali despertos,
com sinuoso apetite,
desfazendo sentidos figurados.

Por uma vez, e agora,
não falemos mal deles!
nos acompanharão
em nossa solidão
durante um tempo.

Eu os vejo,
sem lhes dar nome.
Que estão lá, sabemos,
últimos convidados.

(De *Pruebas al canto*, 1960)
(Todos os poemas fazem parte de
Pruebas al canto, 1990, único livro do poeta).

Nota biográfica

Paisandu, 1899-1994

A poesia de Fernando me ganhou por inteiro, mal ouvi pela primeira vez os seus versos, de bela construção musical e de imagens encantadas, recitados pelo querido Antonio Grompone, íntimo do poeta, num entardecer da primavera de 1962 em Punta del Este. Um poeta diferente, como convém, e de linguagem pouco usual.

Quando o conheci, começo dos 60, e dele próprio ouvi, com sua entonação melodiosa, alguns poemas já de minha predileção, não cuidava de editá-los. Trabalhava com extremo rigor, esquivo e infenso a modas e tendências. Só em 1990 publicou *Pruebas al canto*, livro que reúne todos os seus poucos poemas e que mereceu a louvação apaixonada do poeta espanhol José Bergamim. Mais de uma vez, pelas noites da Isla Negra, Neruda me pediu que eu lhe recitasse os "Sucesos reales", em português, cujos versos entrego de memória ao silêncio sonoro da floresta.

IDEA VILARIÑO

ESTA DOR DO MEU CORPO

Esta dor raiz e essência deste
pobre corpo que habito
que sou
que me faz ser
esta dor sem ecos
de pétala arrancada
que às vezes totalmente se esvazia em minha forma
que é como uma janela fechada ao infinito
esta dor escura rasgada delirante
esta dor que às vezes tem a minha própria forma
que me faz crer que sou
sem corpo sem sentidos
sem dor
só um grito na sombra
esta dor de fogo queimando minhas paredes
consumindo minhas noites em sua chama amarela
esta dor de grito desgarrado
de lua quebrada
esta dor minha vida esta agonia
esta dor meu corpo.

O AMOR

Um pássaro me canta
e eu lhe canto
me gorjeia ao ouvido
e lhe gorjeio
me fere e eu o sangro
me destroça
o quebro
me desfaz
o rompo
me ajuda
o levanto
encho tudo de paz
tudo de guerra
tudo de ódio de amor
e desatado
geme sua voz e gemo

rio e ri
e me olha e eu o olho
me diz e eu lhe digo
e me ama e eu o amo.
— não se trata de amor
damos a vida —
e me pede e lhe peço
e me vence e eu o venço
e me acabo e eu o acabo.

(De *Poesías*, 1967)

O QUE FOI A VIDA

O que foi a vida
que
que apodrecida maçã
que sobra
que
resíduo.

Se era uma rosa
se era
uma nuvem dourada
e devem florescer
leve
pelo ar.

Se era uma rosa
se era
uma chama feliz
se era qualquer coisa
que não pese
não doa
que se compraza em ser
qualquer coisa
qualquer
que seja fácil
fácil.

Não pôde consistir em corredores
em madrugadas sórdidas,
em asco
em tarefas sem luz
em rotinas

em prazos.
Não pôde ser.
Não pôde.

Não isso
o que foi
o que é
o ar sujo da rua
o inverno
as faltas várias as
misérias
o cansaço
num mundo deserto.

(De *Nocturnos*, 1986)

Estou te chamando

Amar
aqui da sombra
desde a dor
amor
estou te chamando
deste poço asfixiante da lembrança
sem nada que me sirva nem te espere.
Estou te chamando
amor
como o destino
como o sonho
à paz
estou te chamando
com a voz
com o corpo
com a vida
com tudo o que tenho
e que não tenho
com desesperação
com sede
com pranto
como se fosses de ar
e eu me afogara
como se fosses luz
e eu morresse.
Desde uma noite cega
desde olvido

desde horas cerradas
no sozinho
sem lágrimas nem amor
te estou chamando
como a morte
amar
como a morte.

Paraíso perdido

Longe infância paraíso céu
oh seguro seguro paraíso
Quero pedir que não e voltar. Não quero.
Oh não quero não quero minha mãe
não quero já não quero não este mundo.
Farta é a luz com mão de tristeza
farta a suja suja luz vencida
fartas a voz a boca a catada
e regostada inércia da forma.
Se não dá para o dia se o cansaço
se a esperança triturada e a alta
amargura não dão para a vida
se o tempo arrasta morto de um ombro
se tudo para arder para sumir
para deixar a voz tremendo estar
o corpo destinado o olhar
golpeado o nome ferido prestar contas.
Não quero já não quero fazer sinais
mover a mão não nem o olhar
nem o coração. Não quero já não quero
e suja suja suja luz do dia
Longe infância paraíso seu
oh seguro seguro paraíso.

(De *Poesía*, 1967)

Nota biográfica

Montevidéu, 1920–2009

"Poesia despojada de todo artifício, confiada essencialmente ao fluxo de suas palavras – diretas, concretas, por isso às vezes lacerantes – e à autenticidade da experiência que expressam, é desta desnudez, ou melhor, desta intempérie da qual vai surgindo a terrível imagem da vida como um transcurso inalcançável, angustioso e absurdo". São palavras, estas, de Luis Miguel Isava, que recolho do texto que apresenta os poemas de Idea na *Antología de la poesía hispanoamericana moderna*, de Monte Avila Editores, Caracas.

Obra poética: *La suplicante* (1945), *Cielo cielo* (1947), *Paraíso perdido* (1949), *Por aire sucio* (1951), *Nocturnos* (1955), *Poemas de amor* (1957), *Pobre mundo* (1966), *Los salmos* (1974) e *No* (1980).

Mario Benedetti

Teoria de conjuntos

Cada corpo tem
sua harmonia e
sua desarmonia

em alguns casos
a soma de harmonias
pode ser quase
enjoada

em outras o conjunto
de desarmonias
produz algo melhor
do que a beleza.

(De *La vida entre parêntesis*, 1997)

Entre sempre e jamais

Zwischen Immer und Nie
Paul Celan

Entre sempre e jamais
o rumo o mundo oscilam
e já que amor e ódio
nos tornam categóricos
ponhamos etiquetas
de rotina e prudência

– Jamais te torno a ver
– unidos para sempre
– não vão morrer jamais
– sempre e quando me admitam
– jamais dos nunca mais
– (e mesmo a fé dialética
– de) por sempre jamais
et cetera, et cetera

de acordo
mas enquanto

um sempre abre futuro
e um jamais vira abismo
nem sempre pode ser
jamais de tantos outros

sempre é um patamar
de borda com final
jamais é uma escura
caverna de impossíveis
e sem embargo às vezes
nos ajuda um indício

que cada sempre leva
seu osso de jamais
e todo jamais tece
arrebatos de sempre

assim
incansavelmente
insubornavelmente
entre sempre e jamais
a vida flui sempre
passam os grandes olhos
sempre abertos da vida.

Cada vez que alguém morre

Cada vez que alguém morre
digo de alguém a quem amo
sinto que meu pai torna a morrer
será porque cada dor recente
traz a marca de uma dor antiga

por exemplo este dia em que árvore alguma
está de verde e não ouço os latidos
da memória constelada
e um só cachorro uiva por via das dúvidas
torna a meter-me naquele outro
interminável em que meu pai
se foi mudando lentamente
de bom velho em coisa pouca
de coisa pouca em queixa imóvel
de queixa imóvel em resto inútil.

Noção de pátria

Quando resido neste país que não sonha
quando vivo nesta cidade sem pálpebras
onde no entanto minha mulher me entende
e ficou minha infância e meus pais envelhecem
e chamo meus amigos de calçada a calçada
e posso ver as árvores de minha janela
esquecidas e rudes às três horas da tarde
algo sinto que me cerca e me oprime
como se uma sombra espessa e decisiva
descera sobre mim e sobre nós
para cobrir esse alguém que sempre amolece
o velho detonador da esperança.

Quando vivo nesta cidade sem lágrimas
que ficou egoísta só por ser generosa
que perdeu todo o ânimo sem sequer gastá-lo
penso que afinal o momento chegou
de me despedir de algumas presunções
de afastar-me talvez e falar outros idiomas
em que a indiferença seja uma palavra obscena.

Confesso que outras vezes me escapei.
Direi antes do mais que subi ao Arno
que encontrei nas livrarias de Charing Cross
certo Byron assinado pelo vigário Bull
num natal antigo de setenta anos.
Desfilei por entre os bêbados de Bowery
entre os Brueghel da Pinacoteca
comprovei como pode transformar-se
o sistema de som do Château de Langeais
explicando medalhas e incensários
quando em verdade só havia armaduras.

Suei em Dacar por solidariedade
vi turbas galopando até a Mona Lisa
e fugindo sem olhar o Botticelli
vi padres madrilenhos abordando rameiras
e na casa de Rembrandt turistas de Dallas
perguntando onde era o restaurante
suecos amontoados em dois metros de sol
e em Copenhague a embaixada russa
e a embaixada norte-americana
separadas por um lindo cemitério.

Vi o cadáver de Lídice coberto pela neve
e o carnaval do Rio coberto pelo samba
e em Tuskegee o raivoso otimismo dos negros
provei em Santiago o caudilho de côngrio
e recebi o Ano-Novo em Times Square
sacando-me cornetas dos ouvidos.

Vi Ingrid Bergman correr pela Rue Blanche
e salvando as óbvias diferenças
vi Adenauer entre débeis aplausos vienenses
vi Kruschov saindo de Pensylvania Station
e salvando de novo as diferenças
vi que um touro de pacífico avoengo
não queria matar o seu toureiro.

Vi Henry Miller longe de seus trópicos
com uma insolação mediterrânea
tirei foto na casa de Jean Neruda
dormi escutando Wagner em Florença
e ouvindo um suíço entre Genebra e Tarrascón
vi gordas e humildes oleiras em Pomaire
e três monjas jovens no Carnegie Hall
marcando o jazz com negros-sapatões
vi as mulheres mais lindas do planeta
caminhando sem mim pela Via Nationale.

Olhei
admirei
tratei de compreender
creio que em boa parte compreendi
e é estupendo
tudo é estupendo
só mesmo lá longe é que se fica sabendo
e são lindas umas férias
é um rapto de imagens
é um alegre dicionário
é uma fácil caminhada
é um alívio.

Mas agora não valem mais escusas
porque se volta aqui,
sempre se volta.
A nostalgia escorre dos livros
mete-se por debaixo da pele

e esta cidade sem pálpebras
este país que nunca sonha
de repente se converte no único lugar
onde o ar é o meu ar
e a culpa é a minha culpa
e na minha cama há uma parte que é a minha parte
e quando estendo o braço estou seguro
da parede que toco ou do vazio
e quando olho o céu
vejo aqui minhas nuvens e ali o meu Cruzeiro do Sul
a meu redor estão os olhos de todos
e não me sinto à margem
agora sei que não me sinto à margem.

Talvez minha única noção de pátria
seja esta urgência de dizer Nós
talvez minha única noção de pátria
seja este regresso ao próprio desconcerto.

Verbigracia

A palavra, paloma insubmissa,
debaixo da asa do corvo se esconde
e mesmo assim se eleva e chega até onde
sequer a sombra de Deus se divisa.

A palavra, que o homem improvisa,
e o silêncio, seu pálido servo,
na distância se extraviam — o corvo
fica sozinho, sem deus nem paloma,
e seu voo de séculos assombra,
verbigracia pela raça do verbo.

Desde a alma

Irmão corpo que estás fatigado
desde o cérebro até a misericórdia
do paladar ao vale do desejo

quando me dizes alma, me dá ajuda,
sinto que me comovo até o sufoco
e que o mesmíssimo ar é vulnerável,

irmão corpo que tanto trabalhaste

com músculos, estômago, neurônios
com rins além de brônquios e diafragma,

quando me dizes alma, me dá ajuda,
sei que estás condenado, tu és matéria
e matéria propende a desfibrar-se,

irmão corpo te conheço fui
hóspede e anfitrião de tuas dores
modesta rampa de teu sexo ávido.

Quando me pedes, alma, me dá ajuda,
sinto que um frio me envilece, sinto
que se me vão a magia e a doçura,

irmão corpo és fugaz
conjuntural efêmero instantâneo
leve suspiro e acabarei imóvel

e eu que normalmente sou a vida
abraçada a teus ossos ficarei
incapaz de ser alma sem tuas vísceras

(De *La vida entre paréntesis*, 1997)

Nota biográfica

Paso de los Toros, 1920-2009

Poeta, romancista, contista, cronista, teatrólogo, ensaísta.

Quando fui ao encontro deste grande uruguaio, no seu apartamento da Montevidéu no fim dos anos 50, ele já se distinguia entre os poetas mais queridos de sua terra e seus versos já eram recitados pelos moços de outros países americanos. Gravo aqui o nome do boliviano René Zavaleta, amigo luminoso que já atravessou o rio: foi ele quem, numa noite defronte do Ilimani, me iniciou na poesia de Mario, idioma só dele, água de luz, que faz tempo e dia a dia vem enriquecendo a minha vida. Benedetti, que não crê no divórcio engendrado pelos astutos, entre homem e artista, nunca se quis à margem da vida, esteve sempre ao lado da vida dos outros: conjuga feliz, conquanto às vezes doa, o verbo conviver.

Não me orgulho de mim, já muito aprendi, penando, para padecer de vaidade. Confesso que sempre me alegrei quando poetas ditos de envergadura trabalharam generosos para que meus versos falassem o idioma deles. Mas quando (foi viajando entre La Habana e Matanzas,

1967) Mario me estendeu, manuscrita, a sua tradução do meu "Canto de companheiro em tempos de cuidados", lágrimas silenciosas me orvalharam de felicidade. Escrevo dando com os olhos numa foto do poeta na parede de minha biblioteca amazônica e celebro a vida que me deu a ternura de Mario e de Luz, sua companheira, que é um tanto a metade da vida dele e que atravessa toda sua obra de ensaísta, ficcionista. Poeta de todos nós.

Alguns títulos famosos de sua obra: *La vispera indeleble*, seu primeiro livro, *Poemas de la oficina*, *Hoy por hoy*, *Montevideanos*, *El país de la cola de paja*, *Gracias por el fuego*. Seu romance *La tregua* está publicado no Brasil. Com poemas traduzidos por Julio Luis Gehlen, acaba de sair *O amor, as mulheres e a vida* (2010) de Mario Benedetti.

Jorge Arbeleche

Com Martha em Florença

Começa a fazer escuro e está frio

Intempérie.

A tarde entra no sonho
e volta a seu presépio como
cansados cavalos caminham a seu estábulo
ao deslizar-se a noite pelo ar.
A noite cobre o ar.
A noite cobre quem dorme e o insone.
Ela dorme. Eu velo.
Escuto seu respirar compassado,
sua batalha de amor contra os dias,
escuto o palpitar suculento de seus livros,
sua espada de palavras e de sons.
Os pratos da ceia
ficaram empilhados
e nesse canto da cozinha
— como pássaro dormindo encolhido —
se ouve um amplo respirar da vida.
Cada tanto nos vemos,
em alguma volta imprevisível das horas.
E estamos mais cansados porque estamos mais
velhos,
talvez também mais tristes. E acaso mais serenos.

Esta é a porção que nos coube da vida
com vida e morte amor e desamor
e amor de novo
e gana
e esforço
e fadiga.

E tornamos a falar
eu lhe conto e ela me conta e eu lhe digo
do meu irmão morto
e juntos recordamos
seus olhos tão azuis
que azulavam os olhos dos outros.

Conto-lhe que certa manhã
de Benares
(Varanasi a chamavam formosamente os hindus)
vi um cachorro
comendo a orelha de um cadáver
e lhe conto que meu irmão já tinha
em seu corpo de luz
a tenebrosa cor do apodrecido
porque toda morte é uma só e a mesma
e sempre sua sombra vai
adiante, atrás, ou dentro de nós.
Conto a ela que às vezes penso
nas nuvens como pastores brancos
que preparam a mesa vermelha da ressurreição
e ali estaremos todos sentados e serenos
nos olhando olhar a cabeceira
onde nos estará olhando Deus.

(1987)

Festa

porque venho de um lugar
onde parece que sempre vai chover
e a água se resolve em pedra e bruma

porque volto
para onde meus vivos vivem
onde meus mortos jazem sob ciprestes
de opaca raiz escura e sobem

azuis e ondulantes debaixo do céu
de esmalte de um céu distante
para cingir as cinturas
como adolescentes alvoroçando o ar
como uma Santa Rita com seu laço de amor,
enamorados
no meio exato da luz alegre

porque volto a meus lares

onde o mundo é festa
quando o azeite de ouro dos dias
se cozinha o alho da vida
o mundo é festa

quando a montanha se ama com a nuvem
sob o branco sorriso dos deuses
quando os rios copulam
com a lava escondida das rochas

quando a árvore avermelhada do outono estende
para o verão os brotos germinais
que balançarão a brisa excitada
pelo salto suspenso do gamo
o vertical aroma do jasmim
e a perfurante pecunha do bisonte.
O mundo é festa.

AUTO DE FÉ

Escuta
        olha
              apalpa
o crepitar o fumo o rubro
aberto
no tapete púrpuro das brasas

atreve-te
          atravessa
                   imprime
tua planta
              e traga
o fio salobre da tua lágrima

porque já estás no umbral do medo
e entre seus redemoinhos te vês entreverado

avança
estás dentro do fogo
enquanto o vento te lança às suas fogueiras
enquanto os outros te olham assombrados

os que nunca
escutaram
a mão
              estender-se
num bosque umedecido de carícias
chispeia o carvão na mandrágora
os que nunca
              admiraram

a campana e o mastro
o jorro de água e o círculo

Desataste
o nó sem fim da batalha
e nadas na outra margem do combate

Já conheces a terceira margem das ilhas.

Já compreendeste o sentido das listras do tigre

Estás na posse
de toda a música e de todo o silêncio.

E os demais, nos temem.

A chuva

A chuva é uma coisa
que sem dúvida sucede no passado.
J. L. Borges

A chuva molha a cara das coisas
resvala pelo lombo da sombra e
e se esvanece na umidade cerrada da aurora.

A chuva abranda os perfis
Confunde os contornos abre
a entrada e cobre as saídas

Atrás há outra chuva
e depois da bruma
chove névoa.

Os sonhos se desfibram debaixo da fronte
enquanto um homem sonha
com outro
que foi
ou talvez tenha sido
ou acaso fosse
quando se desate o nó final da chuva.

Nota biográfica

Montevidéu, 1943-1979

Relembro o querido Jorge recitando o seu poema "El espejo", defronte do mármore rosado do Taj Mahal, noite de lua cheia, em Agra, durante o Congresso Walmiki de Poesia, na Índia, 1985.

Palavras de Julio Cortázar: "Acabo de ler *Alta noche*, e digo que li do princípio ao fim sem a menor pausa. Se isso já é uma opinião, aceita-a com o grande prazer que me deu essa leitura".

Alguns livros do poeta: *Sangre de la luz* (1968), *Los instantes* (1970), *Las vísperas* (1974), *Los ángeles oscuros* (1976), *Alta noche* (1979) e *La casa de la piedra negra* (1983).

Jorge é autor de belo estudo sobre a poesia da célebre Juana de Ibarbourou.

IDA GRAMCKO

RAFAEL CADENAS

EUGENIO MONTEJO

LUIS ALBERTO CRESPO

MARÍA ANTONIETA FLORES

VENEZUELA

Ida Gramcko

Caracol, o irmão

O mesmo eu, mas caracol. Concisa
A sua forma avança sem verniz,
para que o homem sofra uma alma rica,
uma alma própria por dentro e por fora,
íntima, imensa, sempre em sede e aflita.

Inventamos
Um muro de cal...
assim construímos um lugar humano
Tão cheio dele, mas também de brisa
Inventamos
Um muro de cal... e tão diferente!
Um muro novo, raro?
Só em sua fresca solidão contínua.
Solidão, outra vez o solitário,
Outra vez a distância? E a carícia?

Te acalma, meu amor, o nosso é o longe,
roça o longo perfil, a pedra lisa
diz por voz do seu vigor, eu te amo.
A forma singular é a infinita.

(De *El mismo yo, más caracol*, 1952)

Para o duende delicado

Te entrego a gratidão que me persuade.
Mas fique claro: estejas bem seguro
de que essas fadas da minha esperança
não te querem forçar, precipitar.

São claridades mágicas, reflexivas.
Anelo convencer, nada te obriga.
E conseguir com minhas cativantes
estrelas ver-te inteiro no meu canto.

Tu, calado cantor, canto futuro,
Saberias ouvir de quem te eleva
com tom altivo, com idioma duro?

Não. Forte sou eu. Tu nem de leve
requeres suavidade. Não me apresso.
E enfio impulsos, delicado duende.

Imenso espaço aberto,

Intimidade.
Mão a nuvem que se entrega ao vento,
e vento a pele que se entrega ao mar,
e mar, areias de um fugaz deserto,
porque de pronto é outro e longe lá,
bosque, furor, enamorado corpo,
O sexo longíssimo, amizade.
De pronto, pronto!, pronto! Que portento!
De pronto o mar, o mar, o mar, o mar!
Fuga de tudo para o próprio porto
e encontrá-lo de novo e sem idade

Recorda bem, palavra,

Como tu és, como estás, pulcre e redonda,
Não a água, mas em água, além da água
E nada mais do que água sem pé nem alfombra.

Nota biográfica

Puerto Cabello, 1924-1994

Poeta, dramaturga, ensaísta, jornalista e professora. Viveu para escrever e amar. Prêmio Nacional de Literatura (1997). Do seu Ateliê de Poesia saíram poetas hoje consagrados, um deles Maria Antonieta Flores, a quem devo a sugestão de incluir Ida neste Encontro pioneiro.

Alguns de seus livros: *Umbral* (1942), *Cámara de cristal* (1944), *Contra el desnudo corazón del cielo* (1944), *Poemas* (1952) e *Sol y soledades* (1966). Entre suas peças de teatro: *María Lionza*, em versos (1955) e *La hija de Juan Palomo* (1955). Ensaios: *Poética* (1983) e *Magia y amor del pueblo* (1970).

Rafael Cadenas

Uma ilha

Venho de um reino estranho
venho de uma ilha iluminada,
venho dos olhos de uma mulher.
Descendo pelo dia, pesadamente.
Música perdida me acompanha.
Uma pupila
carregadora de frutos
abandonados
se adentra
no que vê.
Minha fortaleza,
minha última linha,
minha fronteira com o vazio
hoje caiu.

(De *Una isla*, 1958)

Derrota

Eu que nunca tive um ofício
que ante um competidor sempre me senti débil
que perdi os melhores títulos para a vida
que mal chego a um lugar já quero sair (achando que
mudar seja uma solução)
que fui negado antecipadamente e escarnecido pelos
mais aptos
que me encosto às paredes para não cair de uma vez
que sou motivo de riso para mim próprio
que acreditei que meu pai era eterno
que fui humilhado por professores de literatura
um dia perguntei em que podia ajudar e a resposta
foi mais uma risada
que nunca vou conseguir formar um lar, nem ser
brilhante nem triunfar na vida
que fui abandonado por muitas pessoas porque
quase não falo
que sinto vergonha por atos que não cometi
que pouco me faltou para sair correndo pela rua
que perdi um centro que nunca tive

que me tornei o engraçado de muita gente por viver
no limbo
que não encontrei nunca quem me suporte
que fui preterido entre pessoas mais miseráveis do
que eu
que seguirei toda a vida assim e no ano seguinte
serei muitas vezes mais burlado em minha
ridícula ambição
que estou cansado de receber conselhos dos outros
mais lesos do que eu ("Você é muito querido,
mova-se, desperte")
que nunca poderei viajar à Índia
que recebi favores sem dar nada em troca
que ando pela cidade de um lado para o outro como
uma pluma
que me deixo levar pelos outros
que não tenho nem quero ter personalidade
que todo dia abafo minha rebelião
que não fui para as guerrilhas
que nada fiz pelo meu povo
que não sou das FALN e me desespero por todas
essas coisas cuja enumeração seria interminável
que não posso sair da minha prisão
que dispensado em toda parte por ser inútil
que na realidade não me pude casar nem ir a Paris
nem ter um dia sereno
que me nego a reconhecer os fatos
que sempre babo sobre a minha história
que sou imbecil e mais imbecil de nascença
que perdi o fio do discurso que se tecia em mim e não pude encontrá-lo
que não choro quando tenho vontade de chorar
que sempre chego tarde
que fui arruinado por tantas marchas e
contramarchas
que anseio a imobilidade perfeita e a pressa
impecável
que não sou o que sou nem o que não sou
que apesar de tudo tenho um orgulho satânico ainda
que a certas horas tenha sido humilde até
igualar-me às pedras
que vivi quinze anos no mesmo círculo
que me julguei predestinado para algo fora de
comum e nada consegui que nunca usarei
gravata
que não encontro meu corpo

que percebi em relâmpagos minha falsidade e não me
pude derrubar, varrer tudo e criar de minha
indolência, de minha flutuação, meu extravio
uma frescura nova, e obstinadamente me
suicido ao alcance da mão
me levantarei do chão mais ridículo ainda para
continuar zombando dos outros e de mim até
o juízo final.

(De *Falsas maniobras*, 1963)

Arte poética

Que cada palavra leve o que diz.
Que seja como o tremor que a sustenta.
Que se mantenha como um latido.

Não hei de proferir adornada falsidade nem por tinta
duvidosa nem acrescentar brilho ao que não és.
Isto obriga a me ouvir. Mas estamos aqui para dizer
a verdade.
Sejamos reais.
Quero exatidões aterradoras.
Estremeço quando acho que falsifico. Devo levar o
peso de minhas palavras. Me possuem tanto
quanto eu a elas.
Se não vejo bem, me diz, tu que me conheces, minha
mentira, mostra-me a impostura, estraga-me a
estafa.

Te agradeci, a sério. Enlouqueço para me
corresponder.
Só meu olho, espera-me na noite e me distingue,
me adivinha, me sacode.

(De *Intemperie*, 1977)

Presença

Rostos,
cores dos trajes,
tons de papel, tão imediatos!,

nos olhos
cansados de ser meus.

Deixa que os olhos
se recuperem de ti.

A única doutrina dos olhos
é ver.

Quem ensinou os olhos a ver
apagou o paraíso.

O dono tem medo.
Os olhos têm somente realidade.

que pretensão: dar lição aos olhos,
mestres.

Se outro mundo nos é dado
deve ser este
desde uns olhos
que a diafanidade subjugou.
Plasmação ilegível,
herança escondida,
domínio hierático.

Os olhos não têm medo
nem são valentes...
Tenho olhos,
não pontos de vista.

O que faço
atrás dos meus olhos?

(De *Memorial*, 1977)

Nota biográfica

Barquisimeto, Lara, 1930-2009

Prêmio Nacional de Literatura (1985), Rafael Cadenas é um dos poetas mais queridos da Venezuela. Tudo que ele escreve atende, como linguagem límpida e delicada, o seu comovido empenho de alcançar o segredo e a dimensão infinita da vida. Percorre a sua poesia, de tocante lírica, a inquietação de saber afinal o que é estar no mundo.

Livros: *Cantos iniciales* (1946), *Una isla* (1958), *Falsas maniobras* (1966), *Gestiones* (1992), *Intemperie* (1977), *Dichos* (1992) e *Los cuadernos del destierro* (2001).

Eugenio Montejo

Orfeu

Orfeu, o que dele resta (se resta)
O que ainda pode cantar na terra
A qual pedra, a que animal enternece?
Orfeu durante a noite, nesta noite
(sua lira, seu gravador, seu cassete)
para quem olha, ausculta as estrelas?
Orfeu, o quer ainda sonha (se sonha)
a palavra de tanto destino,
quem a recebe agora de joelhos?

Só, perfil de mármore, ele passa
por nosso século truncado e derruído
sob a estátua rachada de uma fábula.
Vem cantar (se canta) na nossa porta,
antes todas as portas. Aqui fica,
aqui planta a sua casa e paga a sua pena
porque sucede que somos o Inferno.

(De *Muerte y memoria*, 1972)

As árvores

Falam pouco as árvores, se sabe.
Levam a vida inteira meditando
e movendo os seus ramos. Basta vê-las no outono,
quando se juntam nos parques
só conversam as mais velhas,
as que repartem as nuvens e os pássaros,
mas a voz delas se perde entre as folhas
e muito pouco nos chega, quase nada.

Como é difícil encher um breve livro
com pensamentos de árvores.
Tudo nelas é vago, fragmentário.
hoje, por exemplo, ao ouvir o grito
de um tordo negro, já a caminho de casa,
grito final de quem não aguarda outro verão,
compreendi que em sua voz faltava uma árvore,
uma de tantas,

mas não sei o que fazer com esse grito,
nem sei como anotá-lo.

Terredade

Estar aqui por anos nesta terra,
com as nuvens que cheguem, com os pássaros,
suspensos de horas frágeis.
A bordo, quase à deriva,
mais perto de Saturno, mais distantes,
enquanto o sol dá volta e nos arrasta
e o sangue percorre seu profundo universo
mais sagrado do que todos os astros.

Estar aqui na terra, não mais longe
que uma árvore, não mais inexplicáveis,
tão leves pelo outono, inchados no verão,
com o que somos ou não somos, com a sombra,
a memória, o desejo, até o final
(se é que há um final) e voz a voz,
casa por casa,
seja quem leve a terra, se é que a levam,
ou quem a espere, se a aguardam,
partindo juntos cada vez o pão
em dois, ou três ou quatro,
sem esquecer a parte da formiga
que sempre viaja de estrelas remotas
para chegar bem na hora em nossa casa,
por mais amargas que as migalhas sejam.

A casa

Na mulher, na fundura do seu corpo
    se constrói a casa,
    entre murmúrios e silêncios.
Há que carregar sombras de pedras,
    leves andaimes,
    imitar as aves.

Especialmente quando dorme
    e no sonho sorri,
    nivelar até o fundo,
    não despertá-la;
seguir o declive de suas formas,
os movimentos de suas mãos.

Sobre as dunas que cobrem seu sonho
    em convulsa paisagem,
    há que elevar altas paredes,
fundar contra a chuva, contra o vento,
    anos e anos.

Um aceno por vezes fixa um muro,
de algum sussurro nasce uma janela,
para viver, talvez para morrer,
    já não sabemos,
porque depois de entrar nunca se sai.

Nota biográfica

Caracas, 1938-2008

Claridade e simplicidade, virtudes primordiais deste poeta que nos ensina a soletrar o silêncio, *o áspero silêncio*. E nos adverte, a quantos lutamos com as palavras, para que nos ajudem a saber o que somos: "Escreve claro... Não traduzas tua música profunda a números e claves, as palavras nascem pelo tato". O canto silencioso de Eugenio é desses que chegam longe, vibrando devagar. No silêncio sonoro da floresta, me chega a voz do poeta Montejo: "falam pouco as arvores, se sabe. Passam a vida inteira meditando. Conversam mais com as nuvens e os pássaros". Cada palavra deste venezuelano abençoado tem poder de metáfora. Fico triste quando me dou conta que Eugenio Montejo é um assombroso desconhecido dos poetas e dos brasileiros que amam e precisam de poesia como de água. Água de claridade, pode-se até beber. Ainda bem que Antônio Hohlfeldt fez a sua bela parte com um prólogo de primeira água na edição bilíngue. *O poeta sem rio/ El poeta sin río*, editada pela Movimento, de Porto Alegre (1985).

Livros preciosos: *Elegos* (1967), *Muerte y memoria* (1972), *Algunas palabras* (1976), *Terredad* (1978), *Trópico absoluto* (1982) e *Alfabeto del mundo* (1986).

Luis Alberto Crespo

Um

Eu sei que essa paloma
não canta para mim
nem que é terra na língua
dizes adeus
mas se fechara os olhos
e me fora a qualquer lado
se atravessasse o brilho em toda a fundura
promete-me que iremos até a margem
que está em seu lamento
e que me darás a provar este gosto de lágrima
que a palavra esquecimento

(De *Mediodía o nunca*, 1989)

Dois

Me diz se vou longe
quando te olho

Se fui mais além
quando te escuto

Se é por ser ontem
que te alcanço
ou por esse sentimento de amada
que tem o espinho
porque já não somos sua pena

Três

A folha seca
pelo que disseste

O vento sem cessar
por que nos encontramos

A velhice
por querer ser tu e eu

O sudário
por desejar nos ver na sombra

O pó
por ter que viver

O abandono
por aspirar o eterno

Cinco

Se não sonho contigo
é porque me deixei num retrato

Se me desperto com a boca seca
é porque nunca fui real

Há uma árvore
onde aprendi a me exasperar
entre as folhas
a resplandecer na queda

Sei que me despedaço
ao partir

Se regresso
me cobre

Seis

Fala-me por chorar
por usar lenço áspero

Qualquer secura é como a mão
e cai o mesmo chuvisco

sobre o mesmo chão oculto

A greta assim perdura
sente
e podemos viver feridos

Onze

Paloma de mais acima
tão próxima do que ninguém diz

Pequena palavra sem pessoa

Perto
porém extinta

Alta
porém mortal na garganta

Quatorze

Porque o matagal
curva teu pescoço
conheces a melancolia

Porque a boca
só sabe dizer terra
aprendes o impossível

Porque o olhar
já não está para ninguém
te acostumarás ao infinito

Nota biográfica

Carora, 1941-

Poeta laureado, Crespo é uma das vozes mais pessoais da poesia contemporânea venezuelana. Tem representado o seu país em vários encontros internacionais de poetas. Seu primeiro livro é de *Si el verano es dilatado* (1968), início de uma nova carreira marcada pela força do seu sortilégio verbal. Publicou depois: *Cosas* (1968), *Novenario* (1970), *Rayas de largatija* (1974), *Costumbre de sequía* (1976), *Resolana* (1980) e *Señores de la distancia*. Os poemas selecionados fazem parte de seu livro mais recente: *Mediodía o nunca* (1989).

María Antonieta Flores

Morada antiga

Eu venho de uma estirpe de mulheres sozinhas
eficazes
desimpedidas
derrotadas antes de nascer
pela morte
sempre guardadas
como sementes que o vento arrasta
entregues ao sacrifício da vida
sem um futuro nem um presente
sem herdeiros que as resguardem
aprendidas em solidão
elas próprias se alimentando
fazendo de cada dia uma vitória estéril
mulheres que falam de muito longe
afogadas em seu desajeito e na bruma do desejo
mulheres sozinhas que arruinaram as suas mãos
no ofício duro que lhe entregaram as paredes brancas
e perderam os seus dias entre tosses e dores do peito
conhecendo tudo da pobreza
administrando os silêncios e o alimento diário entrando nas jornadas
com uma dor irremediável
estirpe sem grandes ambições
doces mulheres que amaram sem resposta
e foram uma atrás da outra
de mãos dadas
fundando a cadeia do desamaparo

(inédito, 2009)

A beleza

A beleza fugiu de mim
e tudo se dilui
é o regresso ao olvido
já não sei de mim o nome
a Beleza tem sido esquiva
e burlando me desamparou
sem sequer deixar um rastro
nem de algo que lhe recordara

fugiu quando apenas me roçou
e não há quem me escute

2

A David

se me desses um pouco de silêncio
tão somente
um pouco
e me ouvisses
se escutasses o som dos estilhaços de vidro se
fazendo pó
no meu sangue
e o mais próximo ao rumor
que oculta o desespero
se a brevidade sonora da tristeza fosse perto
e o movimento de minhas folhas
fronda
se me desses um pouco de silêncio
para a maré que se retira
para a dor
o mais duro deste torrão desmoronado
e escutasses
o olhar
e escutasses
o esquecimento
e o amor que seca nas salinas
que anuncia a morte
o rumor da espinha
ao cair
se me desses um pouco de silêncio
talvez eu pudesse repousar
talvez voltar
talvez
se me desses
se um pouco
me desses de silêncio
a carícia lastimosa
a mão que o cabelo toca
das crianças
como a que não desejo mas é grata
tão próximo ao imenso
se me desses um pouco de silêncio
o sussurro.

Ogun

As artes dos metais
O sólido se torna líquido
As altas temperaturas

E as armas para a guerra
Os utensílios domésticos
Os brincos e os anéis para o amor

Cuidas de ti mesmo
Para meus olhos seguirem teus sentimentos

Querendo te alcançar

Eu me teci uma túnica
Para me fazer opaca

Sigo teus passos como um espectro

O distante joelho que se firma
Implorando clemência
Para os seus

O tecido que se desgasta com a espera
Para que seus fios sejam do vento

Um rosto que se esconde atrás do leque
E deposita o amor em celas de cera

Uma mulher que perdeu cinco horas de vigília
Escreve

Deve-se sempre lavar os metais

A faca no solo assinala um rumo

Nota biográfica

Caracas, 1960-

Poeta, ensaísta, professora universitária. Magister em literatura latino-americana. Cada palavra na sua mão ganha poder de metáfora. Publicou: *El señor de la muralla* (1991), *Canto de cacería* (1995), Prêmio de Poesia de La I Bienal de Literatura Augusto Padrón; *Presente que no en ausencias* (1995), *Agar* (1996), *Criba de abril* (1998), *Los trabajos interminables* (1998), *La desalojada luz de la tarde* (1999), *Índigo* (2001), *Limaduras* (2005), *La voz de mis hermanas* (2005), *Regresaba a las injurias* (2009). Prêmio Municipal de Literatura com o ensaio *Sophia y mithos de la pasión amorosa* (1997). Tem inédito o *Espiral sonora, Lectura de Ida Gramcko.* Sua poesia está traduzida para vários idiomas. Participou em 2008 do Festival Literário Internacional da Floresta, no Amazonas.

Transcrevo palavras de Luis Liscano:

"María Antonieta Flores advém à poesia sem sexo e à poesia com sexo, afirmando em seu fabulário, com pleno domínio do fato escritural, a essência da feminilidade entre as luzes do dia e da noite."

Com este cólofon (acho colofão muito feio) quero fazer uma festa merecida. Por dois motivos muito caros à inteligência do meu coração que, como eu gosto!, é latino-americano. Um, porque, depois de um tempo que foi além dos calendários, afinal ganha a luz brasileira este livro que só não virou lenda porque eu não deixei.

Outro, porque neste bondoso 2011 me desfaço, com a maior singeleza, de 85 anos de vida. E sigo preparado para o que der e vier, a serviço do que vale a pena e o preço do amor. Proeza que pede brinde. Como a minha mãe dona Maria me ensinou que aniversariante é quem deve dar presente, dou de lembrança festiva este poema do mexicano Amado Nervo, tal como o decorei no começo da minha juventude, que nem sonha em se acabar.

EN PAZ

Muy cerca de mi ocaso, yo te bendigo, Vida,
Porque nunca me diste ni esperanza fallida
Ni trabajos injustos, ni pena inmerecida.

Porque veo al final de mi rudo camino
Que yo fui el arquitecto de mi propio destino:
Que si extraje las mieles o la hiel de las cosas
Fue porque en ellas puse hiel o mieles sabrosas;
cuando planté rosales, coseché siempre rosas

Cierto, a mis lozanías va a seguir el invierno,
Pero tú no me dijiste que mayo fuese eterno.
Hallé sin duda largas las noches de mis penas.
Mas no me prometiste solo noches buenas
Y en cambio tuve algunas santamente serenas...

Amé, fui amado, el sol acarició mi faz.
¡Vida, nada me debes! Vida, estamos en paz!

Thiago de Mello
Fim de março na floresta

Este livro foi impresso em maio de 2011, a mando da Global Editora, na gráfica
Escola Profissionais Salesianas, com uma tiragem de 2000 exemplares. O papel
do miolo é Offset 75 gr/m^2 e o da capa é Cartão 250 gr/m^2. As fontes usadas
são a família Rotis Sans Serif e Trajan.